Arena-Taschenbuch
Band 2362

D1917655

Diese Bücher sollte jedes Kind besitzen!
LA REPUBBLICA, italienische Zeitung

Wenn Sie Lehrer sind, brauchen Sie diese Bücher – aber ketten Sie sie am Pult fest.
TIMES EDUCATIONAL SUPPLEMENT

Ein atemberaubendes Lesefeuerwerk
BULLETIN JUGEND & LITERATUR

Eine Fülle verblüffender Informationen in leicht verständlicher Form.
WDR

»Mathe – voll logisch« – Das ist ein ausgesprochen witziges Buch, das der Mathematik den Geruch des Langweiligen, nur Theoretischen nehmen möchte.
FRANKFURTER RUNDSCHAU

Ein Feuerwerk an Gags.
EKZ-INFORMATIONSDIENST

»Sagenhaft, die Griechen« liest sich wie ein Krimi, wie ein Quiz-Buch, das man nicht mehr aus der Hand legen will, wie eine Art Asterix-und-Obelix mit Kompakt-Lernprogramm, eingekocht in witzige Bildchen.
WELT AM SONNTAG

Nick Arnold & Kjartan Poskitt

ALLGEMEINWISSEN FÜR SCHÜLER

Mathe – Physik – Chemie

Aus dem Englischen von
Anne Emmert & Salah Naoura

Illustrationen
von Trevor Dunton & Tony De Saulles

Arena

In neuer Rechtschreibung

2. Auflage als Arena-Taschenbuch 2007
Text © Nick Arnold, Kjartan Poskitt 1997
Illustrationen © Trevor Dunton, Tony De Saulles 1997
Die Originalausgaben sind in Großbritanien bei Scholastic Publications Ltd., unter den Titeln *The Knowledge/Murderous Maths, Horrible Science/Fatal Forces* und *Horrible Science/Chemical Chaos* erschienen.
deutsche Ausgaben © 1998 und 1999 by Loewe Verlag GmbH, Bindlach
Aus dem Englischen von Anne Emmert und Salah Naoura
Umschlaggestaltung: Frauke Schneider
Umschlagtypografie: knaus. büro für konzeptionelle und visuelle identitäten, Würzburg
Gesamtherstellung: Westermann Druck Zwickau GmbH
ISSN 0518-4002
ISBN 978-3-401-02362-5

www.arena-verlag.de

INHALT

Mathe

Physik

Chemie

Mathe

Mörder-Mathe – Du machst wohl Witze!

Stadt: Chicago, Illinois, USA
Ort: Luigis Restaurant, Upper Main Street
Datum: 1. April 1927
Uhrzeit: 1:30 Uhr

Benni lehnte an der Jukebox; er wartete darauf, dass er den Fußboden wischen konnte. Alle Tische waren seit Stunden leer – alle bis auf einen. Die da saßen, waren keine Leute, die man drängen sollte – es sei denn, man wollte den Raum in einer langen Holzkiste verlassen. Benni sah dem Rauch nach, der zum Ventilator aufstieg. Er wartete.

„Meine Herren, einen Toast", rief Rasierklingen-Boccelli und hob sein Glas. „Von diesem Abend an ist der Krieg zwischen der East Side und der West Side beendet. Lasst uns auf den Frieden zwischen unseren Familien trinken."

Benni beobachtete erstaunt, wie die Boccellis und die Gabriannis feierlich miteinander anstießen und sich die Hände schüttelten.

„Luigi!", schnarrte Ein-Finger-Jimmy. „Beweg dich! Wir müssen nach Hause!"

Benni sah, wie sein schwitzender Chef zum Tisch hastete und verlegen die Rechnung vorlegte.

„23 Dollar und 35 Cents", las Wiesel.

„Ich nehme an, wir machen halbe-halbe, äh?“, sagte Jimmy.

„Da nimmst du falsch an“, schnauzte ihn Wiesel an. „Ihr Jungs hattet alle Krabbensalat, und der kostet zehn Cents mehr als die Fettucini.“

„Ach ja? Dein Cousin da hat aber die Hälfte von meinem Knoblauchbrot gegessen!“, knurrte Jimmy.

„Die Hälfte?“, spottete Grinsen-Gabrianni. „Ein kleines Stückchen hab ich gegessen. Außerdem hast du's mir angeboten, du verlogene Kröte.“

„Du nennst mich wie?“ Blitzschnell hatte Jimmy seine Pistole gezogen. „Wie wär's mit etwas Blei?“

„Hört auf, Jungs“, bat Rasierklinge. „Wir sind doch Freunde! Wir kriegen das schon hin. Wer kann rechnen?“

„Ich weiß jedenfalls, dass wir nicht halbe-halbe machen“, sagte Wiesel. „Wir zahlen weniger.“

„Aber ihr seid vier und wir nur drei“, schnarrte Jimmy.

„Für einen Kerl mit nur einem Finger zählst du ganz gut", sagte Kettensägen-Charlie. „Aber dein Bruder ist so fett, dass er glatt für zwei durchgeht."

„Das ist zu viel!", rief Jimmy, sprang auf und stieß den Tisch um. „Er mag es nicht, wenn man ihn fett nennt, nicht wahr, Dickbacke?"

„Genau", grunzte Dickbacke und griff nach einem langen, scharfen Messer.

„Nicht so schnell", sagte Wiesel und zog ein Maschinengewehr unter dem Hut hervor.

Benni und Luigi hechteten hinter den Tresen. Von dort hörten sie Schüsse und Schreie; Verletzte gingen zu Boden.

„Mensch, das darf doch nicht wahr sein!", flüsterte Luigi. „Wenn sie nur ein bisschen Mathe gekonnt hätten!"

„Ja, jetzt werden sie alle sterben", erwiderte Benni.

„Na und?", sagte Luigi. „Ich will nur wissen, wer die Rechnung bezahlt!"

Tja ... ob es um die Restaurantrechnung geht, ob du eine Rakete auf den Mond schießen oder deinen Freunden nur ein paar Tricks zeigen willst: Ganz unlogisch sollte das für dich alles nicht sein!!

Manches in der Mathematik sieht grauenhaft aus, zum Beispiel das:

$$\varsigma\,(x^3+y^3)^{1/2}/\omega r=0{,}27993$$

Aber damit müssen sich nur matheverrückte Experten herumschlagen. Kümmere dich nicht darum!

Meistens brauchst du für die tollsten Matheaufgaben nur ganz einfache Zahlen; in manchen kommen gar keine Zahlen und auch keine Buchstaben vor! Wie findest du zum Beispiel das:

Beim Matheexperiment baden gehen

- Füll die Badewanne bis zum Rand mit Wasser.
- Setze dich vorsichtig hinein.
- Leg dich ganz langsam hin, sodass du beinahe schwimmst.
- Und? Genau – das Wasser, das eben auf den Boden geschwappt ist, wiegt genauso viel wie du!

Wenn du Ärger bekommst, sag einfach, du probierst das Archimedische Prinzip aus – Archimedes war einer der größten Mathematiker aller Zeiten!

Das erste Kapitel beginnt mit ein paar einfachen Sachen – so einfach, dass du sie mit verbundenen Augen auf dem Kopf stehend rückwärts erledigen und dir dabei die Fußnägel schneiden könntest. Aber sei trotzdem vorsichtig, denn selbst die einfachste Mathematik kann mörderisch sein. Im ersten Kapitel wirst du erfahren, wie die gesamte Menschheit ausradiert werden könnte!

Unmöglich, sagst du? Dann lies mal weiter ...

So geht's los – Die Grundlagen

Zeichen und Symbole

Du weißt natürlich, was die verschiedenen Zahlen bedeuten. 1 steht für *eins*, 2 für *zwei* und so weiter – klar wie Kloßbrühe.

Neben den Zahlen gibt es verschiedene Zeichen, mit denen du zeigst, was du mit den Zahlen anstellen willst.

= Ist Gleich

Das brauchst du, wenn zwei Zahlen gleich sind, zum Beispiel 3 = 3. (Toll, wenn jede Aufgabe so einfach wäre!)

+ Plus

Damit zählst du zwei Zahlen zusammen („addieren“).

Beim „+“ musst du darauf achten, dass du gleiche Dinge zusammenzählst. Sieh dir mal das hier an:

2 Äpfel + 3 Äpfel = 5 Äpfel

(Manche Leute rechnen das mit dem Taschenrechner nach. Wenn du so jemanden kennst, *renn davon*, denn er oder sie hat einen Knall!)

Nun sieh dir diese Aufgabe an:

17 Mädchen + 9 Jungen = 26 ... ja, was?

26 Mädchen? Nein, es sei denn, deinen Jungs macht es nichts aus, auch als Mädchen bezeichnet zu werden. 26 Jungen? Nein, außer, deine Mädels sind auch gern Jungen – aber vergiss nicht, es sind 17 Mädchen, und die können ganz schön stark sein.

Es sind also 26 Mädchen *und* Jungen, oder auch 26 Kinder. Nur weil du sie zusammengezählt hast, heißt das noch nicht, dass irgendetwas anderes aus ihnen geworden ist.

– Minus

Mit diesem Zeichen ziehst du etwas von etwas anderem ab („subtrahieren“).

Wieder musst du darauf achten, dass du mit gleichen Dingen rechnest. Das hier geht in Ordnung:

7 Hunde – 4 Hunde = 3 Hunde

(Nimm dich wieder in Acht vor jemandem, der das mit dem Taschenrechner nachrechnen will. Solche Leute finden es auch spannend, Daumen zu lutschen.)

Aber wie steht's damit:

7 Würstchen – 2 Pommes = ?

Siehst du? Das ist absoluter Quatsch und macht keinen Sinn.

× Mal

Beim Malnehmen („Multiplizieren") addiert man etwas immer und immer wieder. 5 × 3 heißt: Du addierst dreimal fünf oder fünfmal drei.

Also: $5 \times 3 = 5 + 5 + 5 = 3 + 3 + 3 + 3 + 3 = 15$

÷ (Geteilt) Durch

Teilen („Dividieren") ist das Gegenteil von Malnehmen. Man zerlegt dabei eine Zahl in gleich große Teile.

$$15 \div 3 = 5$$

Diese Gleichung sagt dir, dass du 15 in drei Teile zerlegt hast, von denen jeder Teil 5 ist. Man kann auch fragen: „Wie oft ist die 3 in 15?", und das Ergebnis lautet wieder 5.

Etwas ist komisch an den Gleichungen mit dem Geteilt-Zeichen: Du kannst die Zahl, durch die geteilt wird (Divisor) und das Ergebnis (Quotient) austauschen und liegst noch immer richtig.

Hier tauschst du die 3 mit der 5 und erhältst:

$$15 \div 5 = 3$$

Es funktioniert sogar bei hohen Zahlen wie diesen:

$12\,341 \div 43 = 287$ stimmt genauso wie:

$$12\,341 \div 287 = 43$$

% Prozent

Das heißt einfach „von 100". Wenn in deiner Schule 50 % der Kinder Mädchen sind, dann heißt das, von 100 Kindern sind 50 Mädchen.

In den Schaufenstern hängen häufig Plakate wie „20 % billiger". Das heißt „$^{20}/_{100}$ billiger" und bedeutet, dass etwas $^{1}/_{5}$ weniger kostet als gewöhnlich. Wenn du einen Laden siehst, der seine Preise mit „50 % teurer" anpreist, gehst du natürlich nicht hinein!

Also, wir hatten: =, +, −, ×, ÷ und %. Niedlich, nützlich und ziemlich unkompliziert, aber hier kommt ein heikles Zeichen …

Hochzahl (Potenz)
Häufig musst du eine Zahl mehrmals mit sich selbst multiplizieren.

Zum Beispiel $13 \times 13 \times 13 \times 13 \times 13$!

Weil 13 hier *fünfmal* mit sich selbst multipliziert wird, sagt man „13 hoch fünf“ oder auch „die fünfte Potenz von 13“. (Achtung: Das ist *nicht* dasselbe wie 13×5, also einfach 13 mal 5.)

Es gibt auch eine Abkürzung für solche Zahlenreihen. Du schreibst einfach eine kleine hochgestellte Zahl. $13 \times 13 \times 13 \times 13 \times 13$ heißt also: 13^5 (13 hoch 5).

Achtung!
Hohe Zahlen im
Anmarsch!

Das Tolle an den Potenzen ist, dass unglaublich riesige Zahlen dabei herauskommen. Vergleich doch mal:
13 mal 5 = $13 \times 5 = 65$
13 hoch 5 = $13^5 = 371\,293$!!

Der Albtraum aller Wissenschaftler

Solche Zahlen können ganz schön erschrecken, besonders wenn es um so was wie *Bakterien* geht! Bakterien sehen aus wie Miniaturmaden von einem anderen Stern und können praktisch überall leben. (In deinem Körper krabbeln wahrscheinlich auch gerade ein paar Millionen freundliche Bakterien herum!) Es gibt tausende verschiedene Arten, von denen die meisten harmlos sind. Wenn man sich aber zu viele gefährliche Bakterien einfängt, kann das tödlich sein! Die Wissenschaftler versuchen ständig, neue Medikamente zu entwickeln, um die gefährlichen Bakterien zu bekämpfen, doch sie haben zwei *große* Probleme …

- Selbst wenn ein Wirkstoff Milliarden von Bakterien besiegt, kann es sein, dass ein oder zwei der Bakterien etwas anders als die anderen sind („mutiert“). Die sind dann gegen das Medikament unempfindlich und überleben.
- Ein oder zwei der mutierten Bakterien können nichts anrichten. Doch unglücklicherweise vermehren sie sich ziemlich schnell!

So vermehrst du dich richtig (falls du eine Bakterie bist)

1. Wachse in der Länge und spalte dich in zwei Hälften.
2. Beide Hälften wachsen und halbieren sich erneut.
3. Wiederhole das alle 10 Minuten (oder schneller).

Wenn du mit einer einsamen kleinen Bakterie beginnst:

- hast du nach 10 Minuten 2

- nach 20 Minuten 2×2 (oder 2^2)

- nach 30 Minuten $2 \times 2 \times 2$ (oder 2^3)
- nach 60 Minuten $2 \times 2 \times 2 \times 2 \times 2 \times 2$ (oder 2^6)
- nach 24 Stunden 2^{144} Bakterien.

Wie viele Bakterien hast du also nach nur *einem* Tag?

Wenn du 2 hoch 144 ausrechnest, dann kommst du auf
22 300 000 000 000 000 000 000 000 000 000 000 000 000 000!

Wahnsinn!

Du kannst diese Zahl auch so ausdrücken: $2{,}23 \times 10^{43}$. Im Kapitel über große Zahlen erfährst du auch, warum.

Ehrlich gesagt wachsen nur die ganz schnellen Bakterien innerhalb von 10 Minuten so sehr, dass sie sich aufspalten. Die meisten brauchen etwa eine halbe Stunde. Trotzdem hättest du nach einem Tag 2^{48} Bakterien, das entspricht

281 000 000 000 000. In zwei Tagen hättest du 281 000 000 000 000^2 Bakterien, also rund 79 200 000 000 000 000 000 000 000 000.

Wenn es sich um eine tödliche Bakterie handelte …

- und sie könnte sich ungehindert vermehren,
- und sie würde sich ausbreiten,
- und nichts könnte sie zerstören,

… *dann* wäre das genug, um alle Menschen auf der Erde zu töten.

Kein Wunder, dass das für Wissenschaftler ein Albtraum ist!

Ist es nicht verblüffend, wie schnell Zahlen wachsen, wenn man sie einfach immer weiter verdoppelt? Achte auf Oberst Kürzel, der dir in diesem Buch noch begegnen wird. Der kriegt beim Zahlenverdoppeln einen schrecklichen Schock!

Professor Boshafts Pestpilz

„Oh nein, nicht noch mehr Todesgefahren!“, wirst du sagen und gähnen. Und doch, da geht es schon wieder los …

Du bist Professor Boshaft im Badezimmer in die Falle gegangen. Auf dem Boden ist ein fleckförmiger, tödlicher Pilz, der drauf und dran ist, seine Sporen im ganzen Raum zu verbreiten. Deine einzige Rettung liegt darin, den Pilz abzudecken – nicht das kleinste Fleckchen darf offen bleiben.

Zum Abdecken hast du nur ein paar quadratische gleich große Platten. (Der Rand braucht nicht exakt zu stimmen; du musst den Pilz nur vollständig abdecken.) Zum Glück ist das ganz einfach …

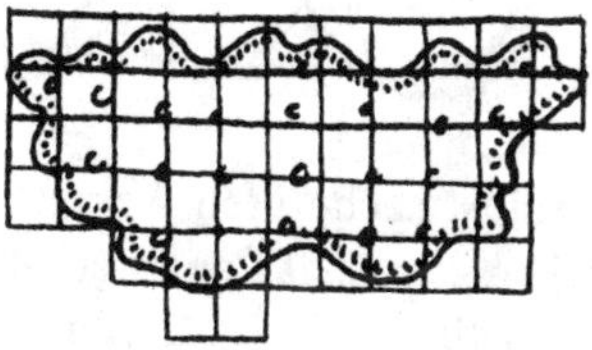

… doch unglücklicherweise findet Professor Boshaft, dass es mit den quadratischen Platten *zu* einfach ist! Er nimmt sie dir weg und bietet dir folgende Formen an:

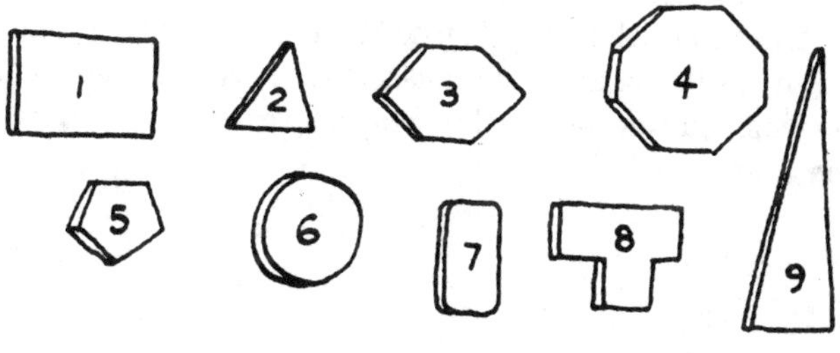

Du darfst nur eine dieser Formen auswählen, und der Professor gibt dir die passenden Platten. Sind die Formen alle gleich gut geeignet, um den Pilz abzudecken? Glaubst du, dass es mit einigen Formen gar nicht geht?

Ein Tipp: Die runden Platten sind nutzlos, weil dazwischen jede Menge Lücken entstehen, etwa so …

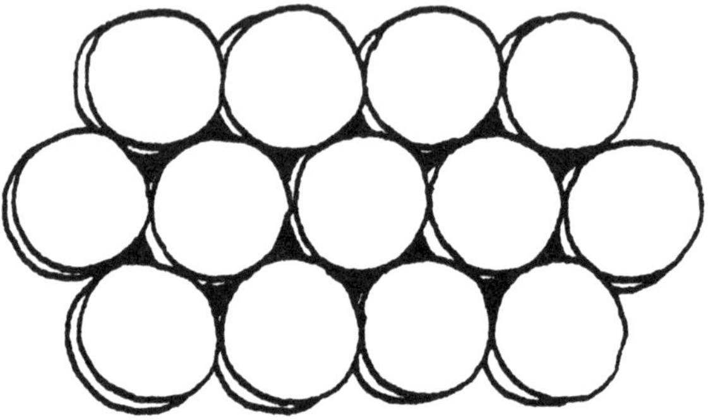

Du kannst es selbst nachprüfen. Versuche zum Beispiel, mit Pfennigstücken ein Blatt Papier so abzudecken, dass kein Papier mehr sichtbar ist. (Alle Münzen müssen flach auf dem Papier liegen; du darfst keine Münzen übereinander legen.)

Mit welchen Formen des Professors geht es also und mit welchen nicht? Denk dran, die Ränder müssen nicht exakt stimmen, doch es dürfen keine Lücken entstehen.

Am besten schneidest du jede Menge der jeweils gleichen Form aus Papier aus und versuchst, sie zusammenzusetzen. So weißt du bald, welche Formen dich vor dem Pestpilz retten können!

Du kannst dir auch selber Formen ausdenken und zuschneiden. Du wirst sehen, dass sich jede Form mit drei oder vier geraden Seiten eignet. Wenn du clever bist, versuchst du, Formen mit fünf oder mehr Seiten zu finden, mit denen es auch geht.

Antwort: Mit den Formen 1, 2, 3, 8 und 9 ist der Pilz vollständig zugedeckt; die anderen lassen Zwischenräume frei – die Sporen mogeln sich durch und erwischen dich!

Die sagenhafte Mär von den wackeren Vektorkriegern

„Um Himmels willen!“, rief Oberst Kürzel, als er seinen Kopf durch die Tür zum Wachraum steckte. „Was ist denn hier los?“

„Nun – nun ja, Oberst“, stotterte der Feldwebel, „Wir haben alle unsere Kleider verloren.“

Der Oberst sah ungläubig in die Runde der zwölf wackeren Vektorkrieger, die zitternd vor ihm saßen.

„Was soll das heißen, ihr habt eure Kleider verloren?“, japste er. „Ich kann sie doch von hier aus sehen: Sie liegen da in der Ecke auf einem Haufen. Ihr solltet mal eure Augen untersuchen lassen.“

„Nein, Oberst, wir haben Karten gespielt und sie verloren“, murmelte der Feldwebel und versuchte, sich mit einer Sieben und einem Kreuzbuben zu bedecken.

„Und wer hat sie gewonnen?“, wollte der Oberst wissen.

„Guten Tag“, sagte ein kleiner Mann, der hinter dem Haufen zum Vorschein kam. „Thag, der Mathemagier, zu Ihren Diensten.“

„Geben Sie meinen Männern sofort die Kleider zurück“, forderte der Oberst.

„Das ist nicht möglich“, sagte Thag. „Ich habe sie auf ehrliche Weise gewonnen. Und diese Herren sind wahre Ehrenmänner und denken nicht im Traum daran, zurückzunehmen, was ihnen nicht gehört.“

Die wackeren Vektorkrieger nickten gewichtig. Sie wussten, dass wackere Vektorkrieger unbedingt Ehrenmänner sein mussten – auch wenn sich einige von ihnen nicht sicher waren, ob ein zitternder nackter Ehrenmann das Wahre war.

„Nun, Herr Thag, der Mathemagier, dann wollen wir mal sehen, ob *Sie* auch ein Ehrenmann sind“, sagte der Oberst und teilte die Karten aus. „Ich werde Ihnen jetzt eine Lektion erteilen."

Etwa zehn Minuten später...

„Kann ich nicht wenigstens meine Hose behalten?", flehte der Oberst. „Irgendwo muss ich doch meine Orden anheften."

Thag grinste. „Sie müssen die Kleider zurückkaufen", sagte er.

„Wie viel?", fragte der Oberst.

„Sie müssen jede Uniform einzeln bezahlen", sagte Thag.

„Wie viel?", fragte der Oberst wieder.

„Die erste Uniform kostet eine Mark. Die zweite kostet zwei Mark. Die dritte kostet drei Mark. Die vierte kostet vier Mark und so weiter."

„Aber wir haben 13 Uniformen, meine eingerechnet!", keuchte der Oberst. „Die letzte wird 13 Mark kosten!"

„Wenn Sie meinen, das sei zu viel, habe ich einen anderen Vorschlag. Die erste Uniform kostet einen Pfennig", sagte Thag.

„Das klingt schon besser", meinte der Oberst.

„Doch der Preis wird sich jedes Mal verdoppeln, sodass die zweite Uniform zwei Pfennig kostet, die dritte vier, die nächste acht und so weiter."

„Lachhaft!", sagte der Oberst. „Ich nehme die Pfennige. Geben Sie mir meine Uniform zurück."

„Ich bekomme für die erste einen Pfennig“, sagte Thag.

„Selbstverständlich“, erwiderte der Oberst, griff in die Hosentasche und fand nur einen Knopf. „Äh ... kann ich später bezahlen?“

„Na gut“, sagte Thag, „aber vergessen Sie nicht, dass bei 13 Uniformen 13 Raten fällig werden.“

„Sie haben mein Wort“, sagte der Oberst. „Außerdem geht es ja nur um ein paar Pfennige.“

Bald waren alle Soldaten wieder angezogen.

„Also!“ Der Oberst wandte sich Thag zu. „Was bin ich Ihnen schuldig?“

„Keine Eile“, sagte Thag, „wer weiß, vielleicht kann ich ja noch ein paar Kleinigkeiten für Sie erledigen.“

ZISCH! In diesem Moment schoss ein Pfeil durch das Fenster in den Wachraum und bohrte sich vor Oberst Kürzels Nase in den Tisch.

„Um Himmels willen!“, keuchte der Oberst „Das war knapp.“

„Ja, wirklich“, pflichtete ihm der Feldwebel bei, „fast wäre der Milchkrug umgefallen.“

„Ich werde mich über diesen Postboten beschweren“, sagte der Oberst und wickelte eine kleine Pergamentrolle vom Pfeil.

„Was steht denn drauf?“, fragte der Feldwebel.

„Bitte lies Primzahlen Elefant Hilfe dir ich mag kalte Würstchen“, murmelte der Oberst.

„Was?“, fragten alle Vektorkrieger wie aus einem Mund.

„Das ergibt absolut keinen Sinn“, sagte der Oberst.

„Abgesehen von der Sache mit den kalten Würstchen“, meinte der Feldwebel. „Die mag ich auch.“

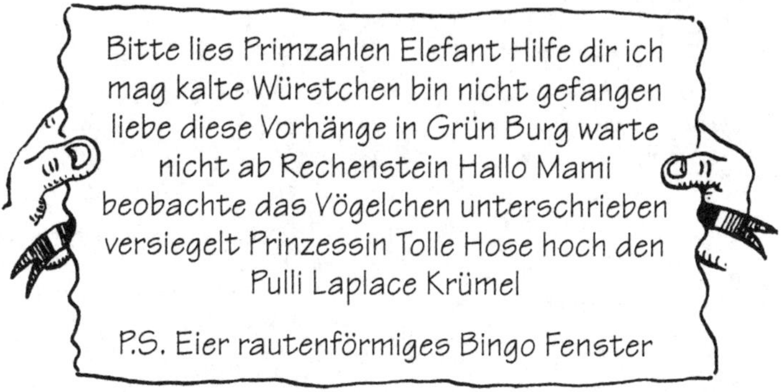

„Seht“, sagte der Oberst, „hier steht Prinzessin.“

„Prinzessin tolle Hose hoch den Pulli Laplace?“, rief der Feldwebel. „Wer ist das?“

„Vielleicht ist es Prinzessin Laplace“ sagte der Oberst, „und sie benutzt eine Geheimsprache.“

„Eine Geheimsprache, Donnerwetter!“, ächzte der Feldwebel.

„Ja“, murmelte der Oberst, „und so, wie ich die Prinzessin kenne, ist es bestimmt einer dieser verflixt kniffligen Zahlentricks.“

„Oh, Oberst, ist sie nicht clever?“ Der Feldwebel grinste dümmlich. „Niemand wird ihre Nachricht je entschlüsseln können.“

„Uns eingerechnet“, erwiderte der Oberst. „Ausgezeichnet. Wie sollen wir nur herausfinden, was sie will?“

Aus der Ecke kam ein dezentes Räuspern.

„Ich könnte es für Sie entschlüsseln“, grinste der Mathemagier.

„Wirklich?“, fragte der Oberst.

„Doch das kostet eine weitere Rate.“

Fortsetzung folgt …

DIE BESTE ERFINDUNG ALLER ZEITEN

Was hältst du von Zahlen?

Zahlen sind so großartig, dass alle denken, dass sie selbstverständlich sind. Dabei sind Zahlen die schlauste und stärkste *Erfindung* aller Zeiten.

Du findest vielleicht, dass das Fernsehen eine viel bessere Erfindung ist und ein Düsenjäger stärker. Doch ohne die Zahlen, mit denen alles berechnet wird, wären beide wohl nie erfunden worden.

Bitte ausrechnen oder: Zum Glück sind wir keine Römer!

Heutzutage ist es für uns normal, Zahlen zu lesen und zu schreiben, denn wir haben das sogenannte „Dezimalsystem“.

Nach unserem System kannst du eine Gleichung so aufschreiben:

$$\begin{array}{r} 28 \\ 107 \\ \underline{+654} \\ \underline{=789} \end{array}$$

Findest du das kompliziert? Dann sieh dir mal an, wie die alten Römer das Gleiche geschrieben hätten:

$$\begin{array}{r} \text{XXVIII} \\ \text{CVII} \\ \underline{+\text{DCLIV}} \\ \underline{=\text{DCCLXXXIX}} \end{array}$$

Grauenvoll, oder? Das Problem war, dass man damals unser Zahlensystem noch nicht hatte. Die allerersten Zahlensysteme funktionierten so …

Die Leute fanden es irgendwann lästig, so endlos viele kleine Striche zu malen. Darum entwickelten sie einfachere Methoden.

Die Römer verwendeten Striche für die niedrigen Zahlen, doch für die höheren nahmen sie Buchstaben als Abkürzung:

- Statt fünf kleiner Striche für „5“ schrieben sie den Buchstaben „V“. Wenn nötig, fügten sie weitere Striche hinzu, für „7“ schrieben sie zum Beispiel „VII“.

- Für die Zahl „10“ schrieben sie den Buchstaben „X“. Wieder fügten sie, wenn nötig, weitere Zeichen hinzu: „13“ entsprach „XIII“ und „15“ „XV“.
  Das System sah schließlich so aus:

  I=1 V=5 X=10 L=50 C=100 D=500 M=1000

Durch Kombination dieser Zeichen konnten die Römer jede Zahl ausdrücken; 537 z. B. war DXXXVII. So weit, so gut! *Aber ...*

Sie zählten die Zeichen nicht immer zusammen! Für die Zahl 9 hätten sie zum Beispiel VIIII schreiben können (also 5 + 4), doch IX war einfacher. Da das I vor dem X stand, bedeutete das, dass man 1 von 10 *abziehen* musste und so auf 9 kam. Kompliziert, oder? Bei den hohen Zahlen machten sie es genauso. XC entsprach LXXXX, also 90. XCII bedeutete 92 und XCIV 94.

(Mal ehrlich: Findest du nicht so langsam, dass unser System ziemlich pfiffig ist?)

Mach den Mathetest: Kannst du die römischen Zahlen unseren zuordnen? Vorsicht: Zwei Zahlen passen nicht zusammen. Findest du sie, bevor dein Gehirn explodiert?

955 539 404 2022 17 41 1997 1202

Antwort: DIX und 1202 passen nicht zusammen.

Übrigens gibt es eine Zahl, die die Römer nicht schreiben konnten. Weißt du, welche?

Antwort: Die Römer hatten kein Zeichen für die Null!

Vielleicht findest du das römische System gar nicht so schlecht, um Zahlen zu notieren. Aber kannst du dir vorstellen, Rechenaufgaben damit zu lösen?
Eine römische Aufgabe:

(MMCDLXIV ÷ XVI) + (XXIX × XVII) = DCXXXXVII

Uah!

Wie unser „Dezimalsystem" funktioniert und die Erfindung des Nichts

Wenn wir eine Zahl schreiben, die kleiner als zehn ist, brauchen wir nur eine einzelne Ziffer, etwa 3 oder 8.

Für eine Zahl, die größer als zehn ist, brauchen wir mehr als eine Ziffer. „Fünfundsechzig" schreiben wir so: 65. Und die Zahl „vierhundertzweiundachtzig" heißt 482. Wir können sogar riesige Zahlen ziemlich einfach darstellen, etwa 98 746 227 021. (Mach das mal in römischen Zahlzeichen!)

Unser System funktioniert, weil wir mit nur zehn Ziffern alle Zahlen darstellen können. Es kommt bloß auf die Reihenfolge der Ziffern an:

Nimm die Zahl 531. Wir wissen, dass die 1 den Wert 1×1, also 1, hat, die 3 den Wert 3 × 10, also 30, und die 5 den Wert 5 × 10 × 10, also 500. Jede Stelle ist *zehnmal* mehr wert als die Stelle zu ihrer Rechten.

Stell dir vor, du setzt die gleichen Ziffern anders zusammen; du erhältst eine vollkommen andere Zahl. Wenn du zum Beispiel 135 aus ihnen machen würdest, hätte die 5 den Wert 5, die 3 wieder den Wert 3 × 10, also 30 (sie steht an der gleichen Stelle wie zuvor), und die 1 hätte den Wert 1 × 10 × 10, also 100!

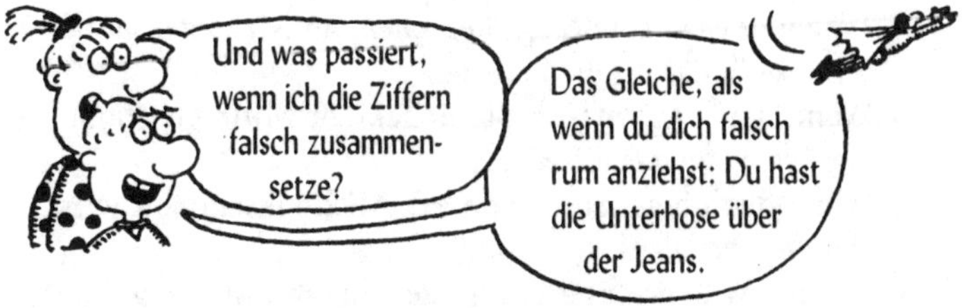

Eine Zahlenmaschine

Früher hatten die Menschen viele verschiedene Methoden zu rechnen. Sie stapelten Steine oder machten Knoten in ein Seil. Das Schlauste aber war der Abakus, den im Fernen Osten noch heute viele Leute verwenden.

Ein Abakus besteht aus Stabreihen, an denen Perlen oder Steine befestigt sind. Bei einer Form des Abakus sind die Stäbe einmal unterteilt, wobei ein Steinchen oben ist und vier unten. Zwischen den Steinchen ist Platz zum Hinundherschieben. Hier ist ein kleiner Abakus …

Die Stellung der Steinchen auf den einzelnen Stäben drückt eine Zahl aus.

Wenn das einzelne Steinchen ganz nach oben geschoben ist und die Vierergruppe ganz nach unten, zeigt das die Zahl 0 an.

- Wenn *eines* der unteren Steinchen zur Mitte geschoben wird, steht das für die Zahl 1.
- Wenn drei der unteren Steinchen zur Mitte geschoben werden, zeigt das die Zahl 3 an.
- Wenn das obere Steinchen zur Mitte geschoben wird, zählt es als 5.
- Wenn das obere und einige der unteren Steinchen auf demselben Stab zur Mitte geschoben werden – na, das kannst du selbst ausknobeln.

Das Tolle und Faszinierende am Abakus ist, dass du die Zahlen ohne Aufschreiben und Ausradieren schnell ändern kannst. Daher ist der Abakus fürs Zusammenzählen und Abziehen überaus nützlich ... und geübte Leute können damit sogar schneller malnehmen und teilen als mit dem Taschenrechner!

Du kannst vom Abakus die Zahlen ablesen wie bei geschriebenen Ziffern. Der Abakus auf Seite 33 zeigt die Zahl 75 310 an. Wie bei geschriebenen Zahlen ist beim Abakus der Wert jedes Stabes zehnmal höher als der des Stabes zu seiner Rechten.

Ist dir aufgefallen, dass offenbar alles von der Zahl *zehn* abhängt? Ist es da nicht seltsam, dass wir die Zahlen bis neun mit verschiedenen Zeichen ausdrücken, für die zehn aber kein eigenes Zeichen haben, sondern „1“ und „0“ schreiben? Wir finden das heute ganz normal, doch einer der größten Fortschritte der Welt war …

Die Erfindung des Nichts!

Nachdem die Ziffern 1–9 erfunden worden waren, dauerte es noch Jahrhunderte, bis die Menschen erkannten, dass sie ein Zeichen für die Null brauchten. So lange sie nur den Abakus verwendeten, ging es auch ohne dieses Zeichen. Auf dem Abakus machte man es einfach so: Man ließ alle Steinchen ganz außen, um Null auszudrücken. Doch wenn man die Zahl 2 014 *aufschreiben* wollte, schrieb man 2 14. Man ließ in der Hunderterspalte einfach eine Lücke … wenn man daran dachte und es nicht aus Versehen vergaß! Kannst du dir vorstellen, wie verwirrend das sein konnte? Die verhängnisvollsten Verwechslungen waren die Folge …

Obwohl die gute alte Null nichts wert ist, ist sie viel wert! Oder kannst du ohne Nullen hohe Zahlen schreiben? Hast du eine Idee? Wie würde das aussehen? Wäre das für dich etwa voll logo? Ehrlich gesagt, ich glaube immer mehr, so eine Null, wie alle immer sagen, ist die Null wirklich nicht.

Blödsinn aus dem Taschenrechner

... und wie man Urgum den Axtmann glücklich macht

Taschenrechner sind heutzutage überall. Du findest sie in Uhren und Kulis. Wer weiß, vielleicht gibt's sogar bald welche mit Erdbeergeschmack. Die kannst du dann mit der Zunge bedienen. Leider nur sind *wir* durch all das ziemlich unnütz geworden. Frag doch mal jemanden: „Du hast sechs Taschenrechner, und jemand nimmt dir zwei davon weg. Wie viele bleiben dir?" Die Antwort ist wahrscheinlich: „Oh, weiß nicht, wo ist mein Taschenrechner?"
Trotzdem, ein Taschenrechner kann nicht alles, und manchmal macht er sogar totalen Blödsinn.

Die Torte, der Trottel und der Taschenrechner

Stell dir Folgendes vor: Du hast Geburtstag und möchtest deine Torte mit sechs Freunden teilen.

Du willst nun herausfinden, wie viel Kuchen jeder bekommt. Dafür brauchst du etwas *Mathe*, denn du teilst einen Kuchen durch *sieben* Personen (vergiss dich selbst nicht!). Bestimmt ist mindestens einer deiner Freunde ein totaler Trottel und zieht einen Taschenrechner hervor: Er gibt 1 ÷7 ein. Dann verkündet er, dass jeder 0,142857143 Kuchen kriegt. Kannst du dir vorstellen, ein Stück Torte zu schneiden, das 0,142857143 groß ist? Sicher nicht.

Jetzt tust du zwei Dinge: Als Erstes sperrst du den Trottel in den Wandschrank und passt auf, dass er drinnen bleibt. Dann musst du einen klaren Kopf bewahren und erkennen, dass du die Torte jetzt durch *sechs* teilen kannst. So bekommst du ein größeres Stück. Und frag jetzt bloß nicht deinen Taschenrechner, was 1 geteilt durch 6 ist – denn er gibt dir 0,1666666 zur Antwort –, und das bringt dir wieder herzlich wenig!

Viel geschickter lässt sich das Problem lösen, wenn dir klar wird, dass jeder der sechs Leute, die sich einen Kuchen teilen, ein *Sechstel* des Kuchens bekommt. (Willst du ein Sechstel als Zahl ausdrücken, schreibst du einfach $^1/_6$). Wenn du wissen möchtest, wie ein Sechstel aussieht, musst du die Torte nur noch in sechs gleich große Stücke schneiden und, siehe da, jedes ist ein Sechstel des Kuchens! Das ist wie Magie, denn ganz ohne kompliziertes Rechnen hast du für jedes Stück die Torte automatisch mit 0,1666666 multipliziert. Mensch, bist du clever!

Und das ist das Dumme am Taschenrechner: Er taugt meist nichts, um Brüche anzuzeigen.

Brüche

Brüche sind keine hübschen *ganzen* Zahlen. Ganze Zahlen sind 1 oder 2 oder vielleicht 57 oder sogar 193 679 032. Wenn du nach der Zahl der Kinder in deiner Schule fragst, kriegst du immer eine ganze Zahl wie 421 als Antwort, weil es keine halben Kinder gibt. Manche sind vielleicht im Halbschlaf, aber das ist etwas anderes.

Zu Brüchen kommst du, wenn ein Wert ein bisschen höher ist als eine ganze Zahl, aber doch ein bisschen niedriger als die nächste ganze Zahl. Siebeneinhalb zum Beispiel ist größer als sieben, aber nicht ganz so groß wie acht.

Ein vernünftiger Mensch notiert einhalb so: ½. Doch Taschenrechner können das in der Regel nicht, weil sie nicht in der Lage sind, Zahlen übereinander zu schreiben und einen Strich dazwischen zu setzen. Der Taschenrechner teilt die 1 durch die 2 und zeigt das Ergebnis an, also 0,5. Das ist ja noch nett und einfach und bedeutet genau dasselbe. Doch es gibt Brüche, die auch der größte und teuerste Taschenrechner nicht genau ausrechnen kann. Ja …

Sogar die teuersten Taschenrechner sind manchmal Schrott

Nimm an, du teilst die Torte noch einmal durch sechs. Wie viele Stellen kann dein Taschenrechner auf einmal anzeigen?

Manche zeigen nur acht Stellen an und teilen dir mit: $^1/_6$ = 0,1666666.

Ein exclusiver Taschenrechner mit einer breiteren Anzeige zeigt dir vielleicht zwölf Stellen an und meldet: $^1/_6$ = 0,16666666666.

Welches Ergebnis stimmt nun? Tja, genau gesagt ist *keines* ganz richtig. Wenn dein Taschenrechner eine sehr breite

Anzeige hätte und 20 Stellen zeigen könnte, würde er behaupten, $^1/_6$ =

… und hätte noch immer nicht ganz Recht!

Nur zu deiner Information: Es gibt zwei Gründe, warum du dir keinen Taschenrechner mit einer Anzeige für eine Million Stellen kaufen solltest.

1 Er würde nicht in deine Hosentasche passen (es sei denn, du trägst sehr seltsame Hosen).

2 Er wäre noch immer nicht absolut genau!

Das Problem liegt darin, dass immer ein winziges bisschen übrig bleibt, wenn du 1,0 durch 6 teilst (und das tut der Taschenrechner). Du musst daher das winzige bisschen wieder durch 6 teilen und behältst einen noch winzigeren Rest und so weiter.

Periodische Dezimalzahlen ohne Ende!

Manche Brüche zaubern dir auf den Taschenrechner ein wunderhübsches Muster. Befrei den Trottel aus dem Wandschrank, leih dir seinen Taschenrechner und gib mal dieses hier ein:

1 ÷ 3   1 ÷ 9   1 ÷ 11

Besonders interessant ist 1 ÷ 7. Wenn du einen sehr großen Taschenrechner hättest, sähe das Ergebnis etwa so aus:

0,142857142857142857142857142857 …

Seltsam, dass die Ziffern 142857 sich immer wiederholen, oder?

Deshalb ist es manchmal einfacher, Brüche im Kopf auszurechnen, statt sich mit dem Taschenrechner herumzuschlagen.

Es gibt noch *einen letzten* Grund, warum Taschenrechner für Brüche nichts taugen. Wenn du einen Taschenrechner durch zwei teilst, funktioniert er nicht mehr!

Wie recycelt man einen toten Taschenrechner?

1 Wickle ihn in Silberpapier und verschenke ihn als Tafel Schokolade.

2 Höhl ihn aus und benutze ihn als sehr dünnes Eiswürfelgefäß.

3 Heft ihn dir an die Brust und gib dich als Android aus.

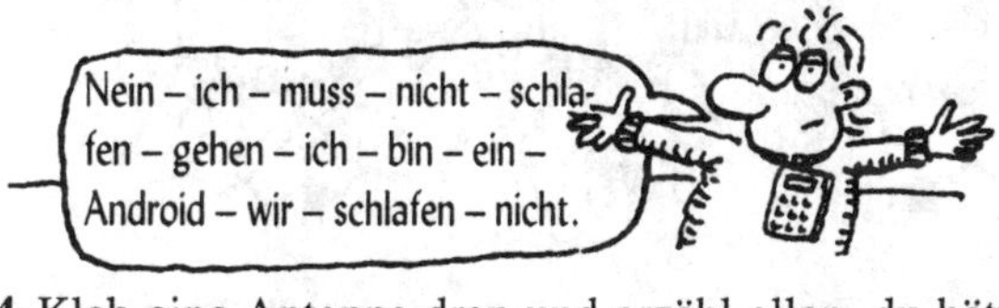

4 Kleb eine Antenne dran und erzähl allen, du hättest ein Handy.

5 Vermiete das Batteriefach an Ameisen.

Du solltest fiese Zahlen wie 0,16666 oder 1,142857143 vermeiden, weil du nur so einen klaren Kopf behältst. Und einen klaren Kopf brauchst du für die folgende Geschichte, denn jetzt kommt…

Urgum der Axtmann!

Urgum hat drei Söhne, Roy, Rod und Ron, und wie ihr Vater, der schreckliche Urgum, sind sie alle unbarmherzig und skrupellos.

Urgum hat elf Äxte, die er seinen geliebten Söhnen schenken will. Er hat Roy, dem ältesten, versprochen, dass er die Hälfte davon bekommt, Rod, der mittlere, kann ein Viertel davon haben und Ron, das Nesthäkchen, ein Sechstel. Wie würdest du ihnen beim Teilen helfen, wenn du müsstest? … Denk dran, diese Jungs werden alles andere als glücklich sein, wenn du es vermasselst!

(Der Trottel, der im Schrank eingesperrt war, würde wahrscheinlich seinen Taschenrechner zücken und zunächst ausrechnen, wie viel ein Sechstel von 11 ist. Er würde dann Ron mitteilen, dass er auf die Axt genau 1,8333 Äxte bekommt. Ron würde sich fragen, was er mit dem nicht ganzen Stück Axt machen soll, und dann beschließen, es am Trottel auszuprobieren.)

Die Antwort ist ziemlich knifflig, aber für den Fall, dass du jemals in die Situation kommst: So geht's ...

Zuerst musst du deinen Kumpel Urgum bitten, ob er dir eine weitere Axt leiht. Urgum wird honigsüß lächeln und sagen: „Sicher, aber bringe sie auch bestimmt zurück, sonst ... hahaha!"

Lege sie zu den anderen Äxten, sodass du insgesamt zwölf Äxte hast.

Davon bekommt Roy jetzt die Hälfte. Das heißt, dass du die zwölf Äxte mal einhalb nehmen musst; das sieht so aus: 12 × ½. Das ist das Gleiche, als wenn du 12 durch 2 teilst; das Ergebnis ist 6. Roy kriegt also sechs Äxte und wird hoffentlich damit zufrieden sein, ... doch bevor Roy sie mitnimmt, knobelst du die anderen aus.

Rod erhält ein Viertel der Äxte. Du teilst also 12 durch 4 und stellst fest, dass Rod drei Äxte bekommt.

Ron bekommt ein Sechstel der Äxte; du teilst also 12 durch 6 und kommst auf zwei Äxte für Ron. Das klingt irgendwie besser als 1,8333, oder?

„Also gut, Jungs, bedient euch“, sagst du.
Roy nimmt sechs, Rod nimmt drei und Ron nimmt zwei.

Na so was, eine Axt bleibt übrig! Fix gibst du sie Urgum zurück und machst dich, so schnell du kannst, aus dem Staub.

Kapiert, was passiert ist? Wenn du die Anteile der drei Jungs zusammenzählst, erhältst du $\frac{1}{2} + \frac{1}{4} + \frac{1}{6}$ – dafür kann man auch $\frac{6}{12} + \frac{3}{12} + \frac{2}{12}$ schreiben und das macht $\frac{11}{12}$. Du brauchst also nur 11 von 12 Äxten. Durch die zusätzliche Axt, die du dir ausgeliehen hast, wird das Rechnen einfacher. Und weil du nur elf Äxte verteilen musst, hast du eine übrig, die du zurückgeben kannst.

ÜBER KURZ ODER LANG ...

Weißt du, was lang bedeutet? Ist es was anderes als kurz? Ob du's glaubst oder nicht, die Antwort lautet *Nein*. Denk mal über diesen alten Witz nach...

Ein Mann geht zum Arzt; der Arzt sagt:

Du lachst? Gut, lach fünf Minuten weiter. Na los, fünf Minuten lachen ... fünf Minuten ist eine lange Zeit, nicht wahr?

Oder doch nicht?

Der Mann in dem Witz fand ganz und gar nicht, dass fünf Minuten lang sind. Tatsache ist also: Der gleiche Zeitraum kann als kurz oder als lang empfunden werden, je nachdem, was gerade geschieht.

Vielleicht denkst du, *eine Sekunde* ist eine kurze Zeit, doch in einer Sekunde breitet sich das Licht 299 000 Kilometer weit aus. Wenn du so wahnsinnig wärst, eine glühend heiße Münze eine Sekunde lang in der Hand zu halten, würde dir das wie eine Ewigkeit vorkommen.

Wenn du meinst, hundert Jahre seien eine lange Zeit, dann suche dir einen sprechenden Stein und frage ihn, wie alt er ist. Und wenn es dir gelingt, innerhalb von hundert Jahren einen sprechenden Stein zu finden, hast du das in sehr kurzer Zeit geschafft.

Nicht nur die Zeit kann verwirrend sein, wenn es um Länge geht. Ein Meter Autobahn ist sehr kurz, aber wenn deine Nase einen Meter lang wäre, wäre sie überaus lang. Anders ausgedrückt: Deine Nase wäre lächerlich lang und die Autobahn lächerlich kurz, obwohl sie gleich lang wären! Nebenbei gesagt, solltest du aufpassen, falls deine Nase einen Meter lang *ist* und du neben einer ein Meter langen Autobahn stehst, dass nicht ein Verkehrshütchen auf deinem Riecher landet. Tja, und hier ist der ultimative „lange“ Witz …

Du musst über diesen Witz nicht fünf Minuten lang lachen; aber klar, er ist so lustig, du wirst stundenlang lachen.

Das Geheimnis geht weiter …

„Nun“, fragte Thag, der Mathemagier. „Wollen Sie, dass ich die Nachricht der Prinzessin entschlüssele oder nicht?“

„Na gut, Sie bekommen auch Ihre 14. Rate“, erwiderte der Oberst. „Also, was bedeutet es?“

„Der erste Hinweis steckt in den ersten drei Wörtern ‚Bitte lies Primzahlen'", erklärte Thag, der Mathemagier. „Sie wissen, was Primzahlen sind, oder?"

„Nun, Männer? Wer meldet sich freiwillig, um es ihm zu sagen?", fragte der Ober seine Krieger und tat so, als wüsste er es selbst.

Die Vektorkrieger sahen sich betreten an. Lieber meldeten sie sich freiwillig zu Dingen wie Abendessenkochen, wenn sie eigentlich auf einen Übungsmarsch mussten.

„Eine Primzahl ist eine Zahl, die nur durch eins und sich selbst teilbar ist", sagte Thag.

„Natürlich", sagten die Vektorkrieger einstimmig.

„Sie haben keine Ahnung, wovon ich rede, nicht wahr?", fragte der Mathemagier.

„Äh, nun ja, das Dividieren gehört nicht unbedingt zu ihren gewohnten militärischen Aufgaben", erklärte der Oberst.

„Können sie Backsteine stapeln?", fragte der Mathemagier.

„Ich würde sagen, ja", erwiderte der Oberst und sah seine Vektorkrieger scharf an. „Es ist eine ihrer Lieblingsbeschäftigungen."

„Geben Sie jedem Mann eine andere Zahl Steine. Jeder soll dann seine Backsteine in mehrere Stapel aufeinander schichten. Das ist an sich einfach. Aber Achtung: Es müssen gleich hohe Stapel entstehen, und es dürfen keine Steine übrig bleiben."

„Wird das beim Entschlüsseln der Geheimsprache helfen?“, fragte der Oberst.

„Am Ende schon“, sagte Thag. „Inzwischen werde ich die Wörter nummerieren.“

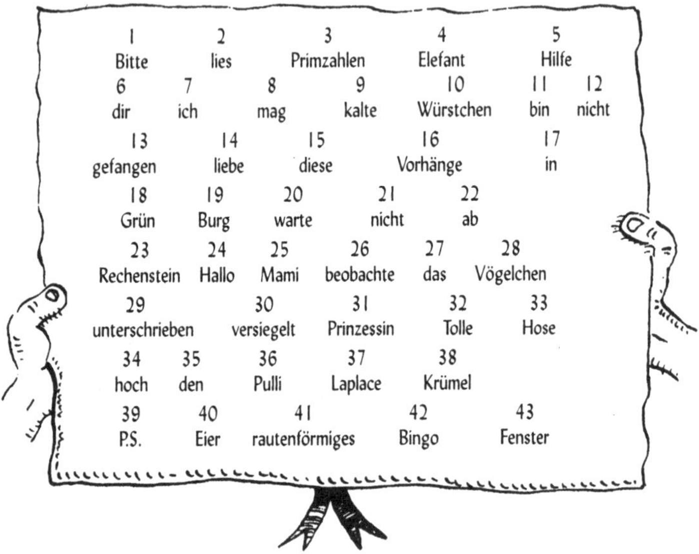

„Also“, sagte Thag, „um diese Nachricht zu verstehen, lesen wir nur die Wörter mit den Primzahlen.“

„Und was hat das Dividieren damit zu tun?“, wollte der Oberst wissen.

Thag führte ihn zu den Backsteinstapeln, die seine Krieger gebaut hatten.

„Dieser Bursche hier hat zehn Steine“, sagte Thag. „Er hat sie auf zwei gleich hohe Türme zu je fünf Steinen verteilt. Das heißt, man kann zehn sauber durch zwei teilen. Zehn ist keine Primzahl.“

„Oh.“ Der Oberst begann zu verstehen. „Also lesen wir das Wort ‚Würstchen‘ nicht?“

„Nein, wir streichen es weg", sagte Thag.

„Schade", sagte der Feldwebel, „denn, wissen Sie, ich mag Würstchen ..." Doch Thag und der Oberst waren schon weiter.

„Nun, dieser Bursche hier hat 13 Steine", sagte Thag.

„Und er hat sie in drei sauberen Stapeln von je vier Steinen angeordnet", sagte der Oberst.

„Ja, ja, aber ein Stein bleibt übrig, Das heißt, dass sich 13 nicht glatt teilen lässt."

„Und wenn er drei Stapel mit fünf Steinen baut?"

„Dafür hat er zwei Steine zu wenig.13 Steine lassen sich überhaupt nicht auf gleiche Stapel verteilen."

„Also ist 13 eine Primzahl!", sagte der Oberst hoffnungsvoll.

„Ja, genau. Deshalb gehört ‚gefangen' zu den Wörtern, die wir lesen müssen."

„Um Himmels willen", rief der Oberst. „Welche Zahlen sind noch Primzahlen?"

„Zwei, drei, fünf, sieben …“, begann Thag.

„Neun?“, fragte der Oberst.

„Nein, denn man kann neun Steine in drei Stapel zu je drei anordnen. Elf ist die nächste Primzahl und dann 13.“

„Wenn ich diese Primzahlen nehme, beginnt die Nachricht: ‚Lies Primzahlen, Hilfe, ich bin gefangen …‘ Um Himmels willen!“, keuchte der Oberst. „Das ist ein Notfall!“

Er wandte sich an seine wackere Truppe. „Gute Nachrichten, Burschen! Wir werden zu einem Notfall gerufen. Wahrscheinlich wird es bedrohlich gefährlich und gruselig unheimlich. Eure Überlebenschancen sind winzig, und eine Belohnung wird es auch nicht geben.“

Irgendwie schien die Truppe seine Begeisterung nicht zu teilen.

„Nicht einmal Würstchen?“, fragte der Feldwebel.

„Nein, die Würstchen mussten wir leider streichen“, räumte der Oberst ein. „Aber denkt nur an das Abenteuer!“

Die Krieger dachten darüber nach und kamen zu dem Schluss, dass es für sie genug Abenteuer war, zu Hause zu bleiben und kleine Backsteinstapel zu bauen.

„Hmm“, sagte Thag. „Wissen Sie, wo Burg Rechenstein ist?“

„Natürlich“, sagte der Oberst.

„Nun, nach dieser Nachricht wird Prinzessin Laplace in

einem Raum mit einem rautenförmigen Fenster gefangen gehalten“, sagte Thag.

„Ein rautenförmiges Fenster?“, sagte der Oberst. „Aber wie sollen wir wissen, welches das ist?“

Thag grinste ihn an. „Das kostet noch eine Rate.“

Fortsetzung folgt.

Hast du Zeit?

Wieso heißt das Jahr Jahr?

So blöd das auch klingt – alles, was mit Zeit zu tun hat, hängt vom Auf- und Untergehen der Sonne ab. Jedes Mal, wenn die Sonne auf- und wieder untergeht, ist ein Tag vorbei, und die Zeit zwischen zwei Sommern bezeichnen wir als Jahr.

Die Tage sind gezählt

Kaum waren die Tage und Jahre erfunden, da dachte sich ein cleverer Mensch den Terminkalender aus. Die alten Terminkalender sahen anders aus als heute, hielten aber auch länger. Wenn du mal nach Ägypten kommst, kannst du diese uralten Terminkalender sehen, die in riesige Felsen eingraviert waren. Sie waren nicht sehr handlich, und man konnte sie nicht in die Hosentasche stecken, aber sie hatten keine Batterien, die leer werden konnten, und ließen sich auch nicht so leicht klauen.

Kannst du dir vorstellen, wie die Leute früher mit ihren Terminkalendern herumspazierten?

„Hallo, Hippopotty, kannst du nächstes Jahr mit mir zu Mittag essen?“

„Ich seh mal eben in meinem großen Steinbrocken nach. Wann wär's dir recht?"

„An einem Tag."

„Aber sie heißen *alle* Tag!"

Das war natürlich total sinnlos. Deshalb dachte man sich dann doch lieber ein genaueres System aus, das Jahr aufzuteilen.

Die alten Römer hatten ein System, das unserem ziemlich ähnlich war. Zunächst unterteilten sie das Jahr in Monate. Noch heute sind einige unserer Monate nach römischen Kaisern benannt: der August nach Augustus, der Juli nach Julius Cäsar. (Allerdings wäre Cäsar vielleicht gar nicht erfreut darüber, denn sein Name klingt jetzt ein bisschen wie „Jule".)

Dann gaben die Römer einigen Tagen Namen. Ein berühmtes Datum war „die Iden des März". Ides war der römische Ausdruck für den 15. Tag des Monats. Eines Morgens schlenderte Cäsar durch Rom, als plötzlich ein Kerl vor ihm auftauchte und schrie: „Hab Acht vor den Iden des März!"

Cäsar dachte: „Was für ein Spinner", doch siehe da, am 15. März wurde Cäsar von seinen Ministern erstochen. Das kam ein bisschen überraschend für ihn, weil er sie alle für seine besten Kumpel gehalten hatte. Da sieht man's mal wieder – die Herren Minister!

Man ging jetzt dazu über, den Tagen des Monats Zahlen zuzuordnen, und so hatte bald jeder Tag des Jahres sein eigenes Datum, wie „der 24. Juli“ oder „der zweite Oktober“. Es wurde einfacher, eine Fete zu feiern: Wenn man sagte, wann sie stattfinden sollte, kamen die Gäste auch alle am gleichen Tag.

Die Unterteilung des Tages

Genau in der Mitte zwischen Sonnenaufgang und Sonnenuntergang steht die Sonne an ihrem höchsten Punkt. Der Moment, in dem das geschieht, heißt in der Fachsprache „Meridian“, aber normalerweise sagen wir „Mittag“ dazu. Schlaue Leute beschlossen, den Tag in zwei Hälften zu unterteilen, den „Vor-Mittag“ und den „Nach-Mittag“. Eine kluge Entscheidung!

Jetzt kannst du also in deinem Terminkalender nach halben Tagen planen. Das genügt, wenn dein Leben ruhig und einfach ist. Stell dir vor, du wärst ein Schaf, dann sähe dein Terminkalender so aus:

Also kein Problem. Stell dir aber vor, du rufst am Bahnhof an und fragst, wann der Zug nach Hintertupfingen geht. „Am Nachmittag“ ist da als Antwort nicht besonders hilfreich. Entweder du musst stundenlang warten, oder aber du gehst ein bisschen später und verpasst den Zug. Wenn du also nicht gerade ein Schaf bist, muss die Zeitangabe schon genauer sein.

Zunächst wurde deshalb der Tag in 24 Stunden unterteilt. Diese wurden dann zweimal von eins bis zwölf durchnummeriert. Das bedeutet, es gab zwölf Stunden am Vormittag (von Mitternacht bis Mittag) und 12 Stunden am Nachmittag (von Mittag bis Mitternacht). Das war für viele Menschen eine echte Hilfe, etwa für Mönche, die ihre Gottesdienste über den Tag verteilt planen wollten, oder für Seeleute, die wissen wollten, wann sie Wache stehen mussten und wann sie schlafen durften.

24 ist vielleicht eine etwas krumme Zahl, aber sie lässt sich super durch zwei, vier, drei und sechs teilen. 23 Stunden am Tag wären eine echte Plage! Stell dir vor, wie die Zifferblätter aussehen würden!

Stunden waren nette, bequeme Zeiteinheiten, doch die Leute wurden stressig und fragten bald so was wie …

Also wurde jede Stunde in 60 Minuten unterteilt. 60 ist noch so eine tolle Zahl, denn auch sie lässt sich wunderbar teilen, durch zwei, drei, vier, fünf, sechs, zehn ...

Natürlich hatten die Leute immer noch nicht genug und unterteilten jede Minute in 60 Sekunden. Zum Glück ist das die kleinste Zeiteinheit, um die wir uns kümmern müssen.

Wie man mit Zeit fertig wird

Auch wenn es Jahre, Tage, Stunden, Minuten und Sekunden gibt, brauchst du sie nicht alle auf einmal. Stell dir vor, du hast Geburtstag und schickst folgende Einladung weg:

Eines der folgenden Dinge wird geschehen:

1 28 Minuten und 12 Sekunden nach 19 Uhr kommen alle auf einmal und bleiben in der Tür stecken.

2 Deine Freunde finden dich etwas seltsam und kommen gar nicht.

Die Sekunden sind natürlich viel zu kurz, als dass du dich damit abgeben müsstest; lass sie also weg. Auf ein paar Minuten kommt es wohl bei deiner Party auch nicht an; sag einfach „halb acht“ oder 19:30. Das Jahr ist andererseits so lang, dass es klar sein sollte, welches du meinst. Deshalb musst du es eigentlich auch nicht erwähnen.

Wenn du auf diese überflüssigen Angaben verzichtest, bleibt dir genügend Platz für viel wichtigere Dinge:

Bei einigen Ereignissen wird die Zeit genauer angegeben als bei anderen. Am verrücktesten führen sich dabei die Astronomen auf. Tagelang sitzen sie am Computer und studieren ihre Karten, um dir dann voller Stolz mitzuteilen, dass es um 8 Minuten und 19 Sekunden nach 4 Uhr am Morgen des 5. Januar im Jahr 2167 eine totale Sonnenfinsternis geben wird. Komisch – wenn es um andere Dinge geht, können die gleichen Leute ziemlich ungenau sein, zum Beispiel:

Rund um die Uhr

Mit Uhren misst man die Zeit und kann eine der folgenden beiden Fragen beantworten:

1. Wie spät ist es?

2. Wie lange hat etwas gedauert?

Wenn du fragst, „Wie spät ist es?", fragst du nach der *absoluten* Zeit! Klingt das nicht hochgestochen? Bei der absoluten Zeit erhältst du als Auskunft zum Beispiel „zehn Minuten nach drei".

Wenn du fragst, wie lange etwas dauert, etwa „Wie lange braucht Onkel Theodor im Bad?", dann geht es um die *relative* Zeit! Die Antwort lautet zum Beispiel „20 Minuten und elf Sekunden". Die relative Zeit gibt nicht an, *wann* Onkel Theodor im Bad war, sondern *wie lange*.

Die absolute Zeit

Was du über die absolute Zeit unbedingt wissen solltest …

Die einzige Uhr, die nie falsch gehen kann, ist die Sonnenuhr. (Ausnahme: Wenn die Uhren im Sommer auf Sommerzeit umgestellt werden, kann man die Sonnenuhr nicht verstellen. Sie geht während dieser Monate also eine Stunde nach.) Die Sonne wandert über den Himmel, und ein Zeiger in der Mitte der Uhr wirft dabei einen Schatten, der die Zeit anzeigt. (Wenn die Sonne nicht scheint, zeigt die Uhr gar nichts an, geht aber jedenfalls nicht falsch.)

Wenn du sagst, das sei Unsinn, denk noch mal nach. Stell dir vor, deine Uhr ist stehen geblieben. Woher willst du wissen, wie du sie stellen musst? Die folgenden Dinge kannst du probieren:

1. Sieh auf einer anderen Uhr nach.
2. Mach den Fernseher an und schau, ob da eine Uhr angezeigt wird. Wenn du Videotext hast, kannst du dort nachsehen.
3. Ruf bei der Zeitansage an.
4. Geh raus, such eine Sonnenuhr und warte, bis die Sonne herauskommt.

Bei 1, 2 und 3 erfährst du die Uhrzeit natürlich präzis bis auf die Minute oder sogar Sekunde. Eine normale Sonnenuhr kann die Uhrzeit nur auf etwa 15 Minuten genau angeben.

Aber … stell dir vor, auf der Erde würde plötzlich der gesamte Strom ausfallen und alle mechanischen und batteriegetriebenen Uhren würden stehen bleiben – welche Möglichkeit, die Uhrzeit zu erfahren, bliebe dann übrig? Ja, die gute alte Sonnenuhr! Sie ist vielleicht nicht bis auf den Bruchteil einer Sekunde genau, doch sie wird auch in ein paar Millionen Jahren noch funktionieren.

Die Sonnenuhr ist so außergewöhnlich, weil alle anderen Uhren nur anzeigen können, wie viel Zeit vergangen ist, seit sie gestellt wurden. Selbst der teuersten Uhr der Welt muss eingegeben werden, wie spät es ist, bevor sie in Gang gesetzt wird. Ab dann zählt sie eigentlich nur Sekunden und zeigt an, wie weit sie damit gekommen ist!

Uhren anno dazumal

Ganz früher scherten sich die Uhren nicht um Minuten, sondern sie zeigten nur die ungefähre Stunde an. Es gab da verschiedene Arten:

Die Aufziehuhr

Von diesen schrillen alten Monstern gibt es noch immer ein paar Exemplare – sie sind einfach irre. Die ersten wurden vor 600 Jahren gebaut und von einem Gewicht in Gang gehalten, das fast eine Viertel Tonne wog!

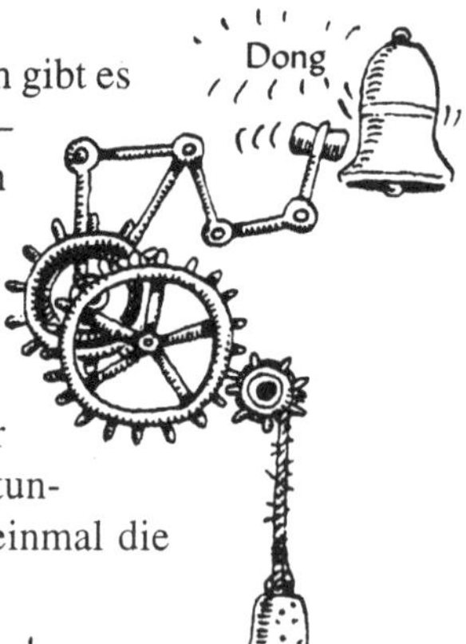

Sie hatten keine Minutenzeiger und manche nicht einmal einen Stundenzeiger – sie schlugen einfach einmal die Stunde!

Die Kerzenuhr

Früher hatten die Leute spezielle lange Kerzen mit Markierungen. Wenn die Kerze herunterbrannte, erreichte sie eine Markierung nach der anderen und zeigte so an, wie viel Zeit vergangen war. Kerzenuhren verwendete man häufig während der

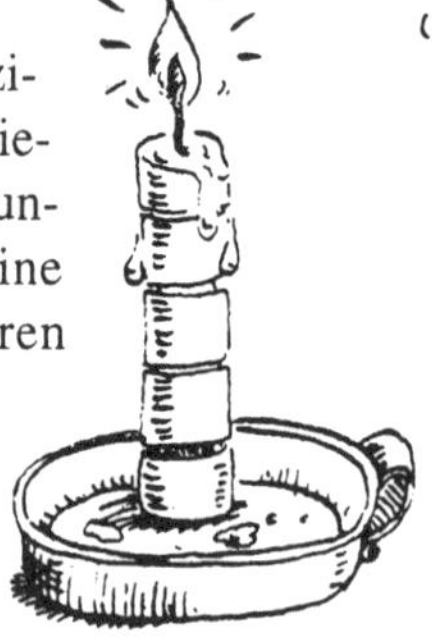

Nacht in den Kirchen; so wussten die Mönche, wann die Nachtgottesdienste begannen.

Seiluhr
Dies ist eine alte chinesische Variante der Kerzenuhr. Ein mit Knoten versehenes Seil wurde an einem Ende angesengt und brannte langsam ab.

Sanduhr
Aus der oberen Hälfte eines Glasgefäßes rinnt Sand langsam in die untere Hälfte. Du musst wissen, wie lange er braucht, um einmal ganz durchzulaufen. So kannst du schätzen, wie viel Zeit vergangen ist.

Wasseruhr (oder Klepsydra)
Diese Uhren sind eine raffiniertere Variante der Sanduhr, mit Wasser statt Sand. Manche waren zum Anzeigen der verstrichenen Zeit mit zusätzlichen Röhrchen ausgestattet.

Wie genau sind Uhren?
Die frühen Uhren waren entsetzlich unzuverlässig. Doch vor rund 400 Jahren wurde die Pendeluhr erfunden. Das Pendel schwang in genauen Zeitabständen hin und her, sodass die Uhr gleichmäßiger ging.

Auch baute man die s genannten „Unruhfedern“ in die Uhren, wodurch tragbare Uhren, also Taschen- und Armbanduhren möglich wurden. Wenn du einmal einen Blick in eine mechanische Uhr werfen kannst, siehst du ein Metallrädchen mit einer Feder darin, das sich hin- und herdreht. Es hat die gleiche Aufgabe wie das Pendel bei der Standuhr.

Heutzutage hat fast jeder eine Quarz-Armbanduhr oder einen Quarzwecker. Quarz ist ein Kristall: Wenn er mit einer Batterie verbunden ist, sendet er gleichmäßige elektrische Impulse aus. Diese Impulse treiben das Uhrwerk an. Bei einer Digitaluhr werden die Impulse gezählt und in verstreichende Sekunden umgewandelt. (Der Quarzkristall funktioniert also wie ein Pendel, nur 100 000-mal schneller!)

Am genauesten gehen die Atomuhren. Sie gleichen deiner Quarzuhr, haben aber keinen Quarzkristall, sondern zählen die Schwingungen spezieller Atome. Atomuhren sind so genau, dass sie sogar die Erdumdrehung an Genauigkeit übertreffen! Mithilfe dieser Uhren haben Forscher herausgefunden, dass die Erde an einigen Tagen für eine Umdrehung eine fünftausendstel Sekunde länger braucht als an anderen. (Manchmal fragt man sich wirklich, ob die Wissenschaftler nichts Besseres zu tun haben!)

Wie zeigt dir die Uhr die Zeit an?

Es gibt bei Uhren zwei Arten der Anzeige …

- das gute alte Zifferblatt mit Zeigern
- die „Digitalanzeige“ mit einer Zahlenreihe.

Egal, was für eine Uhr du hast – jede sollte dir die gleiche Uhrzeit anzeigen.

Im Allgemeinen sagen dir Uhren nicht, ob es Vormittag oder Nachmittag ist, weil das normalerweise klar ist. Wenn deine Uhr halb zwei anzeigt, und der Himmel ist schwarz, dann kannst du dir ziemlich sicher sein, dass es halb zwei morgens ist.

Bei einem normalen Zifferblatt ist der Stundenzeiger (gewöhnlich der kleinste) der wichtigste. Der Stundenzeiger wandert zweimal am Tag an allen Zahlen der Uhr vorbei. Wenn eine Uhr nur einen Stundenzeiger hat, kannst du natürlich nur die Stunden ablesen.

Uhr mit Stundenzeiger: zeigt an, dass es zwischen ein und zwei Uhr ist. Nicht besonders hilfreich.

Uhr mit Stunden- und Minutenzeiger: zeigt 28 Minuten nach eins an. Schon besser.

Uhr mit drei Zeigern: zeigt an, dass es 14 Sekunden vor 28 Minuten nach eins ist. Sehr gut.

Uhr mit endlos vielen Zeigern. Absoluter Quatsch.

Wenn du einen Minutenzeiger hast, erfährst du also auch die Minute der jeweiligen Stunde. Mit einem Sekundenzeiger wird die Sache ganz genau, weil du nun weißt, wie lange es noch bis zur nächsten Minute dauert. Den Sekundenzeiger erkennst du daran, dass er sich ständig bewegt. (Die anderen beiden Zeiger bewegen sich zwar auch, allerdings so langsam, dass du es fast nicht bemerkst.)

Wenn du meinst, der Sekundenzeiger sei der wichtigste, weil er am genauesten ist, dann sieh dir das an:

Uhr nur mit Sekundenzeiger:
Absolut nutzlos, wenn man wissen will, wie spät es ist.

Eine Uhr, die nur einen Sekundenzeiger hat, ist zwar überhaupt nicht geeignet, die *absolute* Zeit anzuzeigen, aber sehr hilfreich, wenn du die *relative* Zeit messen willst. Stell dir vor, du willst wissen, wie lange du brauchst, um die Treppe rauf- und runterzurennen: Der Sekundenzeiger zeigt dir genau an, wie viele Sekunden vergangen sind. Das könntest du mit einer Sonnenuhr nicht machen!

Die Zahlen auf einer Digitalanzeige sind genauso zu lesen wie die Zeiger des Zifferblatts.

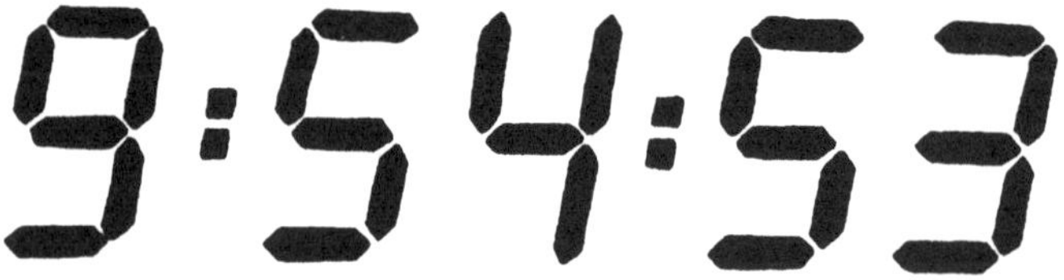

Stunden : Minuten nach voller Stunde : Sekunden nach voller Minute

Wenn nur zwei Zahlen da sind, dann ist das wie bei einer Uhr mit Stunden- und Minutenzeiger. Bei drei Zahlen zeigt die letzte, wie viele Sekunden vergangen sind.

Bei der Digitalanzeige gibt es zwei Besonderheiten:

1. Du kannst die Uhrzeit hier natürlich leicht ablesen. Die Anzeige auf Seite 66 unten zeigt – ganz klar – „9 Uhr 54". Das klingt aber komisch. Besser ist es, hier „6 vor 10" zu sagen. Dies gilt für viele Uhrzeiten, wie z. B. „7 Uhr 30" (halb acht), „6 Uhr 12" (12 nach sechs) und so fort.

2. Die Digitalanzeige ist häufig eine „24-Stunden-Anzeige". So eine Anzeige sagt dir auch noch, ob es Vormittag oder Nachmittag ist. Und das ist ganz einfach: Bei Stundenzahlen, die größer als zwölf sind, ist es Nachmittag. Du ziehst einfach zwölf ab und weißt, wie spät es ist. Wenn dir die Uhr 17:21 anzeigt, dann ist es 21 Minuten nach fünf Uhr nachmittags.

Schierglück Holmes und die Diamanten der Herzogin oder: höchste Zeit für ein Geständnis

„Meine Diamanten!", kreischte die Herzogin. „Sie waren in dieser kleinen Schmuckschachtel auf dem Schminktisch, und jetzt sind sie fort!"

„Hm!", sagte Schierglück Holmes, der Meisterdetektiv, und sah sich im Zimmer um. „Offenbar war der Dieb in Eile. Er hat Ihre Uhr auf den Boden geworfen."

„Wer ist denn so herzlos, eine kleine unschuldige Uhr kaputtzumachen?", schluchzte die Herzogin. „Was nützt sie jetzt noch?"

„Sehr viel sogar", sagte Schierglück Holmes. „Die Zeiger auf der Uhr haben sich nicht bewegt, seit sie zu Boden fiel;

also zeigen sie, wann genau das Verbrechen begangen wurde."

„Ich möchte mit jedem sprechen, der sich heute Nachmittag in Ihr Zimmer hätte schleichen können", sagte Schierglück Holmes.

„Aber das könnte jeder im Haus sein!" Die Herzogin rang nach Luft und wurde kreidebleich. „Oh nein! Und diese Person hätte meine – Sie wissen schon – auf der Heizung trocknen sehen."

Schierglück sah sich um und erblickte eine mächtige Unterhose aus gekräuselter rosa Spitze, die in der Ecke still und leise vor sich hin dampfte. Die Herzogin hatte Recht, das wäre ihm auch peinlich!

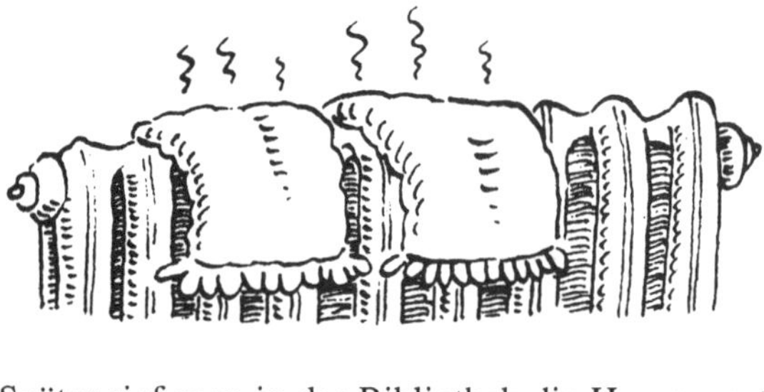

Später rief man in der Bibliothek die Hausangestellten und Gäste zusammen; ein uniformierter Polizist bewachte die Tür.

„Ich muss überprüfen, was Sie alle heute Nachmittag gemacht haben", sagte Schierglück Holmes und sah von einem zum anderen. Sein Blick verriet nicht, wen er verdächtigte.

„Ich habe mit Millicent im Garten Gänseblümchenkettchen gebunden.“ Primelchen lächelte albern. „Und wir hörten die Kuckucksuhr süß fünf Uhr schlagen.“

„Diese Uhr geht immer 15 Minuten vor“, sagte Oberst Grunz.

„Und wo waren Sie, Oberst?“, fragte Holmes.

„Ich habe im Schuppen meine Donnerbüchse gereinigt“, war die Antwort. „Das Tuch verfing sich am Abzug, und das verdammte Ding ging los – bums. Nach meiner 24-Stunden-Digitaluhr war das genau um 14:46. Irgendjemand muss es gehört haben.“

„Sie waren das also!“, kicherte Rodney Bounder. „Das war ja ein Krach!“

„Und wo genau hielten Sie sich auf, Sir?“, fragte Schierglück Holmes.

„Oh nein, mir können Sie das nicht unterschieben!", feixte Rodney. „Ich habe mit dem Pfarrer Karten gespielt. Sie können ihn fragen."

„Wann war das?", fragte Schierglück Holmes.

„Als ich auf meine diamantbesetzte Goldarmbanduhr sah, war es Viertel vor fünf." Rodney grinste höhnisch. „Und nun hören Sie auf, unsere Zeit zu verschwenden. Ich sage, der Butler war's."

„So, so", brummte der Oberst.

„Ich hatte am Nachmittag frei", flüsterte Krächz, der Butler. „Ich habe meine Schwester Aggie zum Bahnhof gebracht und um 4:46 Uhr in den Zug gesetzt."

„Nun, einer von Ihnen hat sich am Nachmittag in das Zimmer der Herzogin geschlichen und die Tat begangen", sagte Schierglück Holmes. „Und das ist nicht alles: Derjenige hat die grünen Schlüpfer der Herzogin auf der Heizung liegen sehen."

„Grün? Sie waren doch rosa!“, war eine Stimme zu hören.

„Ha!“, rief Schierglück Holmes triumphierend. „Dachte ich's mir doch! Wachtmeister, verhaften Sie den Dieb!“

Weißt du, wer kein Alibi für die Tatzeit hat?

Antwort: Wenn die 24-Stunden-Uhr des Obersts 14:46 anzeigte, dann putzte er seine Donnerbüchse zwei Stunden vor dem Diebstahl. Der Oberst verpatzte damit sein Alibi und entlarvte sich als Dieb und Schlüpfer-Spanner!

Teste deinen Taschenrechner

Gib Folgendes ein:

12345679 × 9 = (vergiss nicht die 8 auszulassen)

Was kommt heraus? Wenn du *einen* guten Taschenrechner hast, wirst du *ein ein*maliges Ergebnis bekommen.

DIE SUCHE NACH DEM RICHTIGEN WINKEL

... und wie du auf keinen Fall Kanonenkugeln abfeuern solltest!

„Nein, nein, nein!“, kreischte der Abt. „Diese Bücher sind unmöglich!“

„Was ist denn los?“, fragte der Mönch.

„Sieh nur, die Ecken sind alle im falschen Winkel!“

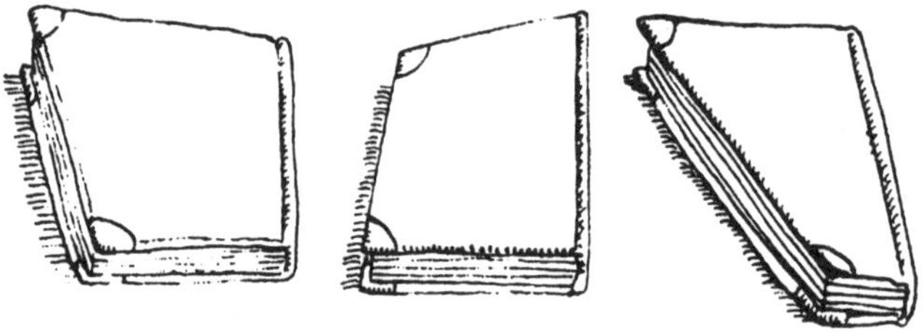

„Was ist ein Winkel?“, fragte der Mönch.

„Damit beschreibt man, wie eine Ecke aussieht“, sagte der Abt. „Und die Ecken hier sind entweder zu groß oder zu klein. Diese Bücher lassen sich nicht anständig übereinander stapeln, fallen aus dem Regal und öffnen sich von ganz allein. Sieh mal, so sollte ein Buch aussehen: Alle Winkel sind genau gleich.“

„Genau gesagt, sind das die *rechten Winkel*!“

Jede Menge Winkel

Diese etwas alberne Geschichte erklärt also, was ein *rechter* Winkel ist. Rechte Winkel ergeben hübsche senkrechte Ecken. Wenn ein Winkel wie ein Zacken aussieht, dann ist er *spitz*, und wenn er nicht zackig genug ist, dann ist er *stumpf*. Es gibt sogar ein Wort für einen umgedrehten Winkel: *überstumpfer* Winkel.

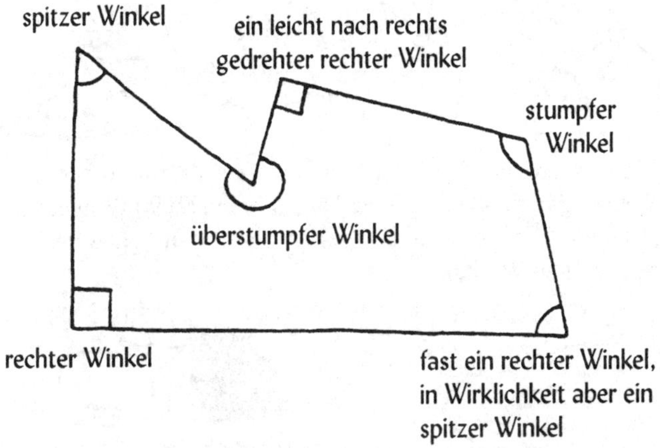

Es ist ganz einfach, sich zu merken, welches der spitze Winkel ist. Stell dir einen sehr, sehr, sehr, sehr spitzen Winkel vor – so spitz wie die Spitze einer Stecknadel. Das ist ganz schön spitz!

Eines ist an den Winkeln wirklich lästig: Sie werden in „Grad“ gemessen. Das Problem daran ist, dass auch die Wetterfrösche in Gradzahlen vorhersagen, wie warm es wird. Vielleicht war der erste Mensch, der Winkel maß, ein gewisser Herr Grad, und der wollte berühmt werden. Wie auch immer, es wäre viel besser gewesen, wenn man die Winkel in „Eckels“ oder „Winkies“ gemessen hätte. Du könntest dir auch selber ein Wort ausdenken. Dann könnte dein Mathelehrer auch nicht mehr so lustige Witze machen wie diesen …

Ein Grad ist ziemlich klein, sodass in einem rechten Winkel gleich 90 Grad Platz haben. Wenn du 90 Winkel mit je einem Grad zusammenlegen würdest, dann gäbe das einen rechten Winkel.

ein paar ganz winzige Winkel

90 Ein-Grad-Winkel

Winkel plus Winkel

Hier wurden zwei rechte Winkel zusammengefügt:

Zwei 90-Grad-Winkel

90-Grad-Winkel plus 90-Grad-Winkel

Du bekommst eine gerade Linie! Wenn du zeigen willst, wie clever du bist, kannst du den Leuten auch erzählen, dass eine gerade Linie in Wirklichkeit ein Winkel von 180° ist. (Immer „Grad“ zu schreiben wird ziemlich langweilig, daher schreibt man stattdessen °.)

Die Gradzahl 180 ist übrigens ziemlich spannend: Die Winkel an den drei Ecken eines Dreiecks ergeben nämlich zusammen immer 180°. Das kannst du ganz ohne nerviges Rechnen nachweisen! Du brauchst nur ein Blatt Papier und eine Schere.

1. Schneide ein Dreieck aus. Die Form ist egal, aber die Seiten müssen gerade sein.

2. Reiße die drei Ecken ab.

3. Lege sie so wieder zusammen:

4. Mache einen Luftsprung und rufe dabei: „Seht her! Da ist eine gerade Linie, und eine gerade Linie hat 180°, also ergeben die drei Winkel zusammen 180°."

(Übrigens: Wartest du immer noch darauf zu erfahren, wie du auf keinen Fall Kanonenkugeln abfeuern solltest? Bald wirst du's wissen. Schieß bitte bis dahin keine Kugel ab.)

Also, nun weißt du, dass die Winkel eines Dreiecks 180° ergeben. Wie steht es mit Vierecken? Sieh dir dieses Buch an. Es ist ziemlich rechteckig, doch vor allem hat es vier Ecken und vier Seiten. (Flache Figuren haben immer gleich viele Ecken wie Seiten.) Wenn etwas vier gerade Seiten hat, dann ergeben die Winkel zusammengezählt zweimal 180°, also 360°. Was das bedeutet? Na, du machst jetzt das Gleiche wie mit dem Dreieck, nur schneidest du eine Form mit vier Seiten aus. (Du kannst auch ein Dreieck ausschneiden und dann eine Ecke abschneiden.) Reiß die 4 Ecken ab. Was geschieht? Du müsstest etwas haben, das so ähnlich aussieht:

Die Teile passen lückenlos zusammen! Das funktioniert sogar, wenn du eine Form mit überstumpfem Winkel ausschneidest.

Übrigens spielt es keine Rolle, wie viele Ecken eine Form hat. Du kannst so oder so leicht herausfinden, wie viel Grad die Winkel zusammen ergeben. Teile die Form einfach in Dreiecke, indem du die Ecken durch Linien miteinander verbindest. (Die Linien dürfen sich nur nicht kreuzen.)

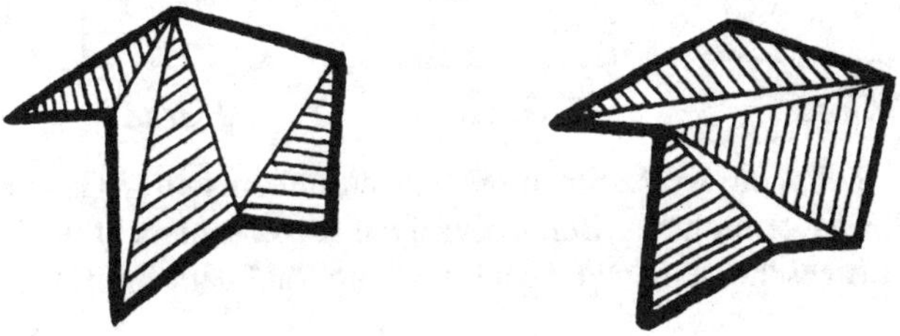

Sieh dir diese Form mit sieben Ecken an. Du siehst, dass sie auf zwei verschiedene Arten in Dreiecke unterteilt wurde. Jedes Mal ergeben sich fünf Dreiecke. Da jedes Dreieck 180° hat, haben in diesem Fall fünf Dreiecke 5 × 180° (also 900°): Das ist die Gradzahl eines Siebenecks. Wenn es dir zu mühsam ist, Formen in Dreiecke zu zerteilen, dann zählst du einfach die Ecken, ziehst zwei ab, nimmst mit 180° mal – und hast das Ergebnis.

Die Kanonenfrage

Und was hat das alles mit Kanonen zu tun? Tja, wenn du eine Kanonenkugel abfeuern willst, dann musst du zunächst die Erhöhung des Geschützrohrs festlegen – so drückt man kompliziert aus, wie steil das Rohr in die Luft zeigen soll.

Die Erhöhung wird in Grad gemessen. Bei einer Erhöhung von null Grad ist das Geschütz parallel zum Erdboden ausgerichtet. Hier sind ein paar Erhöhungen:

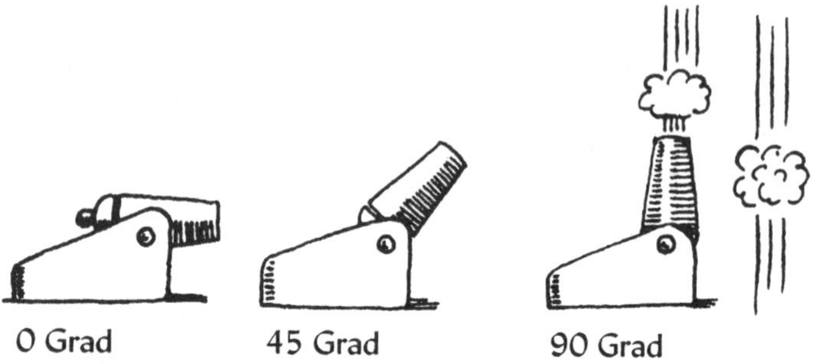

Siehst du, welche man niemals einstellen sollte? Genau, die 90°- Erhöhung: Bei der wird die Kugel senkrecht in die Luft geschossen und landet dir – bäng – auf dem Kopf.

Ein guter alter Trick

- Schreibe eine dreistellige Zahl mit drei verschiedenen Ziffern auf.

- Schreibe die gleichen Ziffern in umgekehrter Reihenfolge auf.

- Ziehe die niedrigere Zahl von der höheren ab.

- Schreibe das Ergebnis rückwärts auf.

- Addiere die beiden neuen Zahlen.

- Das Ergebnis lautet *immer* 1089!

Willst du deine Freundinnen und Freunde austricksen? Dann schreibe „1089“ auf einen Zettel und lege ihn umgedreht auf den Tisch, ehe ihr anfangt. Egal, welche Zahl sie sich ausdenken – sie werden erstaunt sein, wenn du ihnen das Ergebnis zeigst!

ACHTUNG: In ganz seltenen Fällen lautet das Ergebnis 198. Bitte in diesem Fall die Testperson, die Zahl rückwärts zu schreiben (891) und die beiden Zahlen zusammenzuzählen – es kommt wieder 1089 heraus!

ECHTE MATHE-PROFIS

Wie unterscheidet man einen Mathematiker von einem richtigen Menschen?

Hier erfährst du es …

- Er zappelt unruhig mit den Füßen, wenn er im Telefonbuch blättert.
- Meistens steckt ein Hosenbein versehentlich im Socken.
- Auch wenn er echtes Haar auf dem Kopf hat, sieht er aus, aus trüge er eine Perücke.
- Einen guten Witz versteht er nicht; er lacht sich aber über Dinge wie Möbelstücke, Stadtpläne und Haarwaschmittel halb tot.
- Er starrt in den ausgeschalteten Fernseher.

Und besonders typisch ist es, dass …

- … er braune Wildlederschuhe mit schwarzem Spitzenbesatz trägt.

Eines oder mehrere dieser Merkmale verrät ihn heute untrüglich, doch das war nicht immer so. Vielmehr waren einige der *coolsten* Typen der letzten 5 000 Jahre Mathematiker!

Mathe-Magier

Früher ließen sich die Menschen von jemandem, der ein bisschen cleverer war, ganz leicht beeindrucken. Besonders der Jahreszeitenwechsel und die Mondphasen waren für sie wichtig; wer also den Wintereinbruch oder gar eine Mondfinsternis voraussagen konnte, war ein gemachter Mann.

Vor rund 5 000 Jahren wurden eigenartige Riesenbauwerke aus Stein gebaut (wie zum Beispiel Stonehenge in England). Eine Theorie besagt, dass sie dazu da waren, den Mathematikern ihrer Zeit bei ihren Berechnungen zu helfen. Es ist nicht erstaunlich, dass sie daher als Magier mit außergewöhnlichen Fähigkeiten galten. Vielleicht brachten sie der Sonne und dem Mond sogar Opfer – was beweisen würde, dass man Mathematikern sogar einen Mord durchgehen lassen würde!

Thales

Im alten Griechenland war Mathematik so beliebt wie bei uns heute Popmusik oder Fußball. Es herrschte ein heißer Wettbewerb um den Beweis und die Entwicklung grundlegender Theorien. Um 550 v. Chr. wurde Thales, ein

Olivenölmagnat, zum Superstar, als er ein paar absolute Grundlagen schuf. Heißt das, er war ein Langweiler? Überhaupt nicht: Um eine seiner Entdeckungen zu feiern, ging er los und *opferte den Göttern einen Bullen*! Das arme Tier verlor sein Leben, nachdem Thales bewiesen hatte, dass alle Winkel in einem Halbkreis (siehe Abbildung) rechte Winkel sind (Satz des Thales).

Pythagoras

Pythagoras baute auf Thales auf und begründete einen mathematischen Kult mit eigener Zahl- und Symbolsprache. Seine Anhänger mussten viele Regeln beachten; eine davon war, dass sie niemals Bohnen essen durften!

OLYMPIA-NACHRICHTEN

Noch immer nur eine Goldmedaille

Pythagoras fordert absolutes Bohnenverbot.
Siehe Seite 2.

Puh, welch ein Stinker!

Heute wurde bekannt, dass ein Bohnentest beim Olympiasieger Pupsokles positiv ausfiel. Wie er inzwischen zugegeben hat, hatte er acht Teller Bohnen gegessen, um den Weltrekord im Stabhochsprung ohne Stab zu brechen.

Pupsokles gestern

Pythagoras fand alle möglichen schlauen Sachen heraus, zum Beispiel über die Harmonien in der Musik, doch sein größter Hit war dieser Beweis...

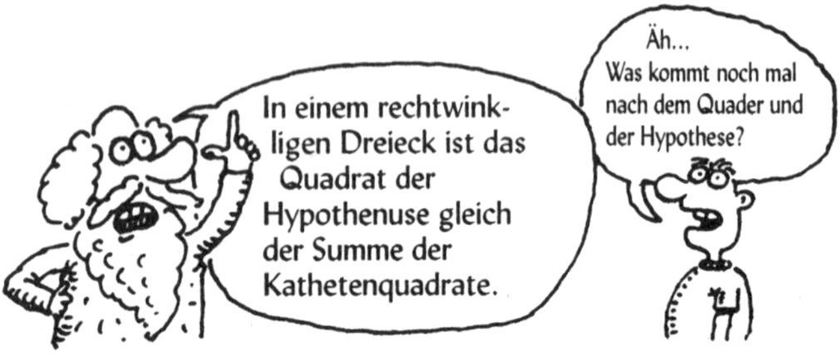

Sieh dir das Bild an, dann verstehst du leichter, was gemeint ist.

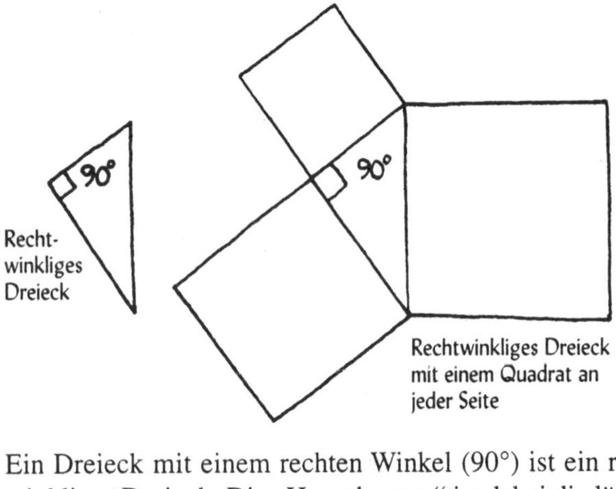

Ein Dreieck mit einem rechten Winkel (90°) ist ein rechtwinkliges Dreieck. Die „Hypothenuse" ist dabei die längste Seite und liegt immer dem rechten Winkel gegenüber.

Macht man aus jeder Seite des Dreiecks ein Quadrat, dann, so sagt Pythagoras, haben die beiden kleineren Quadrate zusammengenommen die gleiche Fläche wie das große.

Klingt das öde? Ganz sicher nicht, denn dank dieser Regel haben die Menschen Brücken und Wolkenkratzer gebaut. Man kann damit sogar ein Fußballfeld abstecken!

Pythagoras und seine Anhänger waren so hoffnungslos in Zahlen verliebt, dass sie dabei etwas durchdrehten. Sie setzten fest, dass alle geraden Zahlen weiblich und alle ungeraden männlich seien, bis auf die Zahl „1" – die sei Vater und Mutter aller Zahlen …

… doch als sie feststellten, dass es Probleme gab, die sich mit ihren tollen Zahlen nicht lösen ließen, waren sie so außer sich, dass sie das einfach abstritten …

Mathekrieg

Kaum zu glauben, nicht wahr? Aber tatsächlich stritten, ja kämpften die Leute um die besten Theorien und Beweise.

Weil Pythagoras und sein Trupp so schlau waren, konnten andere wie die Eleaten nicht widerstehen, sie zu ärgern: Sie stellten furchtbar komplizierte Fragen, die sich mit ihren Methoden nicht lösen ließen. Der Held der Eleaten war Zeno. Er liebte es, Paradoxa zu erfinden. Das sind Dinge, die wahr aussehen, es aber nicht sein können.

Zenos Paradoxon vom Läufer und der Schildkröte

Ein Läufer kann zehnmal schneller laufen als eine Schildkröte. Doch wenn eine Schildkröte mit einem Kilometer Vorsprung losläuft, kann sie der Läufer niemals überholen. Denk mal nach …

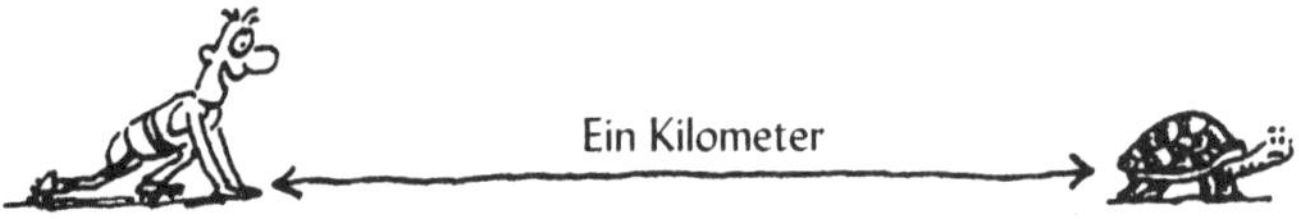

Der Läufer rennt einen Kilometer. Aber inzwischen ist die Schildkröte einen Zehntelkilometer weitergekrochen, so dass sie noch immer einen Zehntelkilometer vor dem Läufer liegt.

Der Sprinter läuft den Zehntelkilometer weiter, doch die Schildkröte ist wieder ein bisschen vorwärts gekrochen.

Der Läufer legt das nächste winzige Stückchen zurück, doch während er das tut, bewegt sich die Schildkröte ein klitzekleines bisschen vorwärts – und so weiter! Auch wenn der Abstand zwischen ihnen noch so klein ist, wird der Läufer die Schildkröte niemals überholen.

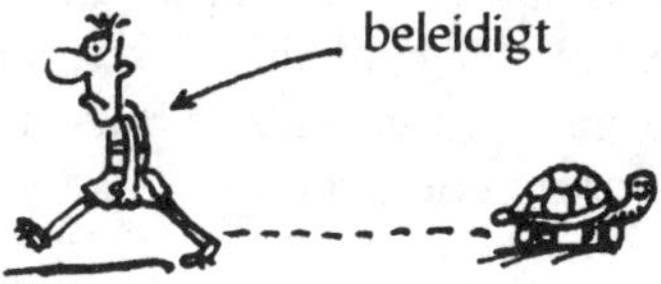

Natürlich wissen wir, dass der Läufer die Schildkröte eigentlich überholen kann, doch das ist schwer zu beweisen!

Euklid

Wenn sich kluge Leute streiten, ist das Tolle daran, dass sie noch angestrengter nachdenken und noch schlauere Ideen austüfteln. Um 300 v. Chr. sammelte ein weiterer Grieche namens Euklid die besten Beweise und Theorien der alten Mathefreaks in seinem Buch *Elemente*, das noch heute zu den berühmtesten Büchern der Weltgeschichte zählt.

Euklid war so was wie ein Pythagoras-Fan, kam aber auch mit ein paar eigenen interessanten Theorien groß raus. Unter anderem brachte er einen ziemlich eleganten Beweis. Er stellte auf einleuchtende Weise dar, dass es unendlich viele Primzahlen gibt.

In *Elemente* stand so ziemlich alles, was es über die mathematischen Grundlagen zu wissen gab, und so brachte es die nächste Clique von Mega-Mathematikern auf Ideen. Das waren wieder so ein paar ganz clevere Burschen. Einer der ganz wichtigen war zum Beispiel …

Der Große Archimedes

Archimedes gehört zu den Größten aller Zeiten. Du wirst sicher auch finden, dass er einfach Weltklasse war – du musst dir bloß klarmachen, dass er nur mit Bleistift, Lineal und Kompass arbeitete und keine tollen Computer hatte. Und damals gab es nicht einmal ein richtiges System dafür, wie er Zahlen notieren oder rechnen konnte! Hier sind nur ein paar Dinge, die er erfand …

Riesige Hebelsysteme

Diese waren so gewaltig, dass seine Heimatstadt Syrakus in Sizilien damit feindliche Schiffe eroberte und zerstörte! Archimedes erkannte, dass die Hebelkraft unglaublich stark ist, und behauptete: „Gib mir einen Ort, auf dem ich stehen kann, und ich bewege die Erde.“

Die archimedische Schraube

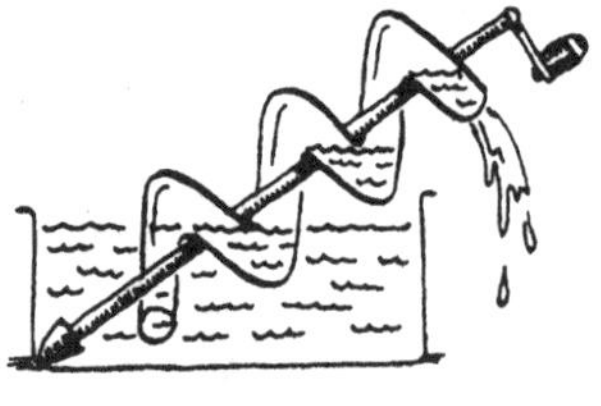

Wenn man dieses schlangenförmige Rohr dreht, fließt das Wasser scheinbar bergauf!

Der Sandrechner

Ein Mega-Zahlensystem. Damals gab es noch keine gute Methode, große Zahlen aufzuschreiben; also erfand er eine. Sie gründet auf der Myriade, was 10 000 bedeutet. Er nahm eine Myriade Myriaden eine myriade-myriaden-mal mit sich selbst mal (heraus kam eine sehr hohe Zahl) und multiplizierte das wiederum eine myriade-myriaden-mal miteinander. Und das konnte er dann sehr kurz notieren. Er bewies so, dass man jede Zahl in knappster Form niederschreiben kann. So berechnete er die Zahl der Sandkörner der Welt mit 10^{51}!

Riesige Katapulte

Die Stadt Syrakus wehrte auch damit angreifende römische Armeen ab.

Eine Sonnenstrahlenpistole!

Angeblich hat Archimedes Spiegel so aufgestellt, dass sie Sonnenstrahlen bündelten, sie auf feindliche Boote richteten und diese dadurch entzündeten!

Archimedes geht baden

Trotz all seiner Meisterleistungen ist Archimedes wohl vor allem für eins berühmt geworden: Er sprang aus seiner

Badewanne, lief splitternackt auf die Straße und schrie: „Heureka!"

„Heureka" bedeutet übrigens: „Ich hab's!" Doch was hatte er? Weißt du noch? Am Anfang dieses Buches hast du die Badewanne bis zum Rand gefüllt und bist hineingestiegen – genau, darum geht es hier.

Der König hatte vermutet, seine neue Krone sei nicht aus reinem Gold, hatte aber nicht gewusst, wie er das beweisen konnte. In der Badewanne kam Archimedes die Erleuchtung: Wenn ein Körper in einem mit Wasser gefüllten Gefäß liegt, ist das Volumen des übergelaufenen Wassers gleich dem Volumen des Körpers (Gesetz des Auftriebs).Wenn er also die Krone ins Wasser legen würde, würde er feststellen, ob sie weniger Wasser verdrängt als reines Gold gleichen Gewichts. Dann hätte man statt Gold das billigere und leichtere Silber verwendet. Ein guter Einfall für Archimedes, aber vermutlich schlecht für den Goldschmied!

Da er nun mal in der Badewanne lag, fand Archimedes noch viel mehr darüber heraus, wie und warum Körper schwimmen oder untergehen. Hätte er nicht gern gebadet, sondern lieber geduscht, hätten wir vielleicht niemals Ozeandampfer oder Unterseeboote bauen können!

Der Triumph der Kugel

Für Archimedes war seine persönliche Bestleistung nicht etwa das tödliche Katapult oder die schlaue Hebelmaschine, sondern diese winzige kleine Gleichung:

$$Vs = {}^{4}/_{3}\pi r^{3}$$

Mit dieser Gleichung rechnest du den Flächeninhalt einer Kugel aus. Eine Kugel ist ein ganz runder Körper, wie ein Ball. Das kleine „r“ in der Gleichung steht für den Kugelradius, also den Abstand zum Mittelpunkt. Das sonderbare kleine „π“ heißt „Pi“ und entspricht ungefähr 3,14.

Archimedes bewies, dass eine Kugel genau zwei Drittel so groß ist wie der kleinste Zylinder, in den sie hineinpasst. Mit anderen Worten: Wenn du einen Ball hast, der gerade eben in eine Dose mit Deckel passt, dann nimmt der Ball genau $^{2}/_{3}$ des Raums in der Dose ein.

Archimedes war so stolz auf diese Entdeckung, dass man eine Kugel in einem Zylinder auf seinem Grabstein verewigte.

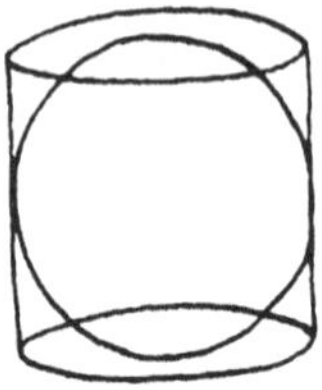

Trotz all der archimedischen Waffen für die Verteidigung der Stadt gelang es den Römern eines Nachts, Syrakus zu erobern. Viele Menschen wurden ermordet, doch der römische Feldherr Marcellus hatte angeordnet, den 75-jährigen Archimedes zu verschonen. Dummerweise traf ihn ein hitzköpfiger Soldat an, als er gerade im Sand Zeichnungen machte. Archimedes verärgerte ihn mit den Worten: „Störe meine Kreise nicht." Der Soldat, der nicht wusste, wen er vor sich hatte, tötete ihn.

Das dicke Ende

Obgleich Archimedes in Sizilien lebte und in Ägypten studiert hatte, war er eigentlich Grieche. Nach seinem Tod rissen die Römer das griechische Reich an sich, und die Mathematik kam langsam aus der Mode. Ein paar Leute fanden sie noch immer toll, wurden aber nicht mehr besonders unterstützt und auch die Anhänger blieben aus. Zu den Letzten gehörte eine kluge Frau namens Hypatia, die um 400 n. Chr. vor riesigen Zuschauermengen sprach.

Zu ihrem Pech hielten die Christen sie für eine Ketzerin. Und so wollten sie ihre Fans ein bisschen einschüchtern. Eines Tages wurde sie von ihrem Wagen gezerrt und in die Kirche geschleppt, wo „ihr die Haut mit Muschelschalen abgezogen und die Gliedmaßen den Flammen übergeben wurden".

Du hast nie gewusst, dass Mathelehrer so gefährlich leben, oder?

Die Mathemafia

Einer der letzten griechischen Mathematiker war Diophantos, der später den Spitznamen „Vater der Algebra" erhielt. Die Algebra stellt spezielle Matherätsel, bei denen du geheime Zahlen entschlüsseln musst. Die geheimen Zahlen werden mit Buchstaben umschrieben (x ist besonders beliebt). Einige Rätsel sind ganz einfach, andere mordsmäßig kompliziert.

Hier sind ein paar Algebra-Gleichungen und ihre Namen. Keine Panik! Du brauchst sie nicht zu lösen, es sei denn, du bestehst darauf.

*Nein danke, lieber esse ich eine Schnecke

- Eine ganz einfache Algebragleichung: $x = 6 + 2$
  Das ist eine *lineare* Gleichung. Klar, x ist gleich acht! Kinderleicht!

- Etwas schwieriger: $2x^2 + 3x = 27$
  Das x^2 bedeutet, dass es sich um eine *quadratische* Gleichung handelt.

- Viel schwieriger: $5x^3 + 7x^2 + 2x = -16$
  Das x^3 heißt: Die Gleichung ist *kubisch.*

- Hilfe! $3x^4 - 5x^3 + 9x^2 + 2x = 43$
  Das x^4 sagt dir: Diese Gleichung ist *biquadratisch.*

- Totale Hirnzersetzung: $3x^5 + 41x^4 - 2x^3 - x^2 + 7x = 3$
  Das x^5 bedeutet: „Würg – ich glaube, ich muss mich übergeben!“

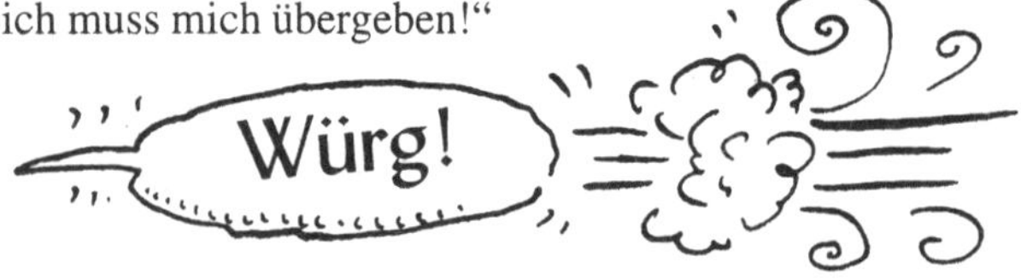

Über 1 000 Jahre nach dem Tod von Diophantos wurde Algebra in Italien ein echter Hit. Ein paar fiese Typen, zum Beispiel Halsabschneider und Kartenbetrüger, brachen alle Rekorde und lösten immer kompliziertere Algebrapuzzles. Sie gaben gern in Wettkämpfen mit ihrem Scharfsinn an, und häufig wurde viel Geld auf den gesetzt, von dem man am ehesten glaubte, er könne die Aufgaben lösen – genau wie heute beim Boxen.

Ein spannender Wettkampf fand zwischen einem Mann namens Fior und einem anderen statt, der den Spitznamen „Tartaglia" trug. Das heißt „Stotterer" – und war nicht verwunderlich: Als Kind hatte ihm jemand ein Schwert durch den Mund gestoßen! Sie lieferten sich gegenseitig ein paar knifflige Gleichungen, und schließlich gewann der stotternde Tartaglia. Er nahm nicht nur das Geld mit, sondern hatte auch eine pfiffige Methode für die Lösung einer ganzen Reihe von komplizierten Algebragleichungen gefunden (der kubischen).

Bald darauf trat Girolamo Cardano auf ihn zu, eine zwielichtige Gestalt. Er war unter anderem Astrologe, Arzt, Autor, Spieler, Freund des Papstes und Vater eines Mörders. Cardano beschwatzte Tartaglia, ihm die geheime Methode zu verraten, machte sich flink davon und veröffentlichte sie in einem Buch. In diesem Buch fand sich auch der von

Lodovico Ferrari entwickelte Lösungsansatz für die noch komplizierteren biquadratischen Gleichungen.

Endlich ein langweiliger Mathematiker?

Bislang waren alle, die mit Mathematik zu tun hatten, ziemlich coole Typen oder in zweifelhafte Geschäfte verwickelt oder beides. Nun sind wir soeben auf Lodovico Ferrari gestoßen, den Mann, der die biquadratischen Gleichungen knackte.

Um biquadratische Gleichungen zu verstehen, braucht man eine gewaltige Gehirnmasse, und um sie zu lösen noch mal so viel. Du wirst daher denken, Lodovico Ferrari wäre ein ernsthafter kleiner Bursche mit einem dünnen Schnauzer gewesen, der gern mit Tantchen einkaufen ging.

Falsch! Lodovico trank, spielte, fluchte und prügelte sich. Zuletzt wurde er von seiner eigenen Schwester vergiftet.

Lodovicos letzte Worte

Noch ein paar komische Käuze

Es gab noch zig schräge Vögel, die berühmte Mathematiker waren. Kennst du das Buch *Alice im Wunderland*? Es ist brillant und komisch, aber auch ein bisschen sonderbar! Geschrieben hat es ein Mann, der sich Lewis Carroll nannte, doch in Wirklichkeit hieß er Charles Dodgson und war Mathematiker an der Universität Oxford. Sein Spezialgebiet war die Logik, und er starb vor rund 100 Jahren. (Vielleicht hast du schon vom Hutmacher und vom Schnapphasen gehört oder von der Herzkönigin, die mit Flamingos Krocket spielt und ständig ruft: „Kopf ab …!“ Lewis Carroll dachte sich das aus!)

Oder wie wär's mit dem französischen Teenager Évariste Galois? Kurz bevor er im Alter von 20 Jahren starb, kritzelte er ein paar Algebratheorien hin, die er sich ausgedacht hatte. Erst Jahre später erkannten die Leute, dass er ein Mathe-Superstar war. Allerdings war er bei Prüfungen durchgefallen, hatte Lehrern widersprochen und war wegen Drohungen gegen den König eingesperrt worden. Im Jahr 1832 starb er bei einem Duell um eine Frau – ein weiterer ermordeter Mathematiker.

Die Liste der schrägen Typen in der Mathematik ist endlos (nimm nur den amerikanischen Professor, der nur nachdenken kann, wenn er mit der U-Bahn durch die Gegend fährt!). Wenn wir sie alle aufzählen wollten, wäre dieses Buch ziemlich eintönig, also lass uns etwas anderes machen.

Die Rettung (Fortsetzung)

Auf Burg Rechenstein ereigneten sich unterdessen schreckliche Dinge. Hoch oben im Turm war Prinzessin Laplace gefangen. Man zwang sie bis in alle Ewigkeit zu zählen. Das lief alles andere als gut …

„… Dreihundertneununddreißig Millionen vierhundertachtundzwanzigtausendneunhundertneunundfünfzig. Dreihundertneununddreißig Millionen vierhundertachtundzwanzigtausendneunhundertsechzig. Dreihundertneununddreißig Millionen vierhundertachtundzwanzigtausendneunhunderteinundsechzig …“

Arme Prinzessin, sie hatte eben erst angefangen. Unten blickten die wackeren Vektorkrieger verwirrt um sich.

„Wir hören ihre Stimme“, sagte der Feldwebel, „aber wir wissen nicht, woher sie kommt.“

„In der Nachricht ist ein rautenförmiges Fenster erwähnt“, sagte der Oberst.

„Welches ist das?“, fragte der Feldwebel. „Jedes hat eine andere Form.“

Sie drehten sich zu Thag um und blickten ihn fragend an. „Sind Sie sicher, dass Sie sich eine 15. Rate leisten können?“, fragte der.

„Natürlich, es geht doch nur um Pfennige, Mann!“, erwiderte der Oberst.

„Also gut“, sagte Thag. „Eine Raute ist eine Form mit vier gleich langen Seiten.“

Die Krieger blickten sich um und sahen sich die Fenster an.

„Sie meinen ein Quadrat“, sagte der Oberst, der ein großes quadratisches Fenster am Fuß des Turms entdeckt hatte. „Das hat vier gleich lange Seiten.“

„Ja, ein Quadrat ist so was Ähnliches wie eine Raute“, gab Thag zu, doch ehe er weitersprechen konnte, hatte sich der Oberst seinen Männern zugewandt.

„Das ist es, Männer!“, rief er. „Befreiungskommando – *Angriff*!“

„*Tarah – tarah*“, riefen die wackeren Vektorkrieger und warfen sich gegen das quadratische Fenster.

„Aua“, schrien sie gleich darauf, als sie ein starker Strahl Differenzialrechnungen traf – die tödlichsten, die in der Mathematik je erfunden wurden.

„So ein Schurke!“, murmelte der Oberst. „Baron Rechenstein hat das rautenförmige Fenster mit einer Sprengladung gesichert!“

„Keine Sorge“, sagte Thag. „Ein Quadrat ist nur eine Art von Raute.“ Dabei hob er vier Stöckchen auf und fügte sie zu einem Quadrat zusammen.

„Wenn alle vier Seiten gleich lang sind, muss es ein Quadrat sein“, brummte der Oberst.

„Nein, muss es nicht“, sagte Thag und schob zwei gegenüberliegende Ecken seines Modells aufeinander zu. „Wie sieht das hier aus?“

„Wie ein Karo!“, sagte der Oberst. „Sie haben Recht, die Seiten sind noch immer gleich lang! Wir haben am falschen Fenster angegriffen!“

„Hurra!“, schrien die Vektorkrieger, weil es ihnen nach Jubeln war, wenn auch etwas kraftlos.

„Ich sehe das Karofenster“, sagte der Feldwebel, „aber es ist an der Spitze des Turms.“

„Geht und borgt euch eine Leiter“, sagte der Oberst.

„Wie lang?“, fragte der Feldwebel.

„Nur für den Nachmittag“, antwortete der Oberst.

„Nein“, sagte der Feldwebel verwirrt, „ich meine, wie lang soll die Leiter sein?“

„Keine Ahnung“, erwiderte der Oberst. „Wir müssten wissen, wie hoch der Turm ist, doch wir haben nur ein Maßband.“

„Ich halte es unten fest, und Sie klettern mit dem Maßband die Wand hoch“, rief einer der Krieger. Wildes Gelächter brach aus, denn die Vektorkrieger haben einen ziemlich seltsamen Humor.

„Ich weiß, wie Sie die Turmhöhe rauskriegen“, sagte Thag, der Mathemagier, „aber ...“

„Ich weiß, ich weiß, das kostet eine 16. Rate“, warf der Oberst ein.

„Sind Sie *wirklich* sicher, dass Sie sich das leisten können?“, fragte Thag.

„Pah – es geht doch nur um Pfennige!“, sagte der Oberst. „Aber können Sie wirklich Wände hochklettern?“

„Das ist nicht nötig.“ Thag grinste.

Fortsetzung folgt ...

So schlägst du den Taschenrechner

Bitte eine Freundin oder einen Freund mit Taschenrechner, eine dreistellige Zahl einzugeben und sie dir zu sagen. Dann muss sie oder er …

- die Zahl mit 7 malnehmen,
- das Ergebnis mit 11 malnehmen,
- das Ergebnis mit 13 malnehmen.

Egal, wie schnell sie oder er ist – du hast das Ergebnis schneller auf dem Papier!

Du schreibst einfach die Ausgangszahl zweimal hintereinander auf. Wenn ihr also mit 838 angefangen habt, schreibst du: 838 838 – und hast das Ergebnis!

Das Zauberquadrat

Mit Zahlen kannst du alle möglichen tollen Tricks machen. Das Zauberquadrat zählt zu den ältesten.

Für den Anfang hier erst mal ein ganz einfaches Zauberquadrat:

8	1	6
3	5	7
4	9	2

Die Zahlen 1–9 sind so angeordnet, dass in jeder geraden Reihe beim Zusammenzählen der Zahlen das gleiche Ergebnis herauskommt: 15. Das gilt für alle drei horizontalen Reihen, für die drei vertikalen und die beiden diagonalen.
Und hier kommt ein noch besseres Zauberquadrat:

8	11	14	1
13	2	7	12
3	16	9	6
10	5	4	15

In diesem Quadrat stehen die Zahlen von 1–16, und die Zauberzahl ist die 34. Du kommst auf 34, wenn du …

- die vier Zahlen jeder geraden Reihe (horizontal, vertikal oder diagonal) zusammenzählst
- oder die vier Eckzahlen addierst

- oder die vier mittleren Zahlen zusammenzählst
- oder das Quadrat in vier kleine Quadrate aufteilst und jeweils die Zahlen addierst (Beispiel: Beim unteren linken Quadrat hieße das 3 + 16 + 10 + 5 = 34.)
- oder die vier mittleren *und* die vier Eckzahlen entfernst und die Zahlen rechts und links (13 + 3 + 12 + 6) oder oben und unten (11 + 14 + 5 + 4) zusammenzählst. Was kommt raus?

Das Zauberquadrat ist so großartig, weil du die 34 nicht unbedingt als Zauberzahl brauchst. Du kannst dir dein eigenes Zauberquadrat mit deiner ganz persönlichen eigenen Wunschzahl basteln. Sieh dir doch dieses Quadrat noch einmal einen Moment an.

8	11	14	1
13	2	7	12
3	16	9	6
10	5	4	15

In den schwarzen Kästchen siehst du die vier *Schlüsselzahlen.* Wenn du eine andere Zauberzahl haben möchtest, brauchst du ganz einfach nur diese Schlüsselzahlen zu ändern!

Angenommen, deine Zauberzahl soll die 25 sein. 25 ist 9 weniger als 34, also brauchst du nur von jeder der vier Schlüsselzahlen 9 abzuziehen und das Quadrat so neu zu schreiben:

8	11	5	1
4	2	7	12
3	7	9	6
10	5	4	6

Schon hast du's! Jede Zahlenreihe und -kombination ergibt jetzt 25!

Wenn du eine Geburtstagskarte schreiben willst, kannst du dir ein Zauberquadrat ausdenken, bei dem das Lebensalter des Geburtstagskindes herauskommt! Deine Urgroßmutter wird 103 Jahre alt? 103 ist 69 mehr als 34, also zählst du zu jeder der vier Schlüsselzahlen 69 dazu.

Und hier ein ganz spezielles Zauberquadrat!

96	11	89	68
88	69	91	16
61	86	18	99
19	98	66	81

Alle üblichen Kombinationen der vier Zahlen ergeben 264. *Allerdings* – drehe das Quadrat um. Was geschieht?

Und zum Schluss ein Riesen-Quadrat mit allen Zahlen von 1–25. Jede gerade Reihe ergibt 65. Prüf's doch nach!

17	24	1	8	15
23	5	7	14	16
4	6	13	20	22
10	12	19	21	3
11	18	25	2	9

In der Kürze liegt die Würze

Leute, die auch ohne Taschenrechner rechnen können, wirken immer cool. Möchtest du auch gern dazugehören?

Du musst einfach wissen, dass sich viele Rechenwege abkürzen lassen. Sieh dir die folgenden Abkürzungen an – gleich ist Mathematik nicht mehr so unberechenbar!

Mal 10

Die *schnellste* Abkürzung nimmst du, wenn du eine ganze Zahl mit 10 malnehmen musst. Dann fügst du rechts einfach eine „0“ hinzu!

$$3\,785 \times 10 = 37\,850$$

Wenn du mit 100 multiplizierst, hängst du „00“ an.

$$4\,558\,566\,385\,465 \times 100 = 455\,856\,638\,546\,500$$

Genauso einfach ist es, mit 1 000 oder 10 000 oder sogar 1 000 000 000 zu multiplizieren. Du hängst einfach die entsprechende Zahl der Nullen hinten an.

Allerdings funktioniert das nur bei ganzen Zahlen. Wenn du eine Dezimalzahl, z. B. 6,247 hast, verschiebst du das Komma nach rechts. Das ist auch simpel!

Also: $6{,}247 \times 10 = 62{,}47$ oder $6{,}247 \times 100 = 624{,}7$

Mal 99 oder mal 9

Ist es nicht nervig, dass so viele Sachen im Laden 99 Pfennig kosten? Stell dir vor, du willst 13 Bücher zu je 99 Pfennig kaufen. Was kosten sie insgesamt?

Zunächst musst du dir klarmachen, dass 99 Pf 100 Pf – 1 Pf entspricht. Absolut kinderleichte Sache! 13 × 100 Pf = 13 DM. Davon ziehst du 13 Pf ab und kommst auf 12,87 DM!

$$13 \times 99 = (13 \times 100) - (13 \times 1) = 1300 - 13 = 1\,287$$

Ganz ähnlich multipliziert man mit 9, nur entspricht das 10 – 1. Stell dir vor, du musst 67 × 9 ausrechnen. Das entspricht 670 – 67, und schon kommst du auf 603.

Mal 5 oder mal 25

Um eine Zahl mit 5 zu multiplizieren, nimmt man mal 10 und teilt dann durch 2.

$$377 \times 5 = 3\,770 \div 2 = 1\,885$$

Mit 25 zu multiplizieren ist auch nicht schwer! Du nimmst nur mit 100 mal und teilst dann durch 4.

$$143 \times 25 = 14\,300 \div 4 = 3\,575$$

Welcher Teiler passt?

Manchmal ist es hilfreich zu wissen, ob sich eine Zahl glatt und ohne Rest durch eine andere teilen lässt.

10

Zehn ist am einfachsten! Jede Zahl, die eine 0 am Ende hat, lässt sich durch zehn teilen. Du streichst nur die Null weg!

2

Auch die Zwei ist problemlos. Jede *gerade* Zahl (also jede Zahl, die mit 2, 4, 6, 8 oder 0 endet), lässt sich durch 2 teilen.

5

Die Fünf ist auch nicht schwierig. Jede Zahl, die auf 0 oder 5 endet, ist durch 5 teilbar.

3

Die Drei macht richtig Spaß! Zähle alle Ziffern einer Zahl zusammen. Wenn die Summe (Quersumme) durch 3 teilbar ist, dann ist es die Zahl auch! Mal sehen, ob 7 845 durch 3 teilbar ist.

Nimm die Quersumme: 7 + 8 + 4 + 5 = 24. Lässt sich 24 wohl durch 3 teilen? Rechne wieder die Quersumme aus: 2 + 4 = 6

Jawohl! Also ist 7 845 durch 3 teilbar!

9

Die Neun funktioniert so wie die 3. Wenn sich die Quersumme durch 9 teilen lässt, dann ist die Zahl auch durch 9 teilbar!

Ist 15 673 durch 9 teilbar?

Nimm die Quersumme: 1 + 5 + 6 + 7 + 3 = 22

O je! 22 kann man *nicht* durch 9 teilen, also 15 673 auch nicht.

6
Da $6 = 3 \times 2$ ist, musst du zwei Dinge überprüfen: Ist die Zahl durch 2 teilbar? Ist sie durch 3 teilbar? Wenn du beide Fragen mit Ja beantworten kannst, kannst du die Zahl durch 6 teilen!

4
Nimm die letzten beiden Ziffern der Zahl. Lässt sich die neue Zahl durch 2 teilen? Wenn ja, dann tu es. Wenn das Ergebnis wieder durch 2 teilbar ist, dann lässt sich die ganze Zahl auch durch 4 teilen.
Ist 23 855 632 durch 4 teilbar?
Nimm die 32 und teil sie durch 2. $32 \div 2 = 16$
Da sich die 16 wieder durch 2 teilen lässt, ist 23 855 632 auch durch 4 teilbar.

Der richtige Riecher

Klasse ist es, wenn du im Gefühl hast, ob ein Ergebnis richtig ist. Dadurch machst du weniger Fehler, besonders beim Multiplizieren. Vielleicht verhinderst du dadurch auch, dass man dich beim Einkaufen übers Ohr haut! Hier sind ein paar Tipps …

1. Das Ergebnis kann nur ungerade sein, wenn beide Ausgangszahlen ungerade sind.
   $3 \times 7 = 21$
2. Wenn eine der Zahlen die Endziffer 5 hat, hört das Ergebnis immer mit 5 oder 0 auf.
   $13 \times 5 = 65$ $22 \times 35 = 770$
   Umgekehrt kann ein Ergebnis nur dann die Endziffer 5 haben, wenn eine der Ausgangszahlen sie auch hat. Tutto capito?
3. Wenn eine Ausgangszahl die Endziffer 1 hat, dann endet das Ergebnis so wie die andere Ausgangszahl.
   $471 \times 28 = 13188$
   (28 endet mit einer 8, also auch das Ergebnis.)

4. Sieh dir die Ergebnisse an und überprüfe, ob sie nicht zu viele oder zu wenige Stellen haben! 23 × 49 = 87: Dieses Ergebnis ist deutlich zu niedrig. Und wie steht es denn mit 17 × 6 = 9 820? Hier ist das Ergebnis zu hoch.

Guck dir die folgenden Aufgaben an, rechne sie aber nicht aus! Rate einfach, welches Ergebnis stimmt. Du wirst erstaunt sein, wie leicht dir das mit ein bisschen Übung fällt!

37 × 28 = 91 oder 1036 oder 743
100 × 28 = 2 880 oder 28 000 oder 2 800
99 × 99 = 9 801 oder 9 999 oder 9 99
7 × 13 = 178 oder 98 oder 91
21 × 33 = 691 oder 692 oder 693

Überprüf deine Ergebnisse auf dem Taschenrechner!

Wenn du wirklich gut werden willst, forderst du am besten jemanden heraus. Gebt euch gegenseitig Gleichungen mit mehreren möglichen Ergebnissen. Wer die meisten Aufgaben am schnellsten löst, wird Zahlenknuspermeister. Das Gute dabei ist: Je öfter du das machst, desto besser wirst du!

Und zuletzt: Ein Umweg!

7

Wenn du wissen willst, ob eine Zahl durch 7 teilbar ist, dann ist dieser Weg zwar kompliziert, aber irre geheimnisvoll!

- Schreibe die Zahl auf, z.B. 3 976
- Lass die letzte Ziffer weg: 397

- Nimm den Rest mal 3, also 397 × 3 = 1 191
- Zähle die letzte Ziffer zum Ergebnis hinzu: 1191 + 6 = 1197
  Ist das durch 7 teilbar?

Mache alles noch mal!

- 119 × 3 = 357
  Addiere die 7 = 364: Ist das durch 7 teilbar?
- 36 × 3 = 108
  Addiere die 4 = 112: Ist das durch 7 teilbar?
- 11 × 3 = 33
- Addiere die 2 = 35: Ist das durch 7 teilbar?
  3 × 3 = 9
- Addiere die 5 = 14: Ist das durch 7 teilbar?
  1 × 3 = 3
- Addiere die 4 = 7, JAAA!

Also lässt sich 3 976 durch 7 teilen. Schneller wäre es allerdings, es einfach zu probieren!

Das Märchen geht weiter

„Also gut, Sie bekommen Ihre 16. Zahlung. Aber wie wollen Sie die Höhe des Turms messen?“, fragte der Oberst.

„Ich brauche dazu nur ein gerades Stöckchen“, grinste Thag verschmitzt. „Hoffen wir, dass die Sonne nicht verschwindet.“

Die wackeren Vektorkrieger sahen aufmerksam Thag zu, wie er das Stöckchen aufrecht in den Boden steckte. Sie fragten sich, was der Sonnenschein mit der Turmhöhe zu tun hatte.

„Nun messen wir die Höhe des Stöckchens“, sagte Thag.

„Aber die Prinzessin ist doch nicht oben auf dem Stöckchen“, warf ein Vektorkrieger ein. Die anderen kicherten zwar, fanden aber, dass der Einwand eigentlich nicht so dumm war.

„Und jetzt“, sagte Thag, „warten wir, bis der Schatten des Stöckchens so lang ist wie das Stöckchen hoch.“

Also warteten sie alle. Die Sonne sank ein wenig, und der Schatten, den das Stöckchen warf, wurde länger. Von weitem konnten sie hören: „... dreihundertneununddreißig Millionen vierhundertachtundzwanzigtausendneunhundertvierundachtzig ..."

„Jetzt!", schreckte Thag plötzlich alle auf. „Der Schatten des Stöckchens ist genauso lang wie das Stöckchen hoch."

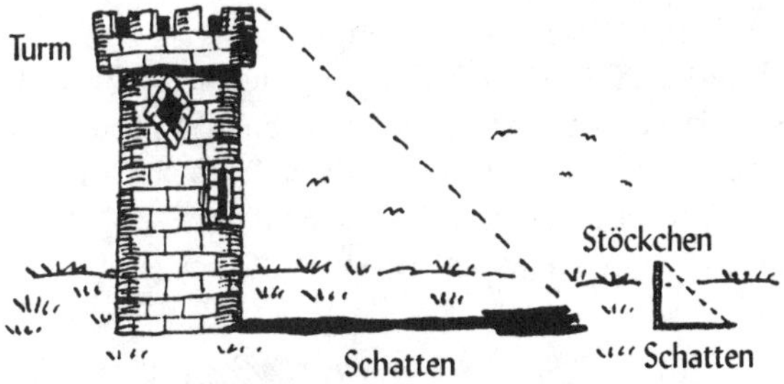

„Hurra!", schrien die Krieger und taten so, als verstünden sie, was daran so toll war.

„Schnell, messt den Schatten des Turms", sagte Thag.

„Der Schatten ist 30 Meter lang", lautete das Ergebnis.

„Dann ist 30 Meter auch die Höhe des Turms", sagte Thag.

„Woher wissen Sie das?" Der Oberst rang nach Luft.

„Ganz einfach", sagte Thag. „Wenn der Schatten des Stöckchens so lang ist wie das Stöckchen hoch, dann muss der Schatten des Turms so lang sein wie der Turm hoch."

„Warum?", feixte der Oberst misstrauisch.

„Gleichschenkliges Dreieck", antwortete Thag.

„Klar", sagte der Oberst, der sich fragte, um welche Dreiecke es ging.

„Betrachten Sie es mal anders", sagte Thag. „Wenn das Stöckchen einen Meter hoch wäre, und der Schatten hätte die gleiche Länge, dann wäre er einen Meter lang, richtig?"

„Richtig!", riefen alle Krieger im Chor.

„Wenn das Stöckchen doppelt so lang wäre, dann wäre der Schatten auch doppelt so lang, richtig?"

„Richtig!", erscholl es wieder im Chor.

„Und wenn das Stöckchen 30 Meter lang wäre, dann wäre sein Schatten 30 Meter lang, richtig?"

„Richtig!", grölten die Krieger begeistert. Sie liebten einfache Refrains.

„Doch statt eines 30 Meter langen Stöckchens haben wir einen 30 Meter hohen Turm, richtig?"

„Richtig!", sangen alle Krieger bis auf den Oberst. Der war ein bisschen besorgt, weil sich das 30 Meter lange Stöckchen plötzlich in einen massiven Turm aus Stein verwandelt hatte; er beschloss, das jedoch für sich zu behalten.

Bald lehnte eine Leiter am Turm.

„Also", sagte der Oberst. „Wer möchte die Ehre haben, die Prinzessin zu retten?"

Die 30 Meter hohe Leiter sah sehr lang und wackelig aus.

„Nun, Freunde?", hakte er nach. „Nicht so schüchtern!"

„Ich muss zu meiner Mami zum Essen", sagte ein Krieger.

„Ich bin allergisch auf Leitersprossen", sagte ein anderer.

„Ich hab mir gerade die Haare gewaschen", sagte ein dritter.

Dem Oberst stand die Verzweiflung im Gesicht. „Also Jungs, ihr wisst, dass ich selber gehen würde, wenn ich keine kaputten Knie hätte“, sagte er.

„Ich habe auch Pudding in den Knien“, rief eine Stimme.

„Im Ernst: Ich biete demjenigen, der hinaufgeht, eine Prämie von 50 Mark.“

Die Krieger blickten noch einmal die Leiter hinauf. 50 Mark war eine Menge Geld, aber 30 Meter war auch eine Menge Leiter.

Der Oberst wandte sich an Thag. „Wie wär's mit Ihnen?“, fragte er.

„Das kostet eine 17. Rate“, sagte Thag.

„Ist das alles?“, fragte der Oberst. „Ich hätte Ihnen 50 Mark geboten!“

„Machen wir's so“, sagte Thag. „Sie haben die Wahl: Geben Sie mir lieber die 17. Rate oder 50 Mark?“

„Die 17. Rate natürlich“, lachte der Oberst. „Da geht's doch nur um Pfennige!“

Thag biss die Zähne zusammen und begann, die Leiter hinaufzusteigen.

Fortsetzung folgt …

MATHE IST MAGIE

Um Himmels willen! Ein Zaubertrick in einem Mathebuch? Geht es vielleicht darum …

- deinen Lehrer in eine Melone zu verwandeln?

- das Sofa verschwinden zu lassen?

- dir 1 000 Mark aus der Nase zu ziehen?

Nein, viel besser: Hier kommt der verblüffende Oben-unten-Kartentrick!

Er ist ein waschechter Zaubertrick, denn:

- Er verblüfft jeden, der dieses Buch nicht gelesen hat.
- Er ist kinderleicht.

  Du brauchst nur ein Kartenspiel, ein großes Tuch, z. B. ein

Handtuch, einen Tisch und einen Freund: das Opfer. Und so geht's ...

1 Du mischst die Karten. Falls dir dabei ein paar auf den Boden fallen, bleibst du cool und kümmerst dich einfach nicht darum. (Das wird dein Gegenüber noch mehr verwirren!) Du legst die Karten umgedreht auf einen Stoß auf den Tisch. Wenn du sicher bist, dass dein Opfer macht, was du ihm sagst, ohne zu schummeln, kannst du mit geschlossenen Augen arbeiten!
2 Sag deinem Opfer, du hast eine Zauberzahl, die 13. Bitte es, 13 Karten vom Stoß abzuheben und das Bild nach oben zu drehen.
3 Bitte dein Opfer, die Karten eine nach der anderen wahllos in den Stoß zurückzustecken. In dem Stapel sind nun umgedrehte und offene Karten. Danach darf dein Opfer die Karten mischen (aber keine Karte umdrehen).
4 Bitte dein Opfer, 13 Karten vom Stoß abzuheben, ohne sie umzudrehen. Es soll sie in einem gesonderten Stoß hinlegen und mit dem Tuch abdecken. Falls du deine Augen geschlossen hattest, kannst du sie jetzt öffnen.
5 Sage deinem Opfer, dass du jetzt, *ohne hinzusehen*, einige der Karten unter dem Tuch umdrehst. Du gehst mit den Händen unter das Tuch und sprichst einen Zauberspruch. (Geh sicher, dass du einen falschen Zauberspruch verwendest. Wenn du einen echten erwischst, verwandelst du dein Opfer womöglich in einen Wackelpudding – das wäre etwas peinlich.)
6 Nimm das Tuch weg. Die 13 Karten bleiben liegen.
7 Und jetzt kommt die Zauberei: Bitte dein Opfer, sich die beiden Stöße anzusehen. Es wird feststellen, dass in beiden die gleiche Anzahl offener Karten ist!

1. Mischen

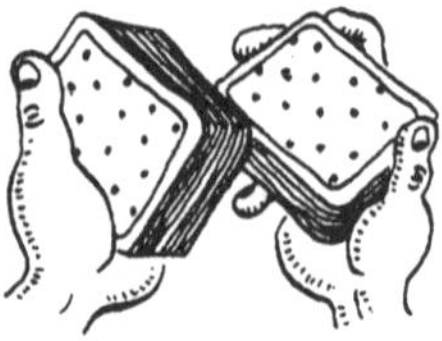

2. 13 Karten abheben und umdrehen

3. Karten zurückstecken und mischen

4. 13 Karten abheben

5. Karten unter dem Tuch umdrehen

6. Tuch wegnehmen – Simsalabim!

Dieser Trick ist so wahnsinnig geheimnisvoll, weil du die Karten kaum berührt hast und sie nicht einmal anzusehen brauchtest!

Dein Opfer wird sich fragen, woher du gewusst hast, wie viele umgedrehte Karten im ersten Stoß übrig geblieben sind, und natürlich vor allem, wie du es, ohne hinzusehen, geschafft hast, im kleinen Stoß die gleiche Anzahl zu bekommen.

Also, wie hast du es denn nun gemacht? Als du mit den Händen unter das Tuch gegriffen hast, hast du einfach den *gesamten* Stoß von 13 Karten umgedreht. Das ist alles! Dabei macht es besonders viel Spaß, so zu tun, als wäre es wirklich kompliziert. Wenn du eine Grimasse schneidest, als müsstest du dich beim Fühlen der Karten unheimlich konzentrieren, wird dein Opfer noch Stunden später die Karten anfassen, um herauszufinden, wie du das gemacht hast. Haha!

Dein Opfer versucht wahrscheinlich ohnehin verzweifelt, hinter deinen Trick zu kommen. Doch nun kommt noch etwas *wirklich* Tolles. Dreh alle Karten mit dem Bild nach unten, mische sie und wiederhole den Trick – aber diesmal darf sich dein Opfer eine Zauberzahl aussuchen. (Mit den Zahlen zwischen 9 und 15 geht es am besten. Es klappt mit jeder Zahl, wird allerdings mit einer Zahl über 20 etwas langweilig.) Statt mit 13 machst du also den Trick mit der Wunschzahl deines Opfers noch mal.

Wie funktioniert es?

Am einfachsten lässt sich der Trick mit simpler Algebra erklären. Wenn du mit Algebra bisher noch nichts zu tun hattest, denkst du vielleicht „Igitt", aber Algebra ist wirklich wahnsinnig praktisch, um komplizierte Dinge ohne viele Worte oder wilde Gesten zu erklären. (Guck dazu auch noch mal Seite 93 an.)

Nimm dir ein Kartenspiel und mache den Trick so:

- Heb 13 Karten ab, dreh sie mit dem Bild nach oben, schieb sie wieder unter und misch die Karten.

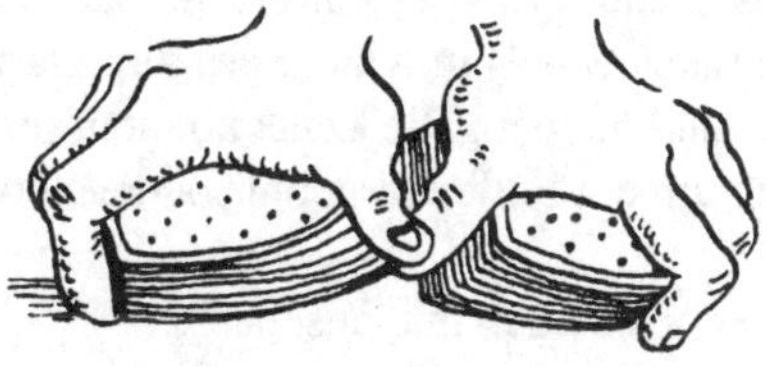

- Heb die obersten 13 Karten ab und sieh sie dir an. Einige der Karten dieses kleinen Stapels liegen mit dem Bild nach oben. Zähle sie.
- Sagen wir, in deinem kleinen Stoß lagen 4 Karten offen. Das bedeutet, in dem großen Stoß müssen noch 9 offene Karten sein. (Denn du hattest insgesamt 13 Karten mit Bild nach oben, und 4 davon sind nun in dem kleinen Stoß. 13 – 4 = 9.)
- Sieh dir jetzt die 13 Karten noch einmal an. Wenn 4 davon offen waren, dann muss der Rest umgedreht sein. Also sind 9 Karten umgedreht.
- Wenn du den kleinen Stoß umdrehst – was hast du dann?

Deine 4 offenen Karten sind umgedreht und deine 9 umgedrehten offen!
- Demnach hast du am Ende 9 offene Karten in deinem kleinen Stoß, also ganz genau die gleiche Anzahl wie im großen Stoß!

Jetzt sehen wir uns mal an, wie die Zahl 9 zu Stande kam: Wir ziehen immer 4 von 13 ab. Statt 9 könnten wir auch immer 13 minus 4 oder (13 – 4) schreiben. Wir stellen kleine Gleichungen wie (13 – 4) in Klammern, um klarzumachen, dass wir eine Zahl meinen. Die Leute könnten sonst denken, es handle sich um ein Fußballergebnis oder so etwas Ähnliches.
Lass uns die Schritte noch mal ansehen …

- Heb 13 Karten von dem Stoß ab, dreh sie mit dem Bild nach oben, schieb sie dann wieder unter und misch sie gut durch.
- Heb wieder 13 Karten ab und sieh sie dir an. Ein paar Karten in diesem kleinen Stoß sind umgedreht. Wie viele?
- Nimm an, 4 Karten sind umgedreht. Das heißt, dass in dem großen Stoß noch (13 – 4) Karten mit dem Bild nach oben liegen.
- Sieh dir jetzt noch einmal den kleinen Stoß mit den 13 Karten an. Wenn bei 4 Karten das Bild nach oben zeigt, dann liegen (13 – 4) Karten mit dem Bild nach unten. Stimmt doch, oder?
- Wenn du den kleinen Stoß umdrehst – was bekommst du? Die 4 offenen Karten liegen mit dem Bild nach unten, die (13 – 4) mit dem Bild nach oben!
- Somit hast du am Ende (13 – 4) offene Karten in dem kleinen Stoß, also die gleiche Anzahl wie die (13 – 4) offenen Karten im großen Stoß.

Nimm einmal an, in dem kleinen Stoß lagen ursprünglich 7 Karten mit Bild nach oben. Oder 2 Karten. Oder 0 Karten. Da wäre es doch wirklich ziemlich lästig, die ganzen Rechenschritte immer wieder mit einer neuen Zahl aufschreiben zu müssen. Deshalb verwendet man in der Algebra einen Code.

Lass uns die Zahl der Karten, die mit dem Bild nach oben liegen, mit B abkürzen. (Du kannst auch jeden anderen Buchstaben nehmen, aber „B“ kann man sich leicht merken, weil es für „Bild oben“ steht.)

Dann listen wir die Schritte mal mit Hilfe der Algebra auf ...

- Heb 13 Karten vom Stoß ab, dreh sie mit dem Bild nach oben, schieb sie wieder unter und misch.
- Heb die obersten 13 Karten ab und sieh sie dir an. Ein paar Karten in diesem kleinen Stoß sind umgedreht. Wie viele?
- B Karten sind umgedreht. Das heißt also, dass in dem großen Stoß noch (13 – B) Karten mit dem Bild nach oben liegen.
- Sieh dir jetzt noch einmal ganz genau den kleinen Stoß mit den 13 Karten an. Wenn bei B Karten das Bild nach oben zeigt, dann liegen (13 – B) Karten mit dem Bild nach unten.
- Wenn du den kleinen Stoß umdrehst – was bekommst du? Die B offenen Karten liegen mit dem Bild nach unten, die (13 – B) mit dem Bild nach oben!
- Somit hast du am Ende (13 – B) offene Karten in dem kleinen Stoß, also die gleiche Anzahl wie die (13 – B) offenen Karten im großen Stoß.

Das große Geheimnis bei der Algebra ist, dass der Buchstabe die ganze Zeit für die gleiche Zahl steht. Wenn du also 3 Karten mit Bild nach oben hast, dann ersetzt du einfach jedes B durch eine 3 und rechnest es aus!

Wenn du dir den letzten Schritt noch einmal ansiehst, dann weißt du, dass im kleinen Stoß (13 – B) Karten und im großen Stoß (13 – B) Karten sind. (13 – B) steht beide Male für die gleiche Zahl, und so ist es egal, wie hoch B ist. (Stell dir vor, du hast in deinem kleinen Stoß *keine* umgedrehte Karte gefunden. B ist dann 0, und die Gleichung funktioniert noch immer!)

Bei der ersten Beschreibung des Zaubertricks haben wir gesagt, dass es nicht die 13 sein muss, sondern der Trick auch mit einer anderen „Zauberzahl" klappt. Die Algebra kann auch das beschreiben!

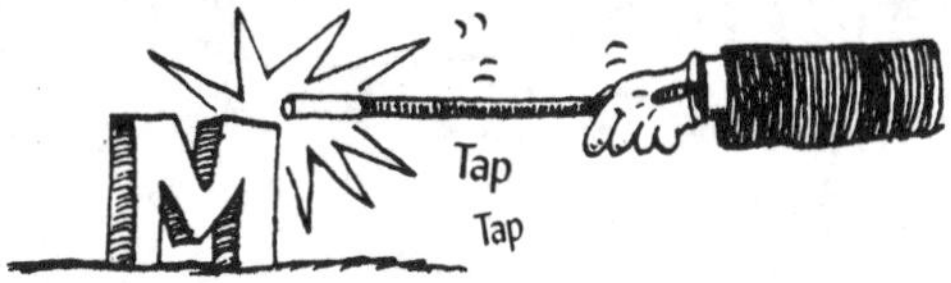

Nennen wir die Zauberzahl „M" wie Magie.
Nun lass uns die Schritte zum letzten Mal durchgehen.

- Heb M Karten vom Stoß ab, dreh sie mit dem Bild nach oben, schieb sie wieder unter und misch.
- Heb die obersten M Karten ab und sieh sie dir an. Ein paar Karten in diesem kleinen Stoß sind umgedreht. Wie viele?
- Nimm an, B Karten sind umgedreht. Das heißt, dass in dem großen Stoß noch (M – B) Karten mit dem Bild nach oben liegen.
- Sieh dir jetzt noch einmal den kleinen Stoß mit den M Karten an. Wenn bei B Karten das Bild nach oben zeigt, dann liegen (M – B) Karten mit dem Bild nach unten.
- Wenn du den kleinen Stoß umdrehst – was bekommst du? B offene Karten liegen mit dem Bild nach unten, (M – B) mit dem Bild nach oben!
- Somit hast du am Ende (M – B) offene Karten in dem kleinen Stoß, also die gleiche Anzahl wie (M – B) offene Karten im großen Stoß.

Da hast du's! Die Algebra beweist: Der Trick funktioniert immer. Wenn du diesen Wahnsinnstrick das nächste Mal ausprobierst, kannst du am Ende netterweise die Erklärung mitliefern. Schreib dir einfach die Anleitung ab und ersetz das „M" durch die gewählte Zauberzahl. Das „B" ersetzt du durch die Zahl der Karten, die in dem kleinen Stoß mit dem Bild nach oben liegen.

So wird dein Taschenrechner freundlich

Drücke folgende Tasten in *genau* dieser Reihenfolge:
2×2×2×2=×3×3×3×3=–2–3–2=
×2×3÷100÷100=
Dreh den Taschenrechner um und lies das Ergebnis!

ACHTUNG – GROSSE ZAHLEN!

Hast du jemals so eine Meldung gehört …

Vielleicht erzählt dir auch jemand, dass der Mond 400 000 Kilometer von der Erde entfernt ist oder dass es 800 000 Insektenarten gibt.

Kommt dir das irgendwie faul vor? Ja – ist es nicht seltsam, dass es anscheinend immer runde hohe Zahlen sind? Warum?

Nun, wenn es um hohe Zahlen geht, dann gibt sich niemand die Mühe, ganz genau zu sein. Stell dir vor, die Nachrichtensprecherin sagt:

Noch ehe sie die Zahl ausgesprochen hätte, hättest du vergessen, worum es geht. Daher rundet man Zahlen gern auf oder ab.

Auf- und Abrunden, und wie Gloria versuchte, ihr Liebesleben zu retten

Stell dir vor, du hast 61 Verehrer(innen). Das sind ungefähr 60, oder? Du ersetzt einfach nur die letzte 1 durch eine 0.

Man nennt das „abrunden“. Gewöhnlich rundest du bei einer Endziffer, die 5 oder höher ist, auf 10 *auf*, bei einer, die 4 oder niedriger ist, auf 0 *ab*.

Abrunden – die Liebesgeschichte

Es ist unglaublich, was Menschen tun, wenn sie verzweifelt, besessen und dramatisch verliebt sind. Dies ist die Geschichte von Gloria, aber im Grunde könnte Gloria auch dein mürrischer großer Bruder sein oder die alberne Frau, die du immer auf der Post triffst.

Gloria ist verzweifelt, weil der tollste Typ des gesamten Universums bei ihr vorbeikommen wollte und noch nicht aufgetaucht ist. Sie tut so, als ließe sie das kalt, und macht dabei die verrücktesten Sachen.

Sie hat sogar gerade eine Dose Erbsen aufgemacht und die Erbsen gezählt. Sie kam ganz exakt auf 1 928. Arme Gloria.

Plötzlich kommt ihr doofer kleiner Bruder herein. „Erbsen zählen“, kichert er. „weil du versetzt wurdest? Wie viele sind es?“

Gloria will nicht zugeben, dass sie sie genau gezählt hat, und rundet die Zahl auf:

„Etwa 1 930“, sagt sie.

Glorias Mutter schwebt aufgekratzt und gut gelaunt ins Zimmer.

„Zählst du Erbsen, Liebes?“, fragt sie Gloria. „Das ist hübsch. Wie viele sind es?“

Gloria beginnt sich zu schämen, also braucht sie eine rundere Zahl, um zu zeigen, dass es ihr eigentlich egal ist, wie viele Erbsen es sind. „1 900“, murmelt sie, „aber das ist nur eine Schätzung.“

Diesmal hat sie die 8 vollkommen ignoriert und die 2 abgerundet.

Plötzlich klingelt es an der Tür Sturm. Herein kommt ihr Schwarm Mister Wunderbar. Er sieht einfach toll aus, wie immer. Sein Blick fällt sofort auf die Erbsen!

„Hallo, Liebster, wonnesüßer Schmatzischatz!“, säuselt Gloria, die dunkelrot angelaufen ist, und bricht in hysterisches Kichern aus.

Ihr ist klar, dass es noch immer viel zu peinlich wäre zu wissen, dass 1 900 Erbsen in der Dose sind, also sagt sie sich, es sind 2 000. (Sie ignoriert die 2 und die 8 und rundet die 9 zu 10 auf).

„Hast du gerade die Erbsen in der Dose gezählt?“, fragt

Mister Wunderbar, lächelt sein wundervolles Lächeln und zeigt auf die Dose.

Auuu! Megapeinlich! Gloria möchte nur noch sterben.

„Wie viele sind es denn?“, fragt ihr Schwarm.

„Ziemlich viele“, sagt sie mit einem leichten Gähnen und versucht, so cool wie möglich zu wirken.

Diesmal hat sie weder auf- noch abgerundet. Sie war einfach nur verzweifelt.

„Genauer schaffst du das nicht?“, fragt Mister Wunderbar. „Ich hab mal 1 928 gezählt.“

Zwei Dinge kannst du daraus lernen:

- Du kannst Zahlen nur ein bisschen oder sehr stark runden, je nachdem, wie genau du sein willst.
- Jeder macht mal so was Dämliches wie Erbsen zählen – kein Grund, sich zu schämen.

Also: Jetzt weißt du, was Glorias Liebesleben, Auf- und Abrunden und Erbsen miteinander zu tun haben. Und denk dran, *hier* hast du es erfahren!

Bedrohlich hohe Zahlen!

Manchmal erzählen dir Leute total interessante und wichtige Sachen, und du kannst sie dir einfach nicht merken! Zum Beispiel …

Die Durchschnittsentfernung zwischen dem Mond und der Erde beträgt 384 403 Kilometer.

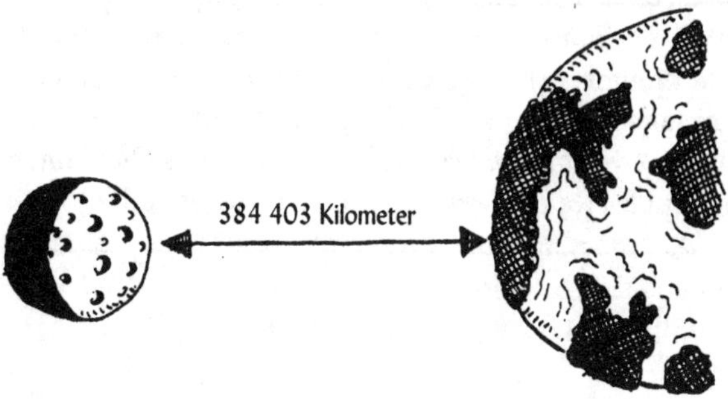

Siehst du? Die Zahl lässt sich leicht aus einem Buch ablesen, aber sie sich zu merken ist fast unmöglich! Damit es einfacher wird, können wir die Zahl runden. So könntest du die Entfernung zum Mond auf- oder abrunden:

384 000 Kilometer	Hier hast du auf *drei* Stellen abgerundet. (Nach den ersten drei Stellen stehen Nullen.) Genauigkeit: 99,8 %
380 000 Kilometer	Hier wurde auf *zwei* Stellen abgerundet. (Wir geben nach den ersten beiden Stellen nur noch Nullen an.) Genauigkeit: 98,8 %
400 000 Kilometer	Hier wurde auf *eine* Stelle aufgerundet. Das ist recht ungenau und wird nicht so oft gemacht! Genauigkeit: 96,1 %

In diesem Fall kannst du dir ruhig die 400 000 Kilometer merken, weil die Genauigkeit mit über 96 % immer noch ganz ansehnlich ist.

Mit einer Prozentzahl (%) gibst du an, wie viele Teile von 100 erreicht werden. Geht es um Genauigkeit, dann sind 100 % perfekt, 90 % gerade noch akzeptabel und 50 % recht kümmerlich. Stell dir vor, du kaufst eine Schlange. Man sagt dir mit einer Genauigkeit von 50 %, ihre Länge betrage zwei Meter. Das heißt, sie kann zwischen einem und drei Meter lang sein! Ziemlich ungenau, oder?

Halt dich fest, jetzt geht's richtig los!

ACHTUNG RIESIGE ZAHLEN IM ANMARSCH

Kommen wir zu den *wirklich* hohen Zahlen! Was würdest du als hohe Zahl bezeichnen? Zehn? Hundert? Tausend? Wie wär's mit einer Million? Oder mit einer Million Millionen?

Wäre es nicht toll, eine Million Millionen Mark zu gewinnen? Das wäre zwar eine ziemlich hohe Zahl, aber du könntest sie noch immer in dein Sparbuch schreiben. So sähe es aus: 1 000 000 000 000 Mark. Und du sähest so aus:

Damit die Zahl besser lesbar ist, lassen wir von rechts alle drei Stellen einen kleinen Zwischenraum. Aber manchmal reicht das nicht …

Weißt du, wie viele Atome ein Wassertropfen enthält? Wenn du sie zählen würdest, kämst du auf 1 237 992 101 573 228 689 214.

Als Erstes runden wir die Zahl auf …
1 240 000 000 000 000 000 000.

Puh! Das sieht schon besser aus, oder?

Trotz der Zwischenräume sind die vielen Nullen noch immer etwas verwirrend. Es gibt deshalb eine spezielle Schreibweise für wirklich große Zahlen.

1 Ignorier die Zwischenräume!
2 Schreib die ersten Ziffern, in diesem Fall 124. Nach der ersten Ziffer setzt du ein Komma: 1,24.
3 Zähl die Stellen der großen Zahl und zieh eine ab. In diesem Fall sind es 22 Stellen, also 22 – 1 = 21.
4 Jetzt kannst du die große Zahl so ausdrücken: $1{,}24 \times 10^{21}$. (Siehst du, wo die 21 hinkommt?)

Na? Ist das nicht einfacher und klarer?

Warum bedeutet $1,24 \times 10^{21}$ das Gleiche wie 1 240 000 000 000 000 000 000? Wir haben die riesige Zahl in zwei Zahlen aufgeteilt. Wenn du schreibst 10^{21}, dann bedeutet das, die 10 wird 21-mal mit sich selbst malgenommen. Das entspricht einer 1 mit 21 Nullen.

$1,24 \times 10^{21}$ bedeutet 1,24-mal 1 000 000 000 000 000 000 000, und das entspricht 1 240 000 000 000 000 000 000.

Vielleicht musst du so eine Zahl auch einmal aufschlüsseln!

Stell dir vor, du liest, dass die Erde $4,65 \times 10^{9}$ Jahre alt ist.

Du findest heraus, was das heißt, wenn du die Gleichung ausrechnest – das geht ganz leicht! 10^{9} bedeutet nur eine 1 mit 9 Nullen, also bekommst du: $4,65 \times 1\,000\,000\,000$.

Am besten nimmt man eine Zahl wie 1 000 000 000 mal, indem man das Komma pro Null um eine Stelle nach rechts verschiebt. In diesem Fall haben wir 9 Nullen, also verrücken wir das Komma um *neun* Stellen. So geht's:

465 _ _ _ _ _ _ _, (Nach der 6 und der 5 stehen immer noch sieben Nullen, also wird das Komma um weitere sieben Stellen verschoben.)

Jetzt füllst du die Lücke nur noch mit Nullen auf und erhältst 4650000000. Wenn du Zwischenräume setzt, sieht die

Zahl ordentlicher und übersichtlicher aus. Nun weißt du, dass die Erde 4 650 000 000 Jahre alt ist.

Kleine Taschenrechner und große Zahlen

Wenn dir dein Taschenrechner eine hohe Zahl anzeigen will, hat er wahrscheinlich ein Problem. Er kann so etwas wie $4{,}7 \times 10^{13}$ nicht anzeigen, weil er mit dem × und den hochgestellten Zahlen Schwierigkeiten hat. Stattdessen gibt er vielleicht 4,7 E 13 an. Die Zahl nach dem „E" sagt dir, um wie viele Stellen du das Komma verschieben musst. „E 43" bedeutet zum Beispiel „$\times 10^{43}$". Wenn du einen richtig schwachen Taschenrechner hast, dann zeigt er nur das E ohne Zahl an. In dem Fall steht E für *error* („Irrtum"): Die Zahl ist so hoch, dass dein Taschenrechner schlappmacht!

Zwergen-Zahlen!

Mit dem System für hohe Zahlen kann man auch ganz niedrige Zahlen ausdrücken.

Ein Wasserstoffatom wiegt $1{,}7 \times 10^{-24}$ Gramm. (Auf deinem Taschenrechner steht 1,7 E –24.) Himmel! Das sieht nach furchtbar viel aus! Doch dann entdeckst du das Minus vor der 24.

Um herauszufinden, wie das aussieht, machst du genau das Gleiche wie vorher beim Alter der Erde. Du schreibst 1,7 und verrückst dann das Komma. Doch weil es *minus* 24 heißt, schiebst du das Komma diesmal *in die andere Richtung*! So kriegst du raus, dass ein Wasserstoffatom 0,0000000000000000000000017 Gramm wiegt!

Du merkst schon, dass das winzige Minuszeichen hier das Wichtigste ist. Wenn du es weglassen und behaupten würdest, das Wasserstoffatom wiege $1{,}7 \times 10^{24}$ Gramm, dann wäre es schwerer als der Mount Everest!

So heißen die hohen Zahlen

Tausend	1 000
1 Million	1 000 000 (Das entspricht tausend mal tausend.) Übrigens: Um auf eine Million zu kommen, musst du eine Woche lang ununterbrochen zählen – allerdings darfst du dabei nicht einschlafen!
1 Milliarde	1 000 000 000. In Amerika ist *das* schon eine Billion, bei uns dagegen entspricht
1 Billion	1 000 000 000 000 oder einer Million Millionen. Die gute Nachricht: Ein deutscher Billionär ist 1 000-mal reicher als ein amerikanischer Billionär. Die schlechte: Es gibt keine deutschen Billionäre. Wenn ein amerikanischer Billionär eine Billion Dollarscheine hätte, bräuchte sie oder er 30 Jahre, um sie alle zu zählen!
1 Trillion	Wieder tanzen die Amerikaner aus der Reihe! In Amerika entspricht das einer Million Millionen, also 1 000 000 000 000 (unserer Billion). Überall sonst auf der Welt sind das wirklich eine Million Millionen Millionen oder 1 000 000 000 000 000 000 (oder 10^{18}).
1 Zillion	Alberne Bezeichnung für eine unerhört hohe Zahl.
1 Squillion	Eine Zillion Zillionen und noch ein paar dazu.
1 Googol	Eine „1" mit 100 Nullen. Man kann das auch als 10^{100} aufschreiben.

1 Googolplex Eine „1“ mit Googol Nullen.
Achtung! Wenn du diese Zahl ausschreiben willst, bittest du am besten alle Menschen dieser Erde, dir dabei zu helfen.

Unendlich Ein Googolplex von Googolplexen kommt da sicher noch nicht heran. Unendlich ist sehr, sehr hoch. Immerhin gibt es ein besonderes Zeichen dafür: ∞

UND HIER NOCH EIN KOMMENTAR ZUR UNENDLICHKEIT …

UAHHHH!

DIE SYMMETRIE UND DER IRRE IRRGARTEN

Hier ist ein Rätsel für dich:
Was haben diese Buchstaben ...

A B C D E H I K M O T U V W X Y,

was diese nicht haben?

F G J L N P Q R S Z?

Damit du nicht bis ans Ende deiner Tage darüber grübelst, kommt hier die Antwort: Die Buchstaben oben sind achsensymmetrisch.

Wenn etwas achsensymmetrisch ist, dann bedeutet das, man kann eine Linie (Achse) mittendurch ziehen, und die eine Seite spiegelt exakt die andere wider.

Sieh dir das an: Hier erkennst du, dass die eine Hälfte des Buchstabens A eine Spiegelung der anderen ist.

Wenn du einen Spiegel auf die gestrichelte Linie stellst und hineinsiehst, erkennst du die Form des Buchstabens A. Wenn du das Blatt genau in der Mitte faltest, deckt sich die eine Hälfte des Buchstabens genau mit der anderen.

Wenn du wahnsinnig faul wärst, dann könntest du eine Hälfte des Buchstabens mit Wasserfarbe malen, das Papier einmal zusammenlegen und es wieder öffnen: Mit der abgefärbten Seite wäre der Buchstabe komplett!

„Halt mal!", rufst du empört. „Was ist mit dem Z? Man kann eine Linie in der Mitte ziehen, und die eine Hälfte spiegelt die andere wider …"

Mal sehen …

Nein! Die beiden Hälften spiegeln sich nicht, auch wenn sie einander gleichen.

Wenn du versuchtest, auf deine faule Art ein Z zu malen, indem du die eine Hälfte auf ein Blatt Papier malst, es faltest und wieder öffnest, dann bekommst du das hier:

Die meisten Dinge sind symmetrisch, auch fast alle Tiere. Dein Körper ist symmetrisch, es sei denn, an deiner einen Körperhälfte baumeln zwei Arme oder aus deinem linken Knie wächst eine Ersatznase. Oder du hast eine echt schräge Frisur.

Ein paar UNsymmetrische Tiere …

Bei **Eulen** ist häufig das eine Ohr länger als das andere. So können sie Tiere, die blind durch die Dunkelheit irren, besser aufspüren. Eine Symmetrieachse ist aber nirgends zu finden.

Plattfische wie Flunder oder Scholle schwimmen häufig auf der Seite. Dabei zeigt immer die gleiche Seite nach unten. Das Auge, das eigentlich unten liegen müsste, ist nach und nach zu dem anderen Auge nach oben gerückt. Damit ist ein Plattfisch alles andere als symmetrisch.

Krabben haben manchmal verschieden große Scheren. Das sieht zwar ganz lustig aus, aber symmetrisch, liebe Frau Krabbe sind sie dadurch natürlich nicht.

Einige Dinge haben mehr als eine „Symmetrieachse". Sieh dir mal den Buchstaben „X" an. Du kannst ihn mit *vier* verschiedenen Symmetrieachsen zeichnen!

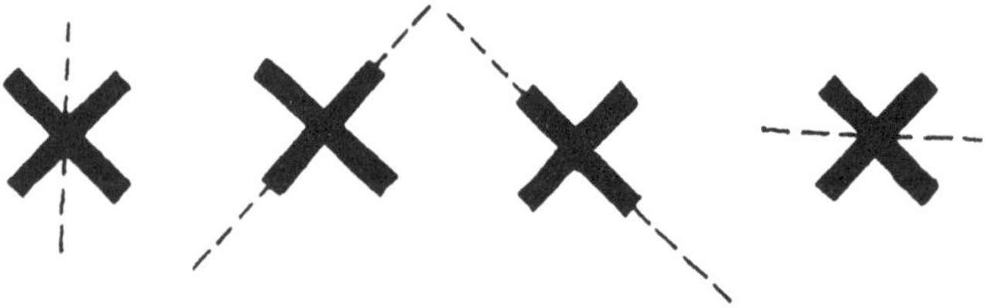

Du denkst, jetzt weißt du alles über Symmetrie? Na gut, wie ist es dann hiermit …

Was haben diese Buchstaben …

H I N O S X Z,

das diese nicht haben?

A B C D E F G J K L M P Q R T U V W?

Die oberen Buchstaben sind *punktsymmetrisch*! Das bedeutet, wenn du sie drehst, kannst du sie wieder deckungsgleich auf sich selbst legen. Wie das geht? Das siehst du am besten, wenn du dieses Buch auf den Kopf stellst.

Siehst du, dass die punktsymmetrischen Buchstaben noch immer gleich aussehen?

Die meisten Buchstaben sind nur in zwei Positionen punktsymmetrisch. Hast du aber gemerkt, dass in der Liste oben ein Buchstabe fehlt? Ja, das „Y“ haben wir weggelassen, weil da etwas ganz Besonderes ist. Normalerweise ist das Y überhaupt nicht punktsymmetrisch. Doch wenn beim Y die Arme gleich lang und die Winkel zwischen den Armen gleich groß sind, dann ist es sogar in drei Positionen punktsymmetrisch!

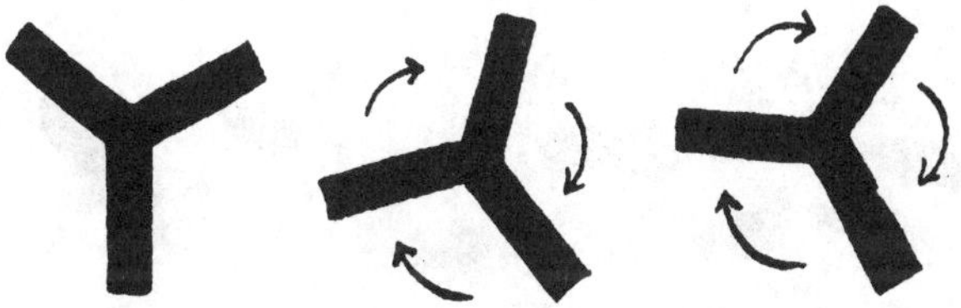

Du hast sicher bemerkt, dass die Buchstaben H, I, O und X sowohl punkt- als auch achsensymmetrisch sind.

In wie vielen Positionen ist ein Kreuz wie der Buchstabe „X“ punktsymmetrisch? In wie vielen ein Kreis wie der Buchstabe „O“?

Hilfe! Es sieht ganz danach aus, als ob du noch gerade rechtzeitig alles über die Symmetrie erfahren hast, denn aus heiterem Himmel packt dich Professor Boshaft und wirft dich in …

Den irren Irrgarten

Warg, der widerwärtige Wärter, lässt dich nur wieder raus, wenn du ihm den Zauberspruch aufsagen kannst. Starte an der Tür und arbeite dich durch den Irrgarten hindurch. Schreib dabei einen Buchstaben nach dem anderen auf.

Regeln:

1. An einer Kreuzung mit einem *punktsymmetrischen* Zeichen gehst du nach *links*.
2. An einer Kreuzung mit einem *achsensymmetrischen* Zeichen gehst du nach *rechts*.
3. An einer Kreuzung mit einem *punkt- und achsensymmetrischen* Zeichen machst du *kehrt*.
4. An einer Kreuzung mit einem *unsymmetrischen* Zeichen gehst du *geradeaus*.
5. Wenn du zur Tür zurückkommst, kennst du die Zauberformel. Sag sie Warg recht freundlich auf!

(Tipp:
Die ersten beiden
Buchstaben sind
„D“ und „U“)

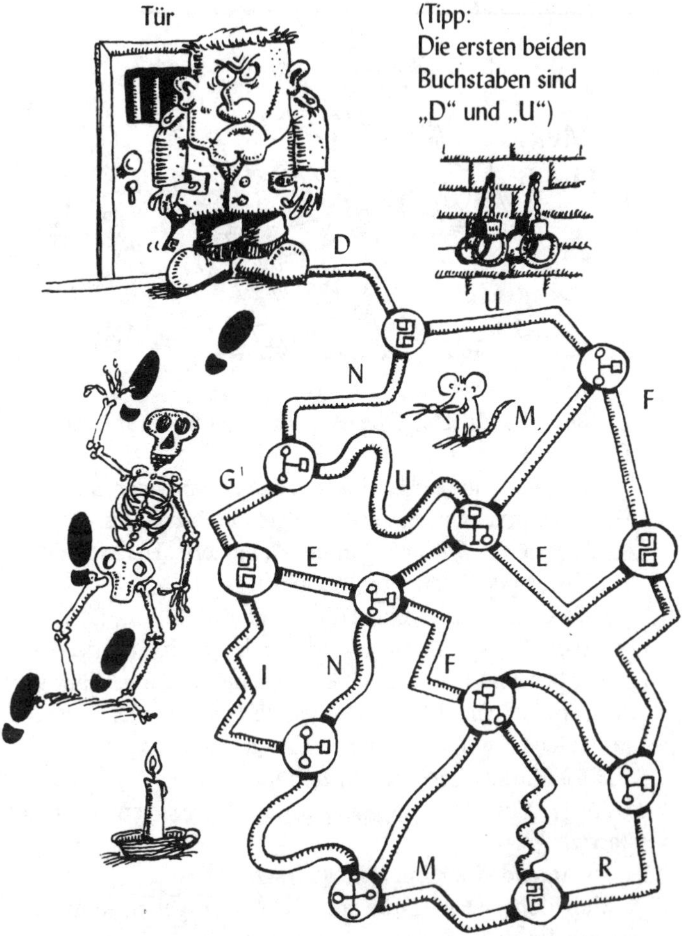

Die Abrechnung

„Oh mein Held!“, rief die Prinzessin, als Thag mit ihr die Leiter hinabgeklettert war.

„Ich gebe zu: Der Oberst bezahlt mich dafür“, räumte Thag ein.

„Nun, das kann er sich leisten, denn mein Vater hat 1 000 Mark Belohnung ausgesetzt!“, sagte die Prinzessin.

„Stimmt das, Oberst? Ojemine!“, kicherte Thag.

„Was ist denn?“, fragte der Oberst.

„Sie können sich meine Hilfe nicht leisten!“

„Aber Sie waren sehr billig! Wenn ich eine Mark, dann zwei Mark und so weiter hätte zahlen müssen, dann hätte die 17. Zahlung bei 17 Mark gelegen. Ich möchte nicht wissen, auf welche Summe ich da gekommen wäre.“

„153 Mark“, sagte die Prinzessin.

Als sie sich umdrehte, sah sie, dass Thag sie entzückt anstarrte.

„Ist irgendwas, mein Held?“, fragte sie.

„Ich liebe Frauen, die mit Zahlen umgehen können“, stammelte er.

„Nun, da bin ich aber froh, dass ich Ihnen nicht 153 Mark zahlen muss“, sagte der Oberst.

„Wie viel schuldet er Ihnen denn?“, fragte die Prinzessin.

„Einen Pfennig für die erste Hilfe, zwei für die zweite, vier für die dritte und so weiter, immer doppelt so viel“, sagte Thag.

„Pfennige!“, spottete der Oberst.

„Sie sagten, es handelt sich um 17 Zahlungen?“, fragte die Prinzessin.

„Ja“, erwiderte Thag.

„Junge!“ Die Prinzessin war sichtlich beeindruckt. „Sie sind ein ausgekochter Zahlenzauberer!“

„Seien Sie nicht zu beeindruckt“, sagte der Oberst. „Er hat es abgelehnt, statt der 17. Rate 50 Mark anzunehmen! Können Sie das glauben?“

„Ja, das glaube ich!“ Die Prinzessin rang nach Luft und sah Thag an. „Weiß der Oberst, wie hoch die 17. Zahlung ist?“

„Noch nicht“, gab Thag zu.

Der Oberst wirkte besorgt. „Es sind doch nur Pfennige, oder?“, sagte er.

„Ja, 65 536 Pfennige“, sagte die Prinzessin.

„Fünfundsechzigtausend ...“, begann der Oberst.

„Oder, wenn es Ihnen lieber ist, 655 Mark und 36 Pfennige“, sagte Thag.

„Und das ist nur die 17. Rate“, sagte die Prinzessin.

„Wie ... wie viel macht das insgesamt?“, fragte der Oberst.

„1 310 Mark“, sagte die Prinzessin.

„Und 71 Pfennige“, sagte Thag.

„Junge, Junge“, sagte die Prinzessin bewundernd. „Das liebe ich an einem Mann: Köpfchen und Kleingeld.“

Einige Wochen später standen die wackeren Vektorkrieger Spalier für Thag und die neue Frau Prinzessin Thag, die im Konfettiregen an ihnen vorüberschritten.

„Hurra!“, jubelten die Krieger.

„Ich nehme an, ihr kommt alle zur Hochzeitsfeier“, sagte Thag.

„Wir haben riesige Mengen kalte Würstchen für euch“, meinte die Prinzessin. „728, um genau zu sein.“

„Hurra, hurra!“, jubelten die Krieger.

„Wie viele Würstchen sind das für jeden?“, fragte der Oberst.

„Fragen Sie mich?“, lachte Thag. „Das kostet noch eine Rate.“

Der Oberst wurde blass. „Vielleicht esse ich lieber ein Stück Torte“, sagte er.

Physik

Vorwort

Naturwissenschaften haben einen nervigen Nachteil: Sie können *stink*langweilig sein. Man stellt eine simple Frage und muss sich als Antwort einen faden Vortrag anhören.

Manche Antworten enthalten massenweise mathematische Hieroglyphen …

Und versuch bloß nicht, mit einem Naturwissenschaftler zu diskutieren!

Verstehst du, was ich meine? Solche Antworten sind einfach tödlich – oder fast. Jedenfalls sterbenslangweilig.

* Deutsche Übersetzung:
1 Die Schwerkraft (oder Gravitation) zieht alle Dinge zur Erde hin. Durch dieselbe Kraft wird ein kleiner Gegenstand von einem sehr viel größeren angezogen.
2 Die Geschwindigkeit, mit der der Ball fällt, hängt davon ab, wie stark die Schwerkraft wirkt – die Stärke der Schwerkraft wiederum errechnet sich aus der Größe der Erde und deiner Entfernung zum Erdmittelpunkt.
3 Du stellst zu viele Fragen. Wenn ich möglichst viele schwierige Fremdwörter benutze, hörst du hoffentlich damit auf!

Was sind das eigentlich für Gesetze? Und was passiert, wenn du sie brichst? Fliegst du von der Schule? Oder bekommst du etwa eine wirklich *furchtbare* Strafe aufgebrummt? Zum Beispiel Nachhilfeunterricht in Physik bei deinem Lieblingslehrer mit einem Haufen Extrahausaufgaben? Und wer sorgt überhaupt dafür, dass solche geheimnisvollen Gesetze in Kraft treten? Die Lehrer? Der Schuldirektor? Oder seine Sekretärin? Nein.

Ganz einfach: Durch die Kraft der *Kraft*. Denn die *Kraft* zwingt Dinge, sich zu bewegen. Und eine Kraft kann alles Mögliche sein: du selbst, wenn du eine Erbse wegschnippst, bis hin zu der Furcht einflößenden Anziehungskraft eines gigantischen Sterns. Wenn sich zum Beispiel dein Physiklehrer in der Tür zum Klassenzimmer die Finger klemmt und ihm das ziemlich weh tut, dann liegt das nicht daran, dass irgendjemand die Tür ein wenig zu schnell geschlossen hat, sondern die Kraft ist daran schuld, beziehungsweise die sogenannte *Hebelwirkung*. Die Konsequenzen solcher Kräfte sind dementsprechend unterschiedlich: eine intergalaktische Explosion oder ein Lehrer mit einer geschwollenen Hand (was allerdings ebenfalls eine Explosion auslösen kann).

Kräfte können fatale Folgen haben. Wie fatal, willst du wissen? Nun ja, sie können zum Beispiel Menschen zerquetschen wie Ameisen oder sie krank machen oder ihnen die Köpfe abreißen. (Wenn du die Kräfte im Unterricht mal durcheinander bringst, hat das meistens nicht so fatale Folgen – nur kräftiges Genörgel von Lehrern, denen so langsam die Kräfte schwinden …)

Hier kannst du alles darüber lesen, wie Kräfte unser Leben bestimmen. Über physikalische Verhängnisse, schreckliche Schicksale und fatale Folgen. Und alles ist wahr! Vielleicht üben Kräfte ja auch auf dich eine unwiderstehliche Anziehungskraft aus? Um es rauszufinden, musst du bloß die Kraft aufbringen weiterzulesen – am besten sofort …

Isaac Newton

Der Angeklagte war krank. In seinem Fieberwahn hielt er die Kerzen im Gerichtssaal für flackernde Geisterwesen. Wieder und wieder vernahm er den Urteilsspruch der Richter: „Zum Tode!“ Dann verlor er das Bewusstsein.

Er erwachte in völliger Dunkelheit, richtete sich mühsam auf und versuchte die pechschwarze Zelle, in der er sich befand, zu erkunden. Seine Füße rutschten über den glitschigen Boden. Er verlor das Gleichgewicht und schlug der Länge nach hin. Seine Hände griffen plötzlich ins Leere – er befand sich am Rande einer tiefen Grube! Ein Schritt weiter, und er wäre unweigerlich in die Tiefe gestürzt. Erschöpft schlief er ein. Als er wieder erwachte, lag er auf dem Rücken, an eine niedrige Bank gefesselt. Hilflos sah er nach oben – und erstarrte vor Entsetzen.

Über ihm erhob sich eine gewaltige, unheimliche Statue, die ein riesiges Pendel in den Händen hielt. Mit Furcht erregendem Zischen schwang es langsam hin und her; an seinem Ende befand sich eine rasiermesserscharfe Klinge, die bei jedem Schwung ein bisschen näher kam. Ein bisschen tiefer. Fsss ... fsss ... FSSSSS! Aus den finsteren Ecken starrten Horden von Ratten zu der Bank herüber, die hungrig darauf warteten, über den zerfetzten Leib des Gefangenen herzufallen. Schon streifte die tödliche Klinge seinen entblößten Brustkorb ...

KEINE PANIK! Dies ist bloß eine erfundene Geschichte – sie heißt *Grube und Pendel*, und geschrieben hat sie der amerikanische Schriftsteller Edgar Allan Poe im Jahre 1843. Aber für einen Naturwissenschaftler ist Poes Geschichte physikalisch faszinierend, denn bei den beschriebenen scheußlichen Todesarten sind *Kräfte* am Wirken! Das Pendel schwingt durch Schwerkraft und Zentripetalkraft (siehe Seite 106 – das ist die Kraft, die der Stiel auf das Pendel ausübt und die das unten schwingende Gewicht daran hindert, sich vom Rest der Maschine wegzubewegen). Beide Kräfte wären für den Gefangenen tödlich.

WARNUNG VOR GEFAHREN!

Kräfte sind nicht beeinflussbar. Es sind physikalische Naturgesetze, die tödlich sein können. Kräfte sind gnadenlose Killer! Wer versucht, sich mit ihnen anzulegen, der ist ratz-fatz ERLEDIGT!

PS:
Ach, übrigens – vielleicht freut es dich zu hören, dass der Gefangene in der Geschichte es doch noch schafft, sich zu befreien. Und wie? Indem er die Ratten dazu bringt, seine Fesseln durchzunagen, natürlich! Darauf wärst du bestimmt nicht gekommen, was?

Erstaunlicherweise waren zu Edgar Allan Poes Zeiten diese tödlichen Kräfte bereits nach besten Kräften beschrieben worden – nämlich durch einen kräftigen Denker, den physikalischen Megastar, den schier unglaublichen … Sir Isaac NEWTON!

Topstars der Physik:
Sir Isaac Newton (1643–1727), Engländer

Isaac Newton wurde Heiligabend geboren. Der Arzt war der Meinung, der kleine Isaac würde nicht lange leben, weil er so klein und schwächlich wirkte.

Aber Isaac überlebte. Er begann, sich früh für Naturwissenschaften zu interessieren, aber seine Lehrer hielten ihn nicht gerade für eine Leuchte. Er experimentierte nämlich lieber zu Hause herum, als fleißig zu lernen. (Nimm das lieber nicht als Ausrede.) Als er 16 war, wollte seine Mutter, dass er den Bauernhof der Familie übernahm. Doch als Landwirt war Isaac ein hoffnungsloser Fall. Er hatte nur seine Experimente im Kopf und ließ die Schafe in den Kornfeldern weiden.

Also ging Isaac lieber auf die Universität von Cambridge. Dort las er alle Mathebücher, die er finden konnte (sogar die ohne Bilder!). Er trug schlampige Klamotten und war oft so in Gedanken, dass er das Abendessen vergaß. Abendessen – das war etwas für Schwächlinge, fand er. Wozu musste man essen, wenn man stattdessen wunderbare mathematische Berechnungen anstellen konnte?

Im Jahre 1665 wurde London von einer tödlichen Seuche heimgesucht. Schon nach kurzer Zeit gab es mehr als 7000 Todesopfer pro Woche, und die Universität in Cambridge musste wegen Ansteckungsgefahr vorübergehend geschlossen werden. Isaac konnte also nach Hause gehen. Aber statt seine Ferien zu genießen, machte er Hausaufgaben! Sehr merkwürdig. Und was für Hausaufgaben das waren! Er erfand die Differenzialrechnung, ein mathematisches System, das bis heute benutzt wird, um Raketenflugbahnen zu berechnen. Außerdem entdeckte er, dass weißes Licht Farben enthält.

Diese grundlegenden Erkenntnisse wirken sich bis heute auf unsere Mathematik und Physik aus – aber Isaac landete noch einen viel genialeren Treffer. Ihm gelang ein wirklich unglaublicher Durchbruch …

Der Apfel und der Mond

Woolsthorpe in England, 1666

Es wurde bereits dunkel, aber der hagere junge Mann fuhr sich mit den Fingern durch sein schulterlanges Haar und las weiter. Isaac Newton saß im Obstgarten und grübelte darüber nach, wie der Mond sich um die Erde bewegte. Da rief ihn plötzlich jemand – die Stimme kam von dem alten Gehöft, seinem Elternhaus:

„Hmmm“, dachte Isaac. „Sie ruft mich immer eine halbe Stunde früher rein – das ist bloß ein Trick, damit ich pünktlich komme …“

Also blieb er sitzen. Wenn er den Obstgarten verlassen hätte, als seine Mutter ihn rief, wäre die Geschichte der Physik ganz anders verlaufen. Aber genau in diesem Augenblick erregte etwas seine Aufmerksamkeit.

Bis genau zu jenem Moment hatte dieses Etwas gewartet, still und unauffällig, monatelang. Zuerst war es nicht mehr als ein kleiner grüner Knubbel gewesen. Aber nun hatte es die Größe einer Männerfaust und war leuchtend rot. Ein lebendiger Ball aus Wasser, Zucker und süßem, saftigem Fruchtfleisch mit bitteren Kernen darin, umhüllt von einer wächsernen Haut. Es war ein Apfel. Der berühmteste Apfel der Wissenschaft!

„Isaac! Das Essen steht auf dem Tisch – dein Lieblingsgericht!“

„Ich komme, Mutter!“

Ein kalter Windstoß fuhr raschelnd durch die Bäume. Isaac erschauerte. Er seufzte und klappte widerwillig sein Buch zu. Ein leises Knacken war zu hören. Der dünne Zweig, an dem der Apfel hing, gab nach. Wie von einer unsichtbaren Kraft gezogen, sauste der Apfel nach unten. Raschelnd fiel er durchs Geäst und prallte mit einem sanften Plopp an Isaacs bemerkenswerter Birne ab.

Was hättest du in dieser Situation wohl getan? Wahrscheinlich hättest du den Apfel nicht weiter beachtet und wärst ins Haus gegangen, um dein Abendbrot zu essen. Aber Isaac war anders. Er rieb sich den Kopf und sah hinauf zum Mond, der wie eine große, leuchtende Silbermünze am nächtlichen Himmel stand.

„Warum fällt der Mond nicht auch herunter?", fragte er sich, während er geistesabwesend in den berühmten Apfel biss.

Isaac musste plötzlich an seine Schulzeit denken – an das gefürchtete „Eimerspiel". Er hasste dieses Spiel, denn die anderen Kinder hatten ihn immer dazu gezwungen. Dabei musste man einen Eimer voll Wasser an einem Seil über dem Kopf schwingen. Weil Isaac so klein und dünn gewesen war, hatte er es kaum geschafft. Aber das Erstaunliche an diesem Spiel war, dass das Wasser wie von einer unsichtbaren Kraft gehalten in dem Eimer blieb und nicht herausschwappte.

„Vielleicht ist das die Kraft, die den Mond am Himmel hält", murmelte Isaac vor sich hin.

Da rief seine Mutter wieder: „Isaaaaac! Dein Essen steht auf dem Tisch! Es wird kalt!"

„Ja doch, ich komme, Mutter!"

Isaac warf den Apfel weg und überlegte, was wohl passieren müsste, damit er ihn bis zum Mond hinaufwerfen könnte. Der berühmteste Apfel der Wissenschaft verschwand im Dunkel der Nacht. Als er in einiger Entfernung landete, war das Maunzen einer Katze zu hören.

Isaac hatte sein Abendessen völlig vergessen. Er errechnete, wie stark die Erdanziehungskraft sein musste, um den Apfel daran zu hindern, ins Weltall zu fliegen. Dann dachte er darüber nach, mit welcher Geschwindigkeit sich der Mond bewegen musste, um nicht von der Erde angezogen zu werden, das heißt herunterzufallen.

Nach einiger Zeit spähte eine sehr wütende Mrs Newton durch die Haustür in die kalte Nacht hinaus.

„Isaac!", schrie sie. „Dein Abendessen hat die Katze gefressen! Und dein Frühstück kriegen die Schweine!"

Vom Obstgarten war keine Antwort zu hören – Isaac saß noch immer dort und grübelte …

Teste deinen Lehrer

Wie viel weiß dein Lehrer wirklich über den berühmten Wissenschaftler Newton?

1 Was war Newtons Lieblingsspielzeug, als er noch ein Kind war?
a) Ein Chemiebaukasten.
b) Eine Spielzeugwindmühle, die von einer Maus in einem Laufrad angetrieben wurde.
c) Er hasste Spielzeug und löste lieber komplizierte Matheaufgaben.

2 Was schaffte sich Newton am ersten Tag seines Studiums an?
a) Ein Schreibpult, Tinte und ein Heft für seine Hausaufgaben.
b) Neue Klamotten und eine Eintrittskarte für den Jahrmarkt von Cambridge.
c) Einen Laib Brot.

3 Wie löste Newton knifflige wissenschaftliche Probleme?
a) Er hatte plötzliche Eingebungen, wenn er auf der Toilette saß.
b) Er diskutierte mit befreundeten Wissenschaftlern.
c) Er dachte Tag und Nacht über das Problem nach, so lange, bis er die Lösung fand.

4 Newton brachte es an der Uni von Cambridge bis zum Professor der Mathematik, aber niemand besuchte seine stinklangweiligen Vorlesungen. Was tat Newton?

a) Er bestellte die Studenten und zwang sie zuzuhören.

b) Er hielt seine Vorträge vor leeren Sitzreihen.

c) Er versuchte, die Vorlesungen durch nette Geschichten und Witze aufzulockern.

5 Newtons Hund warf eine Kerze um. Die Folge: 20 Jahre Arbeit gingen in Flammen auf. Was tat Newton?

a) Er zog sein Schwert und tötete den Hund.

b) Er schrieb alles aus dem Gedächtnis noch einmal auf.

c) Er vergaß seine alten Arbeiten und widmete sich neuen Experimenten.

Lösung: 1b) Er hat sie selbst entworfen. *2a), 3c), 4b)* Hat dein Lehrer dasselbe Problem? *5b).*
Wie hat dein Lehrer abgeschnitten?
1–2 Er hat einfach nur geraten.
3–4 Dein Lehrer weiß ein bisschen Bescheid, aber er weiß nicht alles. (Wie ein Haufen anderer Lehrer.)
5 Mist, dein Lehrer hat das Buch vor dir gelesen!

Newtons weltumwälzender Wälzer

20 Jahre lang veröffentlichte Newton seine Erkenntnisse nicht, er war einfach zu beschäftigt mit seinen mathematischen Problemen. Aber schließlich bekam er Angst, dass Konkurrenten seinen Ruhm einheimsen könnten, also schloss er sich 18 Monate lang ein und arbeitete 20 Stunden am Tag.

Von Zeit zu Zeit erinnerte ihn sein Assistent daran, dass er sein Abendessen vergaß.

„Tatsächlich?“, murmelte Newton dann müde, knabberte kurz an seiner Mahlzeit und arbeitete weiter.

Newtons Buch trug den Titel *Philosophiae naturalis principia mathematica* und war das bislang beste naturwissenschaftliche Werk. Es erklärte das gesamte Universum, sodass es wirklich begreifbar wurde. (Oder besser gesagt: Man hätte alles leicht begriffen, wenn das Buch nicht in Latein geschrieben und voll von mysteriösen mathematischen Formeln gewesen wäre.) Newton stellte drei grundlegende Gesetze über die Kräfte und über die Bewegungen von „Gegenständen“ auf (statt „Gegenstände“ sagen Wissenschaftler meist „Körper“). Diese Gesetze erläutern beispielsweise, wie Tintenfische Wasser nach hinten ausstoßen, um sich vorwärts zu bewegen. Sie erklären, was geschieht, wenn Sterne explodieren, und warum tief fliegender Spatzendreck auf deinen Kopf platscht, wenn er dich trifft.

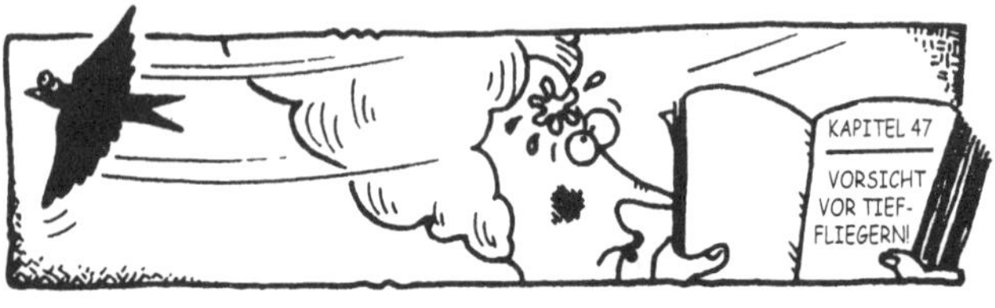

Es gibt eine einfache Methode, sich Newtons Gesetze vorzustellen: Denk einfach mal an einen wirklich scheußlichen Morgen, an dem echt alles danebengeht … Wie bitte? Was soll das heißen – das ist bei dir immer so?

Newtons erstes Gesetz

> *Ein Körper im Ruhezustand bewegt sich nur durch Einwirken von Kraft. Er bewegt sich mit immer gleicher Geschwindigkeit geradlinig weiter, solange eine andere Kraft ihn nicht vom Kurs abbringt.*

Was das Gesetz bedeutet:
Du starrst müde auf deinen Teller. Deine Cornflakes verharren im Ruhezustand, das heißt: Sie bewegen sich nicht und werden es auch nicht tun, solange du nicht die Kraft aufbringst, sie zu essen. Aus Versehen haust du auf den Löffel und katapultierst einen Teil deines Frühstücks in die Luft. Ein oder zwei Cornflakes fallen deinem Vater auf den Kopf. Sie wären mit derselben Geschwindigkeit immer weiter nach oben geflogen, wenn die Schwerkraft (die Anziehungskraft der Erde) sie nicht nach unten ziehen würde.

Newtons zweites Gesetz

Wenn eine Kraft auf einen Körper einwirkt, ändert er seinen Impuls, und zwar in dieselbe Richtung, in die die Kraft wirkt. Die Beschleunigung des Körpers verhält sich dabei proportional zur einwirkenden Kraft.

Was das Gesetz bedeutet:
Man kann einen Fußball mit einem gezielten Schuss ins Tor befördern. Die Fluggeschwindigkeit des Balles hängt natürlich davon ab, mit wie viel Kraft man schießt.

Newtons drittes Gesetz

Wenn ein Körper auf einen zweiten eine Kraft ausübt, wirkt dieselbe Kraft auch in entgegengesetzter Richtung, das heißt vom zweiten Körper auf den ersten.

Was das Gesetz bedeutet:
Du bist mal wieder zu spät, rennst im Halbschlaf zur Schule und knallst ungeschickterweise gegen einen Laternenpfahl. Der Laternenpfahl schlägt tatsächlich mit derselben Kraft zurück! Kein Witz – das ist wirklich wahr!

Schon gewusst?
Als Newtons Apfel auf die Erde fiel, stieß der Erdboden mit gleicher Kraft gegen den Apfel – das besagt Newtons drittes Gesetz. Allerdings war die Bewegung des Erdbodens sehr minimal und deswegen nicht wahrnehmbar. Newton zu Ehren benannte man später die Maßeinheit der Kraft nach ihm: Newton (N). Und ein N entspricht ungefähr der Gewichtskraft eines Apfels! (Aber nur bei uns auf der Erde!)

Newton, der mürrische Menschenfeind
Newton war nicht nur ein Genie. Er konnte auch ganz schön unausstehlich und merkwürdig sein.
1 Als Newton drei Jahre alt war, heiratete seine Mutter wieder. Isaac hasste seinen Stiefvater und hätte ihn am liebsten umgebracht. Natürlich tat er es nicht, aber er war äußerst erfreut, als der Stiefvater von selber starb.

2 Als Schüler hatte Isaac zunächst keine Freunde – bis er dem größten Raufbold der Schule nach besten Kräften eine kraftvolle Abreibung verpasste. Newton war viel kleiner als sein Gegner, aber er besiegte ihn durch seine Geschicklichkeit. Nach dieser Prügelei war Isaac plötzlich sehr beliebt.
3 Newton fand Frauen schrecklich, und er hasste es, dass sein Freund John Locke versuchte, ihn mit irgendwelchen Damen zu verkuppeln. Genervt schrieb er an Locke:

Aber gegen seine Nichte Catherine hatte Newton nichts und erlaubte ihr großzügig, für ihn zu kochen und zu putzen.
4 Newton war kein sehr glücklicher Mensch. Er beschäftigte sich nur mit seiner Arbeit und hatte keine Hobbys. Er lachte nur selten, und über Poesie sagte er:

5 1686 legte sich Newton mit Robert Hooke an, einem berühmten englischen Wissenschaftler, der von 1635–1703 lebte. Hooke beschuldigte Newton ungerechterweise, er habe ihm *seine* Erkenntnisse über die Schwerkraft geklaut. Daraufhin beschimpfte Newton seinen Gegner in einem Brief als „Pfuscher und Ideendieb“ und weigerte sich, mit ihm zu sprechen.

6 Nachdem er sein Buch geschrieben hatte, ging es mit Newton erst mal bergab. Er schlief schlecht und war nervös. Zwei Jahre lang konnte er keine Forschungen mehr betreiben. Manche Historiker meinen, dass Newton unter Depressionen litt, andere glauben, dass er sich mit Quecksilber vergiftet hatte – er verwendete es für seine Experimente.
7 Als es ihm wieder besser ging, wurde Newton zum königlichen Münzmeister ernannt und erneuerte das britische Münzsystem. Man sagt, er hätte mit großem Eifer Falschmünzer verfolgt und hinrichten lassen.

8 Der deutsche Philosoph und Mathematiker Gottfried Leibniz (1646–1716) beanspruchte für sich, die Differenzial- und Integralrechnung erfunden zu haben. Newton warf ihm vor, seine Ideen geklaut zu haben. Tatsächlich aber hatte Leibniz seine Erkenntnisse unabhängig von Newton gewonnen, fast zum selben Zeitpunkt. (Und er prägte auch den Ausdruck „Differenzialrechnung" – Newton hatte sein mathematisches System „Fluxionsrechnung" genannt.)
9 Newtons Ende war ziemlich scheußlich. Er zog aufs Land – aus gesundheitlichen Gründen. Aber ein paar Wochen später wurde er schwer krank und starb an einem Blasenstein. Immerhin, er starb im stolzen Alter von 84 Jahren – als mürrischer Greis und wissenschaftliches Genie.

Newton im O-Ton

Wie die meisten Genies war Newton nicht gerade leicht zu verstehen. So sprach er über sich selbst:

Übersetzung: Mit den Riesen waren nicht etwa lange Menschen gemeint, sondern frühere berühmte Wissenschaftler, die ihn inspiriert hatten.

Übersetzung: Newton meinte, dass er genug gelernt hatte, um zu begreifen, wie viele Dinge noch nicht erforscht waren. Und damit hatte er Recht. Er hatte wirklich nur an der Oberfläche gekratzt. Es gibt nämlich noch massenweise faszinierende Fakten über fatale Folgen von Kräften. Mehr darüber im nächsten Kapitel …

Kleines Krafttraining

Kräfte sind *überall*. Man kommt gar nicht um sie herum. Aber hoffentlich begegnest du ihnen nicht nach dem dritten Gesetz von Newton (Wenn du mich haust, hau ich zurück)! Vor Newton wussten die Leute merkwürdigerweise nur sehr wenig darüber, wie Kräfte funktionieren.

Falsche Vorstellungen

Wenn du einen Wissenschaftler fragst, was Kraft ist, wird er dir sagen: Etwas, das die Bewegung oder die Form eines Körpers verändert. Klingt ein bisschen vage. Aber vor Newton waren die Theorien über Kräfte noch sehr viel unklarer. Einer der Ersten, die etwas über Kraft schrieben, war ein genialer griechischer Wissenschaftler namens Aristoteles.

Topstars der Physik: Aristoteles (384–322 v. Chr.), Grieche

Aristoteles war der Sohn eines Arztes. Seine Eltern starben, als er noch ein Kind war. Als Teenager ging er auf wilde Partys und verschleuderte sein Erbe. Aber als er 17 war, passierte etwas Merkwürdiges – es traf ihn wie ein Blitz aus heiterem Himmel: Urplötzlich verspürte er den Wunsch, wieder zur Schule zu gehen!

Aristoteles ging auf die Athener Akademie und wurde ein Schüler des bedeutenden Denkers Platon. Auf der Akademie gefiel es ihm so gut, dass er die nächsten 20 Jahre dort blieb, erst als Schüler, dann als Lehrer.

Nachdem er vier Jahre auf Reisen gewesen war, zog Aristoteles nach Makedonien, wo sein alter Kumpel Philipp zufällig gerade König war. König Philipp stellte ihn als Erzieher seines Sohnes Alexander ein. Offenbar war Aristoteles in seinem neuen Beruf ganz erfolgreich, denn aus dem kleinen Alexander wurde Alexander der Große, der berühmte Feldherr, der später einen großen Teil Asiens eroberte. Als Aristoteles starb, hatte er Schriften zu unzähligen Themen verfasst – von politischen Fragen bis hin zum Zirpen der Heuschrecken. Sogar mit Kräften hatte er sich beschäftigt:

Kraft, die Rätsel schafft

Für die geheimnisvollen Kräfte hatte Aristoteles folgende Erklärung:

Alles kompletter Blödsinn! Aber mehr als 2000 Jahre lang hielt man die verrückten Theorien des Aristoteles für RICHTIG! Bis Newton kam und den alten Aristoteles mit mathematischen Berechnungen widerlegte. Inzwischen sind wir den geheimnisvollen Kräften also auf die Schliche gekommen. Ein Wissenschaftler würde vielleicht sagen: „Kapieren, wie Kräfte funktionieren? Das ist so einfach wie Fahrrad fahren!" Ach ja? Fahrrad fahren ist nämlich sehr viel komplizierter! Wir haben eine Forscherin beauftragt, es mal zu versuchen …

Kraftsport in zehn einfachen Lektionen:

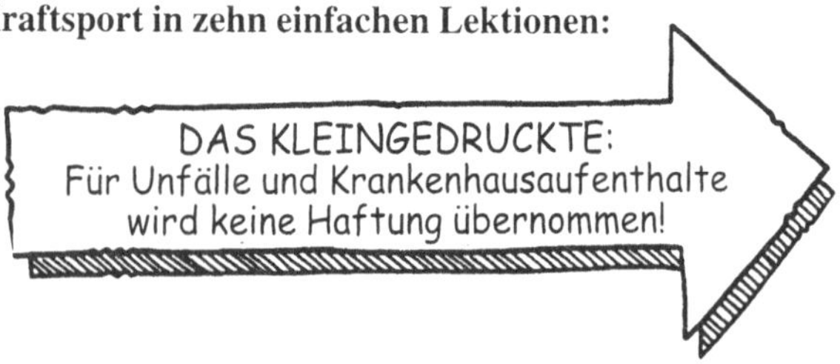

Lektion 1: Gleichgewicht

Weißt du noch, wie es war, Fahrrad fahren zu lernen? Gar nicht so einfach, was? In den Ohren unserer Forscherin befinden sich mit Flüssigkeit gefüllte Hohlräume, die man Bogengänge nennt. Sie helfen ihr dabei zu balancieren. Während die Flüssigkeit hin und her schwappt, teilen Sensoren dem Gehirn mit, ob die Forscherin ihren Körper gerade hält. Ihr geniales Gehirn registriert auch die Schwerkraft, die Geschwindigkeit, die Steigung und die Windrichtung – ja, alles gleichzeitig!

Das Balancieren wird beträchtlich erleichtert, wenn das Gepäck der Forscherin nicht auf einer Seite des Lenkers hängt. Im Idealfall ist ihr Hintern der Schwerpunkt – also der Punkt, um den herum die ganze wackelige Angelegenheit durch die Schwerkraft im Gleichgewicht gehalten wird.

Lektion 2: Treten gegen Trägheit

Trägheit bedeutet, dass jeder Gegenstand dazu neigt, seinen jeweiligen Bewegungszustand beizubehalten. Deswegen braucht man beim Losradeln mehr Kraft als beim Weiterfahren. Zuerst muss das Rad aus dem Ruhezustand heraus in Bewegung versetzt werden: Unsere Forscherin strampelt also kräftig los, aber wenn das Rad sich erst einmal bewegt, braucht sie weniger Kraft, um in Bewegung zu bleiben. Auf einer geraden Strecke hilft ihr die Trägheit, relativ mühelos weiterzukommen.

Lektion 3: Massenweise Impuls

Der Impuls ist das Maß für die Fähigkeit unserer Forscherin, in Bewegung zu bleiben. Er hängt von der Masse der Forscherin ab. Hä? Keine Panik, lies einfach weiter … Die Masse der Forscherin ist alles, was zu ihr gehört: ihr Körper, ihre Kleider, sogar das Frühstück, das sie sich morgens einverleibt hat. Durch das Zusammenwirken ihrer Masse, der Masse ihres Fahrrads und ihrer Geschwindigkeit kommt der Impuls zu Stande.

Lektion 4: Kräfte-Kuddelmuddel

Auweia! Sie knallt gegen den schlimmsten Raufbold der Schule, sodass er in die Luft geschleudert wird. Ein Physiker würde sagen: Der Impuls der Forscherin überträgt sich auf den Raufbold – das liegt an dem Gesetz der Impulserhaltung. Also sollte die Forscherin, um ihre Gesundheit zu erhalten, einen Zahn zulegen und sich aus dem Staub machen!

Noch mehr auweia: Angenommen, der Raufbold kommt ihr auf seinem Skateboard entgegen. SIE STOSSEN ZUSAMMEN! Durch den Zusammenprall heben sich die beiden Impulse gegenseitig auf, und beide kommen krachend zum Stehen. Ergebnis = UNFALL!!!

Lektion 5: Vorsicht, Schwerkraft!

Die Geschwindigkeit nimmt zu, wenn es bergab geht. Der Grund dafür ist, dass unsere Forscherin durch die Schwerkraft Richtung Erdmittelpunkt gezogen wird. Und der Fuß des Berges ist näher am Erdmittelpunkt als der Gipfel. Das erklärt auch, warum die Forscherin ziemlich leicht vom Rad fallen könnte, falls sie das Gleichgewicht verlöre. Übrigens: Wenn sie tatsächlich bis zum Erdmittelpunkt fiele, würde die Schwerkraft sie bei ihrer Ankunft zu einem Fleischklops zerquetschen – uäh!

Kleine Pause? Unsere Forscherin ist jedenfalls erschöpft, denn ihr geht die kinetische Energie aus – so nennen die Wissenschaftler die Energie, die man braucht, um sich zu bewegen. Na gut, sie darf sich ein paar Minuten ausruhen.

Lektion 6: Luft leistet Widerstand

In der Physikersprache bedeutet *Beschleunigung*, dass ein Gegenstand seine Geschwindigkeit oder die Bewegungsrichtung ändert. („Beschleunigen" heißt also nicht unbedingt „schneller werden"!) Wenn unsere Forscherin langsamer fährt, ist das eine „negative Beschleunigung" oder *Verzögerung*. Wenn sie aber einen Hügel hinunterrollt und der Wind ihr entgegenbläst und sie abbremst, dann nennen das die Physiker *Widerstand.* Bei sehr starkem Wind könnte der Luftwiderstand sie vom Rad werfen – eine fatale Folge der Kraft!

Lektion 7: Kraft in der Kurve

Zu schnell in eine Kurve zu fahren kann ebenfalls fatale Folgen haben. In unserem Versuch lehnt sich die radelnde Forscherin in die Kurve – und warum? Weil das Fahrrad weiter geradeaus fahren will. Wenn unsere Versuchsperson versuchen würde, aufrecht sitzen zu bleiben und sich nicht in die Kurve zu lehnen, fiele sie wahrscheinlich vom Rad. Diesen Effekt nennt man *Zentrifugalkraft*. Würde die Forscherin einfach nur den Lenker herumreißen, würde die Zentrifugalkraft des Fahrrades sie in die entgegengesetzte Richtung schleudern.

Lektion 8: Kraftübertragung

Wenn die Forscherin bergauf radelt, hilft ihr die Gangschaltung ihres Fahrrads. In einem niedrigen Gang drehen sich die Räder langsamer als die Pedalen, und das Treten erfordert nicht mehr so viel Kraft. Wenn sie dagegen einen Berg hinuntersaust, kann sie einen höheren Gang einlegen – die Pedalen drehen sich dann langsamer, und man muss kräftiger treten. Ja, so eine Gangschaltung ist schon was Tolles ... Ein Physiker würde sagen: „Eine geniale Methode der Kraftübertragung."

Lektion 9: Bremsende Reibung, reibende Bremsen

Die Kraft der *Reibung* bremst Gegenstände ab, die sich bewegen. Die Fahrradreifen erzeugen diese Kraft, indem sie an der Straßenoberfläche reiben. Durch die Reibung behält die Forscherin die Kontrolle über ihr Rad und vermeidet fatale Unfälle. Würde die Reibung fehlen, wie auf einer spiegelglatten Eisfläche, wäre das Fahrradfahren eine rutschige Angelegenheit.

Beim Bremsen drücken von beiden Seiten Gummiklötze an den Reifen, und durch die entstehende Reibung verringert sich die Geschwindigkeit – das heißt, falls alles glatt geht. Denn wenn die Forscherin zu stark bremst, katapultiert ihr Impuls sie nach vorne. (Das könnte wieder mal fatale Folgen haben …)

Lektion 10: Holterdiepolter

Wenn die Forscherin einen holprigen Weg entlangfährt, spürt sie Erschütterungen, kleine Druckwellen, die die Kraft des Aufpralls der Reifen weiterleiten. Sattel und Reifen sind so konstruiert, dass sie leichtere Stöße abfangen. Trotzdem bewahrt das die Forscherin nicht davor, dass ihr ganzer Körper wackelt, ihre Muskeln vibrieren und ihre Augen hüpfen wie Pingpongbälle …

Freakige Physiker

Wissenschaftler, die sich mit Kräften beschäftigen, nennt man Physiker. Sie erforschen auch Bewegungsabläufe, untersuchen, aus welchem Material die Dinge bestehen, und versuchen, das Geheimnis des Universums zu ergründen. Einen typischen Physiker stellt man sich so vor: Er ist ein mürrischer, eigenbrötlerischer Freak, der gerne vor sich hin wurschtelt. Seine Werkstatt ist voll gestopft mit Schrottteilen, die er gesammelt hat, um irgendeine abgefahrene Maschine daraus zu basteln.

Kraft-Ausdrücke

Ist das gefährlich?

Lösung: Nur ein bisschen. Es bedeutet, dass die Achterbahn auf dem höchsten Gipfel eine ganze Menge potenzieller Energie hat, mit deren Hilfe sie dann auf der anderen Seite in die Tiefe saust.

Schon gewusst?

Wenn es um Kraft geht, reden die Physiker oft von „Energie" und „Arbeit". Das kennst du ja, aber in diesem Fall ist nicht die Energie gemeint, die du aufbringen musst, um deine Hausaufgaben zu machen oder Geschirr zu spülen. Keineswegs.

Für Physiker bedeutet „Arbeit", dass ein Gegenstand durch Kraft über eine bestimmte Strecke bewegt wird. (Matheaufgaben abzuschreiben wäre demnach Arbeit – aber Matheaufgaben selber im Kopf zu lösen wäre keine!) Und „Energie" ist die Fähigkeit, Arbeit zu verrichten – das klingt immerhin halbwegs logisch, oder?

Puh, über Arbeit und Energie nachzudenken kostet ganz schön viel Energie! Zeit für eine Pause. Leg die Füße hoch, und mach's dir bequem. Noch mal tief Luft holen, denn gleich geht es um Geschwindigkeit und Zusammenstöße. Anschnallen bitte!

Tolles Tempo

Manche Leute finden Geschwindigkeit einfach toll. Andere wiederum nicht. Die ersten Eisenbahnen verbreiteten Angst und Schrecken, weil viele damals glaubten, kein Mensch könne eine Geschwindigkeit von mehr als 32 km/h lebend überstehen. Natürlich kann man das, wie wir heute wissen. Aber eins ist sicher: Je schneller man sich fortbewegt, desto höher ist die Wahrscheinlichkeit, mit gnadenlosen Kräften in Konflikt zu geraten. Und das kann ins Auge gehen – schluck!

Teste deinen Lehrer

Hast du einen pfiffigen Lehrer? Lächle honigsüß, und frage:

(Achte auf die Formulierung! Diese Lehrerin hier denkt sofort an einen Radfahrer, der in die Pedale tritt – und genau das ist der Trick!) Wahrscheinlich wird dein Lehrer so etwas sagen wie „um die 50 Stundenkilometer" – leider völlig falsch. Dann wirst du antworten: „Ich glaube, Sie irren sich. Im Jahre 1899 brach C. M. Murphy den Rekord. Er band sein Rad nämlich an einem Zug fest und legte in einer Minute 1,6 Kilometer zurück." (Versuch bloß nicht, das nachzumachen!)

Kleines Quiz

1 Superschnell

Versuche, die folgenden drei Gegenstände nach ihrer Schnelligkeit zu ordnen. Beginne mit dem schnellsten.

a) Eine Kugel aus einem Schnellfeuergewehr.

b) Der Planet Merkur, der durch das Weltall rast.

c) Drei Astronauten an Bord der Apollo 10 im Jahre 1969.

2 Mittelmäßig schnell

Und welches dieser drei Dinge hier ist am schnellsten?

a) Die Katapult-Zunge eines Chamäleons, das nach einer Fliege schnappt.

b) Eine Information, die über Nervenbahnen zum Gehirn geleitet wird.

c) Ein Mensch, der von einem 99,4 Meter hohen Gebäude fällt.

3 Schneckentempo

Welches langsame Ding ist am schnellsten?

a) Länger werdende Fingernägel.

b) Wachsende Bambuspflanzen.

c) Der Atlantische Ozean, der langsam größer wird.

Lösung:

1b) Planet Merkur umkreist die Sonne am schnellsten, nämlich mit 172 248 km/h. *c)* Mit 39 897 km/h rasten die drei durchs Weltall. Na, wird dir schlecht? *a)* 3302 km/h. Das ist schneller, als man gucken kann, und schneller als der Schall. Die Kugel kann einen Menschen töten, bevor dieser den Schuss überhaupt gehört hat. Nicht sehr fair.

2b) 483 km/h. *c)* 141 km/h. Diese Geschwindigkeit erreichte der Stuntman Dan Koko, als er 1984 vom World Hotel in Las Vegas sprang. Zum Glück landete er auf einem Luftkissen, nicht auf der Straße. *a)* 80,5 km/h. Da bleibt der Fliege wenig Zeit, die Flucht zu ergreifen.

3b) Drei Zentimeter pro Stunde. Würden deine Fingernägel so schnell wachsen wie Bambus, hättest du ziemliche Probleme. *c)* 0,0006 cm pro Stunde. Durch die Bewegung gigantischer Felsplatten tief unter der Erdoberfläche weitet sich der Atlantische Ozean langsam aus. *a)* 0,00028 cm pro Stunde. Schneller darf es nicht sein, sonst bist du nur noch am Nägelschneiden.

Schon gewusst?

Wenn die Luft, statt an deinem Körper abzuprallen, mehr um dich herumfließen würde, könntest du dich schneller bewegen. Formen, die den Luftwiderstand vermindern, nennt man „stromlinienförmig". Eine Gewehrkugel mit ihrer abgerundeten Spitze ist stromlinienförmig. Und Radsportler mit spitz zulaufenden Helmen sind tatsächlich schneller! Denn: Bei weniger Luftwiderstand nimmt die Beschleunigung zu …

Steckbrief

NAME: Impuls
WICHTIGSTE MERKMALE: Dein Impuls sorgt dafür, dass du dich weiter fortbewegst. (So verletzt du Newtons erstes Gesetz nicht. Das besagt: Alles bewegt sich geradlinig weiter, solange es nicht aufgehalten wird.)
NACHTEILE: Der Impuls verursacht einen umgedrehten Magen, wenn du zum Beispiel mit einer Achterbahn in die Tiefe saust.

Er zieht dein halb verdautes Essen nach oben. Das könnte dich in eine unangenehme Situation bringen!

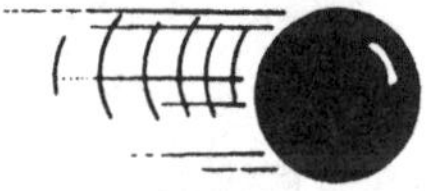

Impuls-Unfälle

1 1871 versuchte der englische Schausteller John Holtum, eine fliegende Kanonenkugel *mit bloßen Händen* zu fangen! Natürlich wurde die Kugel nicht mit einer richtigen Kanone abgefeuert. Holtum benutzte ein Spezialgeschoss mit einer relativ langsam fliegenden Kugel. Trotzdem hätte er dabei fast einen Finger eingebüßt. Die Show-Nummer wurde sehr berühmt, und John übte fleißig, bis er sie perfekt beherrschte.

2 Im 19. Jahrhundert waren die Bahnstrecken in Amerika selten umzäunt, und dumme Büffel trotteten oft über die Gleise. Um das Unfallrisiko zu vermindern, wurden die Lokomotiven ungefähr ab 1860 mit keilförmigen „Kuhfängern" ausgestattet. Der Impuls des Zuges sollte die Büffel einfach von den Schienen schaufeln.

3 In Finnland verursachen Elche schlimme Autounfälle. Wenn ein Elch vor ein Auto läuft, schleudert der Impuls des Wagens ihn hoch. Das riesige Tier landet auf dem Wagendach und drückt dann durch sein Gewicht das Auto samt dem Fahrer platt. (Vielleicht würde ein „Elchfänger" vor der Kühlerhaube helfen?)

Trödelige Trägheit

Physiker benutzen das Wort *Trägheit*, um zu beschreiben, dass Gegenstände gern in dem Zustand bleiben, in dem sie sich gerade befinden. Regungslose Körper bleiben ruhig, Körper in Bewegung bewegen sich weiter, bis sie auf eine andere Kraft treffen. Das ist wieder mal Newton – sein erstes Gesetz.

Erforsche … die Trägheit von Eiern!

Du brauchst:

– einen Teller
– ein rohes Ei
– ein hart gekochtes Ei

So gehst du vor:

1 Lass das rohe Ei auf dem Teller langsam kreiseln.
2 Halte das Ei an, indem du den Finger obendrauf legst.
3 Heb deinen Finger wieder hoch.
4 Wiederhole die Schritte 1–3 mit einem hart gekochten Ei.

Was stellst du fest?

a) Wenn du deinen Finger hebst, dreht sich das hart gekochte Ei weiter.
b) Wenn du deinen Finger hebst, dreht sich das rohe Ei weiter.
c) Wenn du deinen Finger hebst, dreht sich das rohe Ei, und das hart gekochte schaukelt hin und her.

Lösung:
b) Wenn du das rohe Ei anhältst, dreht sich das Eiweiß innen noch weiter – durch die Trägheit nämlich! Deshalb beginnt sich das ganze Ei wieder zu drehen, wenn du es loslässt. Beim hart gekochten Ei ist das Eiweiß logischerweise hart und hat daher keine eigene Trägheit: Wenn du den Finger hebst, bleibt das Ei ruhig.
Wichtiger Hinweis: Lass das träge rohe Ei lieber nicht einfach auf dem Tisch kreiseln. Sonst beschleunigt es vielleicht zu stark und kracht mit voller Kraft gegen die Wand – und hinterher musst du deine eigene Trägheit überwinden, um das Kraft-Omelett wieder von der Wand zu scheuern …

Ein Crashtest

Autohersteller geben ein Vermögen dafür aus, neue Autotypen zu entwickeln. Und dann fahren sie die Autos zu Schrott. Das klingt vielleicht verrückt, aber sie müssen die Konstruktion und die verwendeten Materialien des Wagens in einer Unfallsituation überprüfen, um die größtmögliche Sicherheit für Fahrer und Beifahrer zu garantieren. Heutzutage werden viele Crashtests mit dem Computer simuliert. Die Ingenieure sehen sich eine Unfall-Simulation mit verschiedenen Geschwindigkeiten an. Und sie können alle Bewegungsabläufe extrem verlangsamen – jede zweite Millisekunde ein Bild! Das ist sehr viel langsamer als eine Zeitlupe im Fernsehen.

Aber als Nächstes brauchen die Ingenieure echte Crashtests, um ihre Computer-Ergebnisse zu überprüfen. Dann kommen Dummys zum Einsatz, damit man sehen kann, wie sich ein Zusammenstoß auf den menschlichen Körper auswirken würde. Zum Glück sind sie bloß hirnlose Puppen, deswegen heißen sie ja Dummys. Aber ihr Leben ist echt ganz schön aufregend: Ein Knaller nach dem anderen!

Ein Tag im Leben eines Crashtest-Dummys

11.00 Uhr

Die Dummys werden in den Wagen gesetzt. Es ist eine ganze Dummy-Familie, Mutter, Vater, Kinder. Der Testwagen wird an alle möglichen Sensoren angeschlossen. Er steht schon in Fahrtrichtung: Die Strecke endet an einer Betonwand! Und die Dummys im Testwagen sind nicht mal angeschnallt! Schluck!

11.02 Uhr

Die Ingenieure gehen hinter Absperrungen in Deckung. Dort sind sie vor der Wucht des Aufpralls geschützt. Es geht los! In Sekundenschnelle wird der Testwagen an Stahlseilen nach vorn gezogen. Mit lautem Krachen prallt er gegen die Wand. Die Dummys schlagen mit den Köpfen durch die Windschutzscheibe. Die Motorhaube ist völlig eingedrückt.

12.00 Uhr

Die Dummys werden aus dem Wrack befreit. Sie sind ein bisschen angeschlagen, aber immer noch fit genug für den nächsten Crash. Dummys halten ganz schön was aus!

13.00 Uhr

Die Ingenieure essen erst mal was. Die Dummys sind nicht besonders hungrig.

14.00 Uhr
Jetzt wird Video geguckt! Die Dummys sind nämlich Filmstars, ohne es zu wissen. Während sie wieder weggerollt werden, setzen sich die Ingenieure vor die Mattscheibe und sehen sich alles noch mal in Zeitlupe an.

Newtons erstes Gesetz gilt auch für Dummys! (Das ist das Gesetz, dass ein Körper sich geradlinig weiterbewegt.) Wenn das Auto gegen die Wand knallt, zwingt ihre eigene Trägheit die Dummys dazu, sich weiterzubewegen –

nämlich geradlinig durch die Windschutzscheibe. Dadurch überträgt sich die Wucht des Aufpralls auf die armen Dummys. Wer sich im Auto also nicht anschnallt, ist genauso dumm wie ein Dummy!

17.00 Uhr
Die Ingenieure bereiten den Crashtest für den nächsten Tag vor. Es soll ein Unfall werden, bei dem der Wagen sich überschlägt – mal wieder ein schwerer Schlag für die Dummys. So ein Tag im Leben eines Dummys knallt ganz schön rein!

Sicherheit an erster Stelle

Das Gute an diesen Crashtests ist, dass die Ingenieure sich ein paar Kniffe und Tricks überlegt haben, um bei einem Autounfall die Wucht des Aufpralls für die Insassen zu reduzieren:

Anti-Kraft-Auto

Überschallgeschwindigkeit

Die Kräfte, die bei einem Autounfall wirken, können enorm sein, aber bei Flugzeugabstürzen oder wenn ein Mensch aus einem Flugzeug fällt, ist die Kraftwirkung viel stärker. Der österreichische Physiker Ernst Mach (1838–1916) hat die Wirkung hoher Geschwindigkeiten auf den menschlichen Körper erforscht. Er fand zum Beispiel heraus, dass es schwierig ist, sich schneller vorwärts zu bewegen als der Schall. (Das ist die Geschwindigkeit, mit der sich Schallwellen durch die Luft ausbreiten, nämlich 1220 Stundenkilometer.)

Das Problem mit der Überschallgeschwindigkeit ist folgendes: Jedes Flugzeug schiebt beim Fliegen Luftmassen vor sich her. Aber ein Flugzeug mit Schallgeschwindigkeit ist so schnell, dass es auf die Luft trifft, bevor diese ausweichen kann. Ein solcher Flug ist ziemlich ungemütlich, und die Maschine läuft Gefahr, in Stücke gerissen zu werden (und natürlich auch die Eingeweide des Piloten). In den 40er Jahren starben einige Piloten bei dem Versuch, die Schallmauer zu durchbrechen. 1947 überlebte es der amerikanische Pilot Charles E. Yeager in einem Flugzeug mit Raketenantrieb. Man wusste zu diesem Zeitpunkt noch nichts darüber, wie ein menschlicher Körper reagiert, wenn er mit Überschallgeschwindigkeit auf Luft trifft würde – würde er es überleben?

Flieg um dein Leben

26. Februar 1955, Kalifornien, USA

Genau um 9.30 Uhr sammelte der amerikanische Testflug-Star George Franklin Smith seine Wäsche zusammen und verließ den Waschsalon. Er trat auf die Straße und bog links ab – ohne zu wissen, dass ihm der schrecklichste Tag seines Lebens bevorstand.

Wer weiß – hätte er sich nicht vorgenommen, an diesem Wochenende zu arbeiten, wäre er seinem Schicksal vielleicht entgangen ... Zu Hause erwartete ihn nur uninteressanter Schreibkram. Und gerade als er sich an die Arbeit machen wollte, bekam er das verlockende Angebot, einen brandneuen, glänzenden Jet zu testen. Es handelte sich um einen neuen Flugzeugtyp. Schneller als der Schall.

George grinste. Er liebte Testflüge mit superschnellen Maschinen. Das war sozusagen sein Spezialgebiet. Lässig wie immer erwiderte er:

Für so einen kurzen Flug brauchte er gar nicht erst den Sicherheitsanzug anzuziehen, fand George.

Als er abhob, merkte er, dass der Steuerknüppel sich ein bisschen schwerfällig bewegte. Kein Anlass, sich ernsthafte Sorgen zu machen – beim Kontrollcheck vor dem Abflug war alles bestens gewesen. George unterhielt sich munter über Funk mit einem Pilotenfreund.

Minuten später durchbrach er die Schallmauer. Plötzlich sackte der Bug der Maschine ab, und die Steuerung blockierte. Der Jet stürzte mit Überschallgeschwindigkeit in die Katastrophe.

„Spring ab, George! Du musst sofort da raus!", schrie die Stimme des Freundes in den Kopfhörer.

Schneller und schneller sauste die Maschine nach unten. „Die Steuerung blockiert – ich stürze ab!", brüllte George.

Ihm blieben nur noch wenige Sekunden: Wenn er nicht sprang, würde er sterben.

2100 Meter unter ihm glitzerte das blaue Meer im Sonnenlicht.

George riss die Armlehne vom Sitz und drückte auf den Auslöser zum Abwerfen der Plexiglas-Kabinenhaube. Krachend schlug die Luft ins Cockpit. Durch die hohe Geschwindigkeit wurde George in seinen Sitz gedrückt. Mit größter Anstrengung streckte er die Hand aus. Seine Finger streiften den Nothebel des Schleudersitzes. Zum Nachdenken blieb keine Zeit. Er dachte nicht an die drohende Gefahr – bisher hatte *kein* Pilot überlebt, der aus einem Überschallflieger abgesprungen war!

Georges Finger legten sich um den Nothebel. KRAWUMM!

Eine ungeheure Wucht katapultierte ihn aus dem Cockpit. Er prallte gegen eine Mauer aus Luft. Himmel und Erde drehten sich im Kreis. Innerhalb weniger Sekunden hatte der Luftstrom ihm Schuhe und Socken, seine Armbanduhr und den Helm vom Leib gerissen. Er blutete stark und hatte Todesangst.

Sein fallender Körper fühlte sich an wie eine Feder. „Ein fallender Körper", dachte er benommen, „hat kein Gewicht. Das liegt irgendwie … an der Schwerkraft." Es gab einen Knall, und dann spürte er einen heftigen Ruck, als der Fallschirm sich öffnete. Der Stoff füllte sich mit Luft und bremste sie. Dann wurde es George schwarz vor Augen. Er spürte keinen Schmerz, als sein Körper mit Wucht ins Meer tauchte und zu sinken begann.

„He, fass mal mit an!", rief der Fischer seinem Freund zu, während er den schweren Körper aus dem Wasser zog.

„Ich glaube, es ist zu spät", erwiderte der andere mit zweifelndem Blick. „Der Pilot ist bestimmt tot."

Aber George Smith lebte noch …

Es dauerte einen Monat, bis die Luftwaffe alle Wrackteile von Georges Maschine aus dem Meer gefischt hatte – die Absturzstelle befand sich 1600 Meter von der Küste entfernt. Die Überreste des Flugzeuges füllten etwa 50 große Fässer, und noch immer wusste niemand, was den Unfall verursacht hatte.

Aber die Wissenschaftler hatten nun die einmalige Gelegenheit, die Auswirkungen extremer Kräfte auf den menschlichen Organismus zu studieren – nämlich an dem geschundenen Körper des armen George.

Sie fanden Folgendes heraus:
1 Als George aus der Maschine geschleudert wurde, erhöhte seine hohe Geschwindigkeit die Wirkung der Schwerkraft. Unser „Gewicht" hängt von der Stärke der Schwerkraft ab, die auf unseren Körper einwirkt. Jeder Teil von Georges Körper wurde 40-mal schwerer als unter normalen Bedingungen. So etwas kennst du vielleicht auch. Es ist das komische Gefühl, in seinen Sitz gepresst zu werden, wenn man mit einer Achterbahn nach oben fährt. Nur dass George so unglaublich schnell war, dass diese Kraft ihn fast umgebracht hätte.
2 Auch sein Blut war ein paar Augenblicke lang schwerer als gewöhnlich. Das schwere Blut durchschlug die Wände seiner schweren Blutgefäße. Durch die vielen inneren Blutungen war sein ganzer Körper übersät von blauen Flecken. Sein Kopf schwoll an wie ein dunkelroter Fußball.
3 Georges Augenlider bluteten, weil der Wind beim Fallen so stark an ihnen gezerrt hatte.

Alles in allem verbrachte George sieben Monate im Krankenhaus. Aber er wurde wieder ganz gesund und fing sogar wieder an zu fliegen. Er hatte unglaubliches Glück gehabt und war der einzige Pilot auf der ganzen Welt, der bei einem solchen Absturz mit dem Leben davongekommen war. Vom Himmel zu fallen ist der schlimmste Albtraum eines jeden Piloten. Denn zu fallen – das heißt, der Schwerkraft ausgeliefert zu sein – kann tödlich enden. Also: Halt dich lieber gut fest, wenn du das nächste Kapitel überleben willst. Und:

Schonungslose Schwerkraft

Was hoch fliegt, kommt früher oder später wieder runter. Dieser Spruch stimmt auf jeden Fall – es sei denn, man befindet sich gerade im Weltall, wo die Dinge schwerelos dahinschweben. Und warum tun sie das? Ganz einfach: weil es im Kosmos keine Schwerkraft gibt, die sie zur Erde zurückzieht. Was ist das also für eine unheimliche, gandenlose Kraft? Hier eine Zusammenfassung der fatalen Fakten:

Steckbrief

NAME: Schwerkraft (Gravitation, Anziehungskraft)

WICHTIGSTE MERKMALE: Die Schwerkraft wirkt zwischen allen Dingen: Der größere Gegenstand zieht den kleineren an. Allerdings wird sie nur spürbar, wenn der größere Gegenstand RIESIG ist. Forscher glauben, dass Gegenstände kleine Teilchen ausstrahlen, so genannte Gravitonen, die die Kraft transportieren.

NACHTEILE: Mithilfe der Schwerkraft wurden früher viele Menschen hingerichtet (siehe Seite 56). Jedenfalls zieht dich die Erde bei jedem Fall gnadenlos zu ihrem Mittelpunkt.

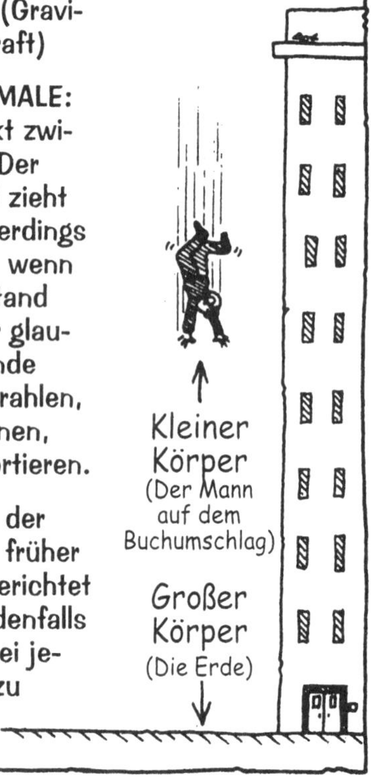

Endgeschwindigkeit

Wie wäre es mit etwas richtig Aufregendem? Du steigst in ein Flugzeug und lässt dich auf eine Höhe von, sagen wir mal, 6100 Metern fliegen – und dann springst du raus. Du benutzt keinen Fallschirm, jedenfalls nicht, bis du die Hälfte der Strecke zum Boden im freien Fall hinter dich gebracht hast, unter der gnadenlosen Wirkung der Schwerkraft. Das ist nicht etwa kompletter Schwachsinn, sondern eine beliebte Sportart. Falls du Höhenangst hast, leg lieber eine Augenbinde um, bevor du das nächste Kapitel liest!

Kurz-Kursus für Fallschirm-Springer

1 Versuche, nicht runterzugucken. Spring aus dem Flugzeug.
2 Prüfe nach, ob dein Fallschirm bombenfest auf deinen Rücken geschnallt ist. (Verzeihung, das ist eigentlich Punkt eins.)

3 Fang an, Purzelbäume zu schlagen. Dazu musst du nichts tun, es geht ganz automatisch, weil dein Gleichgewichtssinn nicht mehr richtig funktioniert und du die Balance nicht halten kannst. Dir wird schlecht … Ruhig bleiben!

4 15 Sekunden lang fällst du immer schneller, in jeder Sekunde 9,80 Meter mehr, bis du eine maximale Geschwindigkeit von 50 Metern pro Sekunde erreichst. Das nennt man Endgeschwindigkeit – schneller kannst du nicht fallen. Schluck! Unter dir ist einfach nichts, außer Luft natürlich, und du fällst und fällst und fällst … Ein scheußliches Gefühl – aber manche Leute können gar nicht genug davon kriegen.

5 Gute Nachricht! Noch schneller kannst du nicht fallen, weil die Luft dich abbremst – das nennt man Luftwiderstand.

6 Jetzt hast du Gelegenheit, deine Sprungkünste unter Beweis zu stellen! Versuche, mit dem Gesicht nach unten zu fallen. Streck die Arme und Beine aus, und drück den Bauch nach vorne. Wie du feststellen wirst, biegt sich dein Körper – Arme und Beine werden hoch gedrückt.

Jetzt hat die Luft von unten die größtmögliche Angriffsfläche. Das bremst deinen Fall ab, sodass du langsamer fliegst. Flughörnchen wenden bei ihren Gleitflügen dasselbe Prinzip an.

7 Eine Minute später. Gefällt es dir? Fein. In 25 Sekunden schlägst du auf den Boden auf. Zieh jetzt besser an der Steuerleine, damit dein Fallschirm sich öffnet. Sonst wirst du ein Opfer der gnadenlosen Schwerkraft – und es gibt ein unschönes Loch, wenn du dich in den Erdboden bohrst.

8 Achte darauf, dass du beim Landen in die Hocke gehst. Durch das Beugen der Knie federst du den Aufprall ein wenig ab. War das nicht einfach toll? Du willst bestimmt sofort noch mal!

Schon gewusst?
Wenn man dummerweise keinen Fallschirm dabeihat, könnte es kleinere Probleme geben. 1944 geriet der englische Sergeant Nicholas Alkemade bei einer Flughöhe von 5500 Metern in eine verzweifelte Situation. Seine Maschine stand in Flammen und sein Fallschirm leider ebenfalls. Er sprang aus dem Flugzeug und war überzeugt, dass sein Ende nahte. Aber Alkemade hatte Glück: Er fiel in eine Baumkrone und landete in einer Schneewehe, wodurch sein Sturz abgefedert wurde. Nicht mal einen Knochen hatte er sich gebrochen!

Noch mehr schonungslose Schwerkraft
Lange Zeit wurde die Schwerkraft dazu benutzt, Menschen durch Galgen hinzurichten. Der Verurteilte fiel mit einem Strick um den Hals durch eine Falltür, und die Schwerkraft brach ihm das Genick. Je tiefer der Fall, desto stärker die wirkende Schwerkraft – manchmal riss der Kopf auch ab!

Eine andere scheußliche Hinrichtungsmethode war das Enthaupten mit der Guillotine: noch ein Apparat, der Verurteilte mithilfe der Schwerkraft zum Tode beförderte. Eine scharfe Klinge mit schweren Gewichten (30,4 Kilo) fiel von oben auf den Nacken des Opfers herab. In den 90er Jahren des 18. Jahrhunderts waren Mini-Guillotinen sogar beliebte Kinderspielzeuge!

In England wurden im 17. Jahrhundert Verbrecher, die ihre Tat nicht gestanden, mit Gewichten zu Tode gequetscht – auch in diesen Fällen war der schonungslose Killer die Schwerkraft. Übrigens kann eine kleine Laus eine Kraft aushalten, die dem 500 000-fachen ihres eigenen Körpergewichtes entspricht! Pech für die Verbrecher, denn Menschen sind sehr viel zerbrechlicher.

Aber es gibt auch weniger fatale Folgen von Schwerkraft. Manchmal. Du denkst bestimmt, dass eine Nacht auf einer Matratze 'aus spitzen Nägeln so etwas wie ein menschliches Nadelkissen aus dir macht? Nicht unbedingt. Du kannst einen spitzen Nagel mit einem Gewicht von 450 g belasten, ohne dich zu verletzen. (Probier es lieber nicht selber aus – auf Nägeln krabbeln haufenweise widerliche Bazillen herum …) Also können 400 Nägel einen Körper tragen, der 182 Kilo wiegt. (So viel wiegst du bestimmt nicht.) Angenehme Nachtruhe!

Kraft-Ausdrücke

Lösung: Nein. Dieser Physiker steht auf der Waage und hat Probleme mit seinem Gewicht. Physiker sagen nämlich „Masse“ statt Gewicht. Physikalisch gesehen ist das Gewicht einfach nur ein Maß dafür, wie stark die Schwerkraft dich zur Erde zieht. Das Gewicht misst man in Newton, die Masse in Kilogramm. Der Physiker sollte auf den Mond ziehen. Da die Schwerkraft des Mondes viel geringer ist, würde sein Gewicht dort nur ein Sechstel seines Erdengewichtes betragen. Seine Masse allerdings bliebe dieselbe, denn er wäre ja nicht plötzlich dicker oder dünner.

Teste deinen Lehrer

Auf diese Frage fallen deine Lehrer ganz bestimmt rein. Du lächelst unschuldig und nett und sagst:

Lösung: Ja – du musst nur mit einer Waage in einen Fahrstuhl steigen und darauf warten, dass das Tragseil des Aufzugs reißt. Dann springst du schnell auf die Waage. In den wenigen Sekunden, die du brauchst, bis du unten ankommst, hast du kein Gewicht! Das Gewicht ist nämlich nur ein Maß für die Schwerkraft der Erde. Es zeigt, wie stark dein Körper zum Erdmittelpunkt hingezogen wird. Wenn du aber fällst, widersetzt du dich der Erdanziehung ja nicht – dadurch hast du kein Gewicht! Daran ist Galilei schuld – jedenfalls war er der Erste, der entdeckt hat, wie Schwerkraft funktioniert.

Topstars der Physik: Galileo Galilei (1564–1642), Italiener

Als junger Mann wollte Galilei Mathe studieren (äußerst merkwürdig!), aber sein Vater zwang ihn zu einem Medizinstudium, weil Ärzte mehr Geld verdienen als Mathematiker. Aber der gerissene Galilei studierte einfach heimlich Mathe, bis der Vater alle Hoffnung aufgab, einen Mediziner aus ihm zu machen. Als Galilei 25 war, wurde er Professor für Mathematik an der Universität von Pisa. Er begann, sich für Schwerkraft zu interessieren und machte erstaunliche Experimente, um sie zu erforschen. Sein Notizbuch könnte so ausgesehen haben:

Mein Experiment-Notizbuch

Ich bin sicher, dass leichte und schwere Dinge gleich schnell fallen. Aber alle lachen mich aus. Sie sagen: „Schwere Dinge sind schneller, logisch. Weil sie schwerer sind.“ Grrr. Wartet nur!

Experiment 1

1 Klettere mit zwei Kugeln auf den Schiefen Turm von Pisa. Eine ist aus Holz, die andere aus Metall. Die aus Metall muss viel schwerer sein.

2 Stell dich auf die Turmspitze. Vorsicht! Es ist ganz schön rutschig da oben!

3 Wirf die beiden Kugeln vom Turm. Rutsch nicht aus, sonst fliegst du hinterher!

4 Oh – fast vergessen: Unten darf keiner stehen!

5 Kommen beide Kugeln gleichzeitig unten an? Dann stimmt meine Theorie!

Die Leute glauben mir immer noch nicht. Pah – ich habe Beweise!

Experiment 2

1 Du brauchst ein Brett mit einer Rinne. Kleide die Rinne mit glattem Pergament aus – das Pergament stellst du aus einer Tierhaut her.

2 Leg die Rinne hoch, sodass ein Gefälle entsteht. Lass eine Bronzekugel hinunterrollen. (Mit anderen Metallen geht es auch.)

3 Die Zeit, die die Kugel zum Runterrollen braucht, muss ganz genau gemessen werden. Oh, verdammt – genaue Uhren gibt es ja noch gar nicht! Dann messe ich eben mit meinem Puls. Ich darf nicht zu aufgeregt sein, sonst beginnt mein Herz zu rasen! Das Experiment lieber ein paar Mal wiederholen.

4 Ich glaube, die Schwerkraft beschleunigt alle Dinge gleich stark. Dann müssten auch unterschiedlich schwere Kugeln gleich schnell rollen.

Anmerkungen:

1 Es stellte sich heraus, dass Galileo Galilei mit beiden Experimenten Recht hatte.

2 Manche Historiker glauben nicht, dass Galilei das erste Experiment wirklich durchgeführt hat. Na und? Es ist trotzdem eine schöne Geschichte!

Genie Galilei

Galilei war ein Genie, kein Zweifel! Er erfand das Thermometer, eine Pendeluhr und einen erstaunlichen Kompass, mit dem man die Reinheit von Metallen bestimmen konnte. Er fand sogar heraus, dass Kanonenkugeln im Flug eine Kurve beschreiben: Sie bewegen sich zuerst mit gleich bleibender Geschwindigkeit geradeaus, und dann senken sie sich durch die Wirkung der Schwerkraft zum Boden und werden dabei schneller. Galileis Entdeckung war in gewisser Weise tödlich: Nun konnten die Kanonenschützen nämlich viel genauer zielen und mehr Menschen umbringen.

Kannst du so scharf denken wie Galilei? Teste dich selbst!

Forschergeist-Quiz

1 Stell dir vor, du bist Galilei. Du guckst gerade durch dein frisch erfundenes Fernrohr und siehst, wie die Planeten die Sonne umkreisen. (Newton bewies später, dass die Schwerkraft der Sonne die Planeten daran hindert, in die Unendlichkeit des Weltalls abzuwandern.) Aber es gibt da ein winziges Problemchen: Ein Haufen wichtiger Kirchenmänner ist nämlich der festen Überzeugung, dass die Planeten sich um die Erde drehen. Diese mächtigen Männer wollen nicht, dass so ein dahergelaufener Wissenschaftler wie du ihnen beweist, dass sie im Unrecht sind. Du stellst fest, dass du es dir mit diesen Leuten nicht verscherzen darfst. Was tust du also?

a) Du beginnst eine wissenschaftliche Debatte.
b) Du lässt sie durch dein Fernrohr gucken.
c) Du brüllst sie an, bis sie klein beigeben.

2 Du bist davon ausgegangen, dass die kirchlichen Experten freundliche Menschen sind. Sind sie aber nicht. Sie klagen dich an, etwas gegen die Kirche zu haben. Was tust du?
a) Du machst dich aus dem Staub.
b) Du schreibst ein Buch, in dem du dich über die Kirche lustig machst.
c) Du gibst eine öffentliche Stellungnahme ab.

3 Im Jahre 1623 landest du einen Glückstreffer. Ein alter Kumpel von dir wird zum Papst gewählt. Er erlaubt dir, ein Buch zu schreiben, wenn es nichts mit deinen naturwissenschaftlichen Überzeugungen zu tun hat. Was für ein Buch schreibst du?
a) Du untermauerst deine Theorien und ziehst deine Gegner ins Lächerliche.
b) Du stellst beide Meinungen ausführlich dar und entscheidest dich weder für die eine noch für die andere.
c) Dir gelingt eine raffinierte doppeldeutige Darstellung, in der du die Ansichten der Kirche scheinbar unterstützt, sie in Wirklichkeit jedoch widerlegst.

4 Dein Buch ist ein Bestseller, aber der Papst tobt vor Wut. Du wirst der Ketzerei beschuldigt und vor das gefürchtete Gericht der Inquisition gestellt. Deine Gegner fälschen ein Dokument, in dem behauptet wird, die Kirche hätte dir verboten, deine Theorien zu verbreiten. Wenn du schuldig gesprochen wirst, könntest du an einen Pfahl gebunden und bei lebendigem Leibe verbrannt werden. Was tust du?

a) Du bestehst todesmutig auf die Richtigkeit deiner Ansichten.

b) Du erinnerst den Papst vorsichtig daran, dass ihr Kumpel seid.

c) Du reißt einen Witz darüber, dass die Kirche einem aber wirklich Feuer unterm Hintern macht.

5 Um dir Angst einzujagen, zeigt dir die Inquisition die Folterinstrumente, mit denen Geständnisse erpresst werden. Du siehst die Streckbank, die Daumenschrauben und die glühenden Zangen. Was sagst du?

a) Okay, wo soll ich unterschreiben? Ich bin schlecht, ich habe alle Verbrechen begangen, sogar die, von denen ich nichts weiß.

b) Über eure mickrige Folterkammer kann ich nur müde lächeln. Ich trotze allen Gefahren – Wahrheit bleibt Wahrheit!

c) Gebt mir eine Bedenkzeit von 20 Jahren.

Lösung: 1b) Galilei sprach mit führenden Astronomen der Kirche. Sie schauten durch sein Fernrohr und mussten einsehen, dass er Recht hatte. Aber sie weigerten sich, es zuzugeben.

2b) Das war dumm, denn man hatte Galilei befohlen, nicht über seine Ansichten zu sprechen.

3c) In seinem Buch beschrieb Galilei ein Gespräch zwischen drei Leuten. Die Figur, die seine eigenen Ansichten vertritt, ist als scharfer Denker dargestellt. Die Figur, die die Meinung der Kirche widergibt, trägt den Namen „Simplicius" – das ist das lateinische Wort für „Depp".

4a) Natürlich hatte Galilei Recht, aber die Kirche weigerte sich jahrhundertelang, das anzuerkennen. Immerhin: Im Jahre 1922 tat sie es dann doch – wie schade, dass der gute alte Galilei das nicht mehr miterlebt hat! Aber zum Glück lasen andere Wissenschaftler Galileis Bücher, wie zum Beispiel Isaac Newton. Sie konnten auf seinen Erkenntnissen aufbauen und fügten ihre eigenen Forschungsergebnisse über die Gesetze der Schwerkraft und die Bewegungen der Planeten hinzu.

5a) Okay, genau so hat Galilei es bestimmt nicht gesagt. Aber er nahm vor der Inquisition alle seine Äußerungen zurück und behauptete, im Unrecht gewesen zu sein. Man kann's ihm nicht verübeln. Galilei wurde zu unbefristeter Haft verurteilt und verbrachte den Rest seines Lebens unter strenger Bewachung in seinem Landhaus. Er beschäftigte sich weiter mit Kräften, rührte aber nie wieder ein Fernrohr an.

Bedrohliche Balanceakte

Jeder Körper hat einen Schwerpunkt. Stell dir mal eine Seiltänzerin vor …

Ihr Schwerpunkt ist die Stelle ihres Körpers, an dem die Schwerkraft am stärksten zieht. Das Gewicht der Seiltänzerin ist gleichmäßig um diesen Punkt verteilt. Solange der Schwerpunkt von unten gestützt wird, befindet sich der Körper der Seiltänzerin im Gleichgewicht. Dazu muss sie die Füße immer unterhalb ihres Schwerpunktes haben. Ein solcher Balanceakt ist eine ziemlich wackelige und auch gefährliche Angelegenheit. In manchen Fällen ist es einfach unmöglich, das Gleichgewicht zu halten …

Quiz der wackeligen Wundertaten

Welche dieser unglaublichen Balance-Kunststücke haben wirklich stattgefunden?

1 Im Jahre 1753 balancierte ein holländischer Akrobat mit einem Fuß auf der Wetterfahne der Londoner St. Paul's Kathedrale – dabei hielt er ein 4,6 Meter langes Banner in der Hand. *Richtig oder falsch?*

2 Im Jahre 1859 spazierte der Franzose Jean Blondin (1824–1897) in 50 Meter Höhe über die tobenden Niagarafälle hinweg – mit verbundenen Augen! *Richtig oder falsch?*
3 Der holländische Akrobat Leopold van Trump balancierte 1773 auf einem 30 Meter hohen Seil und jonglierte dabei mit zehn Tomaten. (Wäre er heruntergefallen, hätte er vielleicht den Tomatenketschup erfunden.) *Richtig oder falsch?*

4 1842 verblüffte die Engländerin Miss Cooke das Londoner Zirkuspublikum dadurch, dass sie an einem Tisch saß und ein Glas Wein trank. Ist doch nichts Besonderes? Doch, denn sie tat es auf einem Hochseil. *Richtig oder falsch?*

5 Alexander Bendikov aus Weißrussland balancierte 1995 eine Pyramide, die aus 880 aufeinander getürmten Münzen bestand. Die Pyramide stand auf dem Kopf und balancierte auf dem Rand einer einzigen Münze! (Zum Glück hatte die Kasse, an der die Eintrittskarten verkauft wurden, genug Wechselgeld, sonst wäre die Nummer vielleicht ausgefallen.) *Richtig oder falsch?*

6 Der Amerikaner Bryan Berg baute 1996 ein 5,85 Meter hohes Kartenhaus, das 100 Stockwerke hatte. *Richtig oder falsch?*

7 Der Brasilianer Leandro Henrique Basseto balancierte 1990 100 Minuten lang auf einem Reifen seines Fahrrads! *Richtig oder falsch?*

Lösung: 1 Richtig. Manche Leute tun einfach *alles*, um Aufmerksamkeit zu erregen!
2 Richtig. Blondin lief sogar auf Stelzen über das Seil. Das war nun wirklich ein bisschen übertrieben …
3 Falsch.
4 Richtig.
5 Richtig.
6 Richtig. Er baute das größte Kartenhaus der Welt in der dänischen Hauptstadt Kopenhagen. Wozu tut man so etwas?
7 Falsch. Er schaffte es viel länger – nämlich unglaubliche 640 Minuten.

Tja, es ist schon erstaunlich, was für total verrückte und todtrotzende, scheinbar schwerelose Kunststücke Menschen vollbringen können, solange es ihnen gelingt, die Schwerkraft auszubalancieren. Allerdings können diese Todesmutigen dabei ganz schön unter Druck geraten … Was für ein Zufall! Von Druck handelt nämlich auch unser nächstes Kapitel. Von der Kraft des Drucks nämlich, die Menschen zerquetschen kann, als seien sie Ameisen. Aua!

Erdrückender Druck

Luft und Wasser kommen auf der Erde zum Glück reichlich vor – es sind nämlich lebenswichtige Stoffe. Ohne sie könnten wir nicht existieren. Aber wenn sie unter Druck geraten, ist es schwer, mit ihnen auszukommen. Im Extremfall können sie sogar tödlich sein.

Steckbrief

NAME: Luftdruck und Wasserdruck

WICHTIGSTE MERKMALE: Kleine Luft- oder Wasserteilchen (Moleküle) haben eine Gewichtskraft und üben daher Druck aus. Beim Tauchen spürst du diesen Druck auf deinem Körper, auch wenn du stillhältst. Das nennt man Wasserdruck.

NACHTEILE: Je tiefer du tauchst, desto mehr Wasser ist über dir – also nimmt der Wasserdruck zu. Die Luft im Atemgerät steht ebenfalls unter Druck und schützt die Lungen so vor dem Druck des Wassers.

Einer der ersten Wissenschaftler, die den Luftdruck erforschten, war der französische Physiker Blaise Pascal.

Topstars der Physik: Blaise Pascal (1623–1662), Franzose

Blaise Pascal hatte überhaupt keinen Sinn für Humor. Kein Wunder, denn er litt sein Leben lang unter heftigen Magenproblemen – da vergeht einem das Lachen natürlich. Aber das hielt ihn nicht davon ab, einige erstaunliche Entdeckungen zu machen. Mit 19 erfand er eine Maschine, mit der sein Vater, ein Finanzbeamter, Steuern berechnen konnte. Und 1646 erfand er das Barometer, ein Gerät zum Messen des Luftdrucks. Hoher Luftdruck lässt eine Quecksilbersäule nach oben steigen.

Um seine Erfindung zu testen, zwang Pascal seinen Schwager dazu, mit dem Barometer auf einen Berg zu steigen. (Selbst konnte er es ja nicht, weil er zu krank war.) Der Bergsteiger stellte fest, dass der Luftdruck abnahm, je höher er kletterte. Logisch: Je höher du dich befindest, desto weniger Luft ist über dir. Dadurch verringert sich der Druck. Der hilfreiche Schwager ist inzwischen vergessen, und die Maßeinheit für den Druck wurde nach dem französischen Forscher benannt: Pascal. (1 Pascal = 1 Newton pro Quadratmeter. – Wobei Newton in diesem Fall nicht der englische Physiker ist, sondern die Maßeinheit für Kraft: *das* Newton.)

Schon gewusst?

Stell dir die vielen Kilometer Luft vor, die auf deinem Kopf lasten. Der Luftdruck auf deinem Körper beträgt unglaubliche 100 000 Pascal! Das entspricht dem Gewicht von zwei Elefanten! Zum Glück herrscht auch in deinem Körper Druck – er drückt mit derselben Kraft nach außen, sodass du den Druck von außen nicht spürst. Flugzeuge, die sehr hoch fliegen, haben Druckkabinen, wo derselbe Luftdruck herrscht wie am Erdboden. Sonst würde sich die Luft in deinem Körper durch den abnehmenden Außendruck immer weiter ausdehnen. Lungen und Eingeweide würden sich aufblähen, und Luftblasen in Zahnfüllungen könnten Zähne zum Explodieren bringen.

Teste selbst … Wie der Luftdruck dir beim Trinken behilflich ist

Du brauchst:

– dich selbst

– eine Flasche deines Lieblingsgetränkes (zu rein wissenschaftlichen Zwecken) – sie muss aber einen engen Hals haben!

So gehst du vor:

1 Versuche, aus der Flasche zu trinken. Setz dich gerade hin, und leg die Öffnung der Flasche an deinen Mund. Nun kannst du das Getränk leicht aus der Flasche saugen.

2 Nun steck das Ende der Flasche in deinen Mund, stülp die Lippen über die Öffnung, und versuche zu trinken. Was stellst du fest?

a) Es geht genauso leicht wie vorher.

b) Du kriegst nichts mehr aus der Flasche raus.

c) Deine Spucke läuft aus Versehen in die Flasche.

Lösung: b) Bevor du einen Schluck nimmst, atmest du ein. Dadurch verringert sich der Luftdruck in deinem Mund. Der höhere Luftdruck in der Flasche drückt die Flüssigkeit in deinen Mund. Wenn du die Flaschenöffnung mit dem Mund verschließt, ist der Druck in der Flasche derselbe wie in deinem Mund. Die Folge: Die Flüssigkeit fließt nicht mehr. Saug nicht zu doll, sonst hast du gleich die ganze Flasche im Mund! Aber viel schlimmer wäre es, wenn sich in der Flasche ein Vakuum befände. Warum wohl …?

Schon gewusst?
Ein Vakuum ist ein völlig leerer Raum, ohne Luft- oder Wasserdruck – zum Beispiel das Weltall. Wenn ein Astronaut ohne seinen schützenden Raumanzug ins All flöge, würde die Luft in seinem Körper explodieren, und seine Augen würden aus ihren Höhlen springen – uäh!

Lee(h)rer Spruch

Unter Druck

1 Das erste künstliche Vakuum wurde von dem deutschen Physiker Otto von Guericke (1602–1686) erzeugt. In seiner Freizeit beschäftigte er sich mit wissenschaftlichen Experimenten.

2 Im Jahre 1647 versuchte er, die Luft aus einem Bierfass herauszupumpen. Es entstand zwar ein Unterdruck, aber das Fass war nicht dicht – durch die Ritzen wurde immer wieder neue Luft hineingesogen. Dabei war ein pfeifendes Geräusch zu hören.

3 Von Guericke stellte das Fass in einen großen Behälter mit Wasser. Das Ergebnis: Das Wasser wurde mit lautem Gurgeln durch die Ritzen hineingesogen.

4 Als Nächstes veruchte er es mit einer hohlen Kupferkugel. Als er die Luft herauspumpte, wurde die Kugel wie durch eine unsichtbare Kraft zusammengedrückt.

5 1654 stellte Guericke aus zwei dickeren Halbkugeln aus Kupfer eine hohle Kugel her und pumpte die Luft heraus. Er hatte ein Vakuum erzeugt. Der Luftdruck von außen drückte die beiden Halbkugeln fest aneinander. Derselbe Druck hatte die erste Kugel zusammengedrückt.
6 50 Männer schafften es nicht, die beiden Hälften voneinander zu trennen.
7 Zwei Pferdegespanne hatten genauso wenig Glück.
8 Aber als von Guericke Luft in die hohle Kugel hineinpumpte, fielen die beiden Hälften auseinander.

Einige beein-druck-ende Druckgeschichten
1 In den 90er Jahren des vorigen Jahrhunderts benutzte eine junge Zirkusartistin namens Aimée die Kraft des Vakuums dazu, an der Decke spazieren zu gehen. An ihren Schuhen waren Saugnäpfe angebracht, aus denen die Luft bei jedem Schritt vollständig herausgedrückt wurde. Der Luftdruck von außen klebte ihre Füße dann an der Decke fest. Echt beein-druck-end!

2 Eine Sektflasche steht auch unter Druck. Das liegt an den vielen kleinen Sektperlen, das heißt an der Kohlensäure, die in Sekt enthalten ist. Wenn man die Flasche schüttelt und erhitzt, fliegt der Korken mit 12,3 Metern pro Sekunde an die Decke – das entspricht der Geschwindigkeit eines Felsens, der mit Dynamit gesprengt wird. So wird jede Party ein Knaller!

3 Unter Druck stehende Flüssigkeiten oder Gase werden in hydraulischen Maschinen benutzt, um große Gewichte zu bewegen – wie zum Beispiel die starken Kolben, die riesige Ausleger von Kränen hin und her schwenken. Eines der ersten hydraulischen Geräte war ein Staubsauger, den man im 19. Jahrhundert benutzte. Mithilfe eines spritzenden Wasserstrahls wurde in dem Apparat ein Unterdruck erzeugt. Dadurch entstand ein Luftsog, der den Staub wegsaugte. Wenn der Strahl allerdings mal in die falsche Richtung spritzte, stand das ganze Wohnzimmer unter Wasser.

4 1868 baute der amerikanische Erfinder George Westinghouse (1846–1914) eine Luftdruckbremse. Sie nutzte den abfedernden Effekt des Luftdrucks zum Abbremsen von Zügen. Der Eisenbahn-Millionär Cornelius Vanderbilt nannte Westinghouse' Erfindung eine „Ausgeburt des Schwachsinns". Er konnte sich einfach nicht vorstellen, dass Luft einen Zug abbremst. Heutzutage werden solche Bremsen auch für Busse und Lastwagen verwendet.

Mithilfe von Luftdruck kann man sogar Züge bewegen! Auf diesen genialen Gedanken kam ein echtes Genie …

Topstars der Physik:
Isambard Kingdom Brunel (1806–1859), Engländer

Isambard Kingdom Brunel widmete sein ganzes Leben dem Maschinenbau. Er dachte sich eine ganze Menge unglaublich praktischer Konstruktionen aus, die den Menschen mithilfe von natürlichen Kräften das Leben erleichterten. Er baute massenweise Eisenbahnen, riesige Tunnels und Eisenschiffe. Oft war er so beschäftigt mit seiner Arbeit, dass andere Menschen ihn kaum interessierten. Er schickte sogar seinen eigenen verkrüppelten Sohn in eine Schule, in der die Kinder tagtäglich verprügelt wurden. Als der Sohn sich beschwerte, schnauzte der herzlose Brunel ihn an:

Brunel liebte es, das schier Unmögliche zu erreichen. Manchmal gelang es ihm, aber manchmal machte er auch fatale Fehler. Die folgende Geschichte handelt von einer solchen Katastrophe, nämlich von einer Lokomotive mit Luftdruckantrieb …

Rohrträume

Devon in England, 1848

Isambard Kingdom Brunel kaute an seiner Jumbo-Zigarre und schritt wütend die Bahnschienen entlang. Wie immer überschlugen sich seine Gedanken, und ein Einfall jagte den anderen. Geniale Einfälle. Fantastische Pläne. Rohrträume. Alles war ihm so einfach vorgekommen – damals.

Vor vier Jahren war er mit einigen anderen führenden Ingenieuren nach Irland gefahren, um sich die weltweit erste „Druckluft-Eisenbahn" anzusehen. Ein Zug, bei dem die Waggons mit hoher Geschwindigkeit und ohne viel Krach bewegt wurden – und zwar durch die erstaunliche Kraft der Luft! Die Grundidee war einfach …

Bauanleitung für eine Druckluft-Bahn:

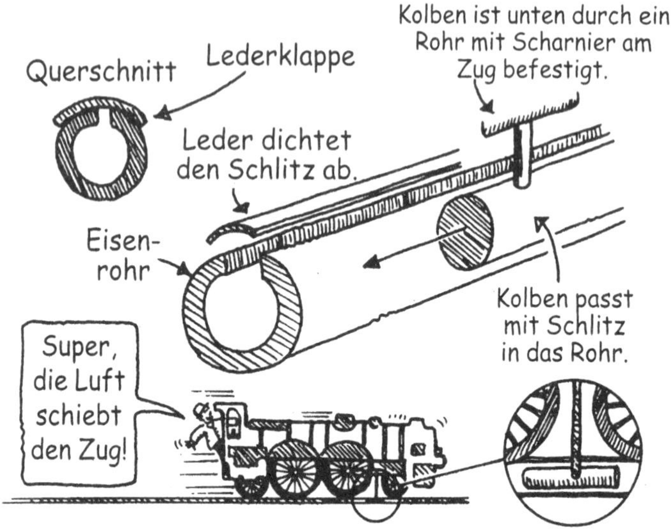

1 Das Rohr verläuft in der Mitte zwischen den Gleisen. Entlang der Bahnstrecke stehen mehrere Häuschen mit Dampfpumpen, die die Luft aus dem Rohr pumpen.
2 In dem Rohr bewegt sich ein Kolben, der oben mit der Lokomotive verbunden ist. Durch das Absaugen der Luft entsteht im Rohr auf der einen Seite des Kolbens ein Vakuum. Die Luft auf der anderen Seite will an dem Kolben vorbei, um das Vakumm zu füllen, und drückt dadurch mit großer Kraft gegen ihn.
3 Die Luft schiebt den Kolben vor sich her und dadurch die ganze Lokomotive.

Die anderen Ingenieure lachten über diese Rohrbahn und glaubten nicht, dass sie ohne Probleme funktionierte. Aber Isambard war äußerst beeindruckt und schlug die neue Erfindung für die South-Devon-Eisenbahn in Südengland vor. Dabei vergaß er zu erwähnen, dass auf der irischen Druckluft-Bahnstrecke Pannen an der Tagesordnung waren. Es gelang Brunel, einige reiche alte Damen für sein Projekt zu begeistern – schließlich war er der beste Ingenieur der Welt! Die Strecke wurde gebaut, aber Brunels Rohrträume verwandelten sich schon sehr bald in einen wahren Albtraum! Nichts klappte.

Brunel reiste nach Devon, um dort nach dem Rechten zu sehen, und Tom, der Sohn des Bahnwärters, führte ihn herum.

„Es liegt an den Lederklappen, Mr Brunel“, sagte Tom, der sich vor dem berühmten Mann fürchtete. „Im Winter werden sie trocken und brüchig. Und im Sommer schadet ihnen die Hitze.“

„Verstehe“, sagte Brunel. „Was ist das hier für ein Gestank?“

„Wahrscheinlich der Lebertran. Die Eisenbahn hat Leute angestellt, die an der Strecke entlanglaufen und die Lederklappen mit Seife und Lebertran einschmieren, damit sie geschmeidig bleiben und gut abdichten. Das riecht wirklich scheußlich!“

Die beiden liefen weiter, bis sie zu einem der Pumpenhäuschen aus Backstein kamen.

„Und das ist das andere Problem“, brüllte Tom, um das Stampfen der Maschinen zu übertönen. Nervös drehte er seine schwitzenden Hände hin und her. „Nämlich die Rohre …“

„Was ist mit den Rohren?“, brüllte Brunel zurück. Die riesige Dampfmaschine spuckte stinkenden schwarzen Qualm – wie ein wütender Drache. Keuchend und zischend saugten die Pumpen die Luft aus dem Rohr. Aber aus den Ventilöffnungen entwich nicht nur Luft! Brunel sah angewidert hin: Öliges Wasser, Rost … und tote Ratten!

„Wie sind die bloß da reingekommen?", schrie Brunel dem Jungen ins Ohr, obwohl er sich eigentlich schon denken konnte, was geschehen war. Nämlich eine Katastrophe: Hungrige Ratten hatten die Lederklappen angenagt, bis sie nicht mehr luftdicht waren. Wasser war in die Eisenrohre eingedrungen, und deswegen begannen sie zu rosten.

Wütend hastete der berühmte Ingenieur weiter, sodass der Junge neben ihm herlaufen musste. Plötzlich bückte sich Brunel, um das von den Ratten zernagte Leder zu prüfen. Tom starrte ihn entsetzt an. „Nein!", schrie er.

Die Hand des Ingenieurs schwebte über der Lederklappe, als Tom ihn am Arm packte.

„Beiseite, Junge!", schnauzte Brunel.

„Nicht berühren, ich bitte Sie!", stieß Tom hervor.

„Und wieso?"

Da begriff Brunel die drohende Gefahr. In dem undichten Rohr herrschte zwar kein Vakuum mehr, aber immer noch genügend Unterdruck, dass der Sog ihm mit Leichtigkeit die Finger hätte abreißen können. Plopp! Finger ab …

Wütend vor sich hin murmelnd, wich Brunel zurück – manche Dinge sind sogar für berühmte Ingenieure verboten!

Im Februar des Jahres 1848 teilte Brunel der Eisenbahn-Gesellschaft mit, alle Probleme seien so gut wie gelöst. Aber sieben Monate später verkündete er, das Projekt müsse leider eingestellt werden. Die netten alten Damen hatten ihr ganzes Vermögen verloren – und natürlich waren sie wütend!

Was also tat Brunel, um sie wieder zu besänftigen?

a) Er bot an, auf eigene Kosten eine neue Bahn zu bauen.

b) Er bot an, als Ausgleich auf sein Honorar für die Projektberatung zu verzichten.

c) Er versorgte sie bis an ihr Lebensende mit Lebertran.

Lösung: b) Brunel verzichtete „großzügigerweise“ auf sein Honorar als beratender Ingenieur. Dadurch kam es natürlich zu einigen Reibereien – was nicht dasselbe ist wie Reibung. Darüber im nächsten Kapitel mehr.

Reichlich Reibung

Newton hat gesagt, dass ein Körper in Bewegung sich immer weiterbewegt, solange er nicht durch eine andere Kraft abgebremst wird. Diese bremsende Kraft nennt man Reibung – und nicht Reiberei. Das heißt: Wenn eine Reiberei in der Schule mit einer Prügelei endet, bei der zwei Körper in Bewegung aneinander geraten, dann ist das durchaus ein Fall von Reibungsreiberei.

Steckbrief

NAME: Reibung

WICHTIGSTE MERKMALE: Bei Berührung von Körpern in Bewegung entsteht Reibung. Kleinste Unebenheiten haften aneinander. Dabei verwandelt sich Bewegungsenergie in Wärmeenergie und Schall (also Geräusche).

NACHTEILE: Maschinen werden durch Reibung abgebremst oder zu heiß. Aber zu wenig Reibung kann auch problematisch sein. Wenn deine Fahrradbremse nicht mehr richtig greift, ist die Reibung am Reifen zu gering, um zu bremsen ... Hilfe!

Der Mann, der die Reibung entdeckte, hatte ein ziemlich aufreibendes Leben. Hier seine Geschichte:

Topstars der Physik: Benjamin Thompson – Graf Rumford von Bayern (1753–1814), Amerikaner

Benjamin Thompson wurde in den Vereinigten Staaten geboren. Er arbeitete erst als Lehrer, hängte diesen Beruf aber nach einiger Zeit an den Nagel, um Medizin zu studieren. Außerdem war er ein begeisterter Turner – bis zum Unabhängigkeitskrieg (1775–1783), in dem die Amerikaner gegen die britische Herrschaft kämpften und die Anerkennung ihrer Eigenständigkeit forderten. Und auf wessen Seite war Benjamin? Hielt er zu den Amerikanern oder zu den Engländern?

Böse Zungen behaupten, er hielt zu beiden. Und zwar als Spion, der mal für die eine und mal für die andere Seite arbeitete – als Doppelagent sozusagen. Aber die Engländer hatten keine Ahnung davon, und nach dem Krieg erhob George III., der englische König, ihn sogar in den Adelsstand:

Aber Benjamin liebte die Aufregungen des Krieges und hatte keine Lust, in England zu „versauern“, wie er sagte. Und was tat er? Ganz einfach! Er ging als Sonderberater in Kriegsangelegenheiten nach Bayern und wurde dort 1793 Kriegsminister.

Als Minister heckte er geniale Ideen aus. Bayerns Straßen waren voll mit Bettlern, und die Armee brauchte dringend neue

Uniformen. Also, fand Benjamin, konnte man die vielen Bettler doch dazu zwingen, Uniformen herzustellen. Allerdings mussten sie zu diesem Zweck auch ernährt werden. Nach langen Studien fand Benjamin heraus, dass wässrige Gemüsesuppe am billigsten war. Er war so begeistert von seiner Idee, dass er sogar ein Rezeptbuch veröffentlichte. Und es dauerte nicht lange, da hatte er einen zweiten genialen Geistesblitz.

Er ließ die Soldaten Kartoffeln anbauen, aus denen man Suppe machen konnte, um die Bettler zu ernähren, damit sie den Soldaten die Uniformen machen konnten. Benjamins Idee schlug voll ein – keiner fand ein Haar in seiner Suppe! Der schlaue Minister ließ sich noch ein paar andere tolle Dinge einfallen. Er erfand einen neuen Schornstein für Wohnhäuser, einen neuen Herd und einen Kaffeekocher, den man auf den Herd stellte.

Als Nächstes entdeckte er die Reibung – und das kam so:

Eines Tages sah Benjamin dabei zu, wie eine Kanone hergestellt wurde. Das Kanonenrohr wurde mit einem Bohrer ausgehöhlt. Benjamin spürte die Hitze, die das große Metallstück ausstrahlte. Zu dieser Zeit dachte man noch, dass Wärme eine unsichtbare Flüssigkeit sei. Aber Benjamin stellte fest, dass mehr Hitze entstand, wenn man einen stumpfen Bohrer benutzte. Und daraus schloss er messerscharf, dass die Hitze von dem Bohrer kam. Stimmt! Der stumpfe Bohrer hatte eine viel rauere Oberfläche. Und durch diese kleinen Unebenheiten entstand mehr Reibung und daher auch mehr Hitze.

Reibung oder Humbug?

So wie Benjamin Thompson ziehen Physiker oft Schlüsse aus den Dingen, die sie beobachten. Könntest du das auch? Hier ein paar alltägliche physikalische Vorgänge. Welche entstehen durch Reibung?

1 Reibung hilft dir dabei, ein Kartenhaus zu bauen.
2 Durch die Reibung ist es möglich, bei einem gedeckten Tisch das Tischtuch wegzuziehen, ohne dass etwas zu Bruch geht.

3 Durch die Reibung erhitzen sich elektrische Geräte.
4 Reifenprofile erzeugen Reibung auf der Straße. Dadurch kann das Auto besser gelenkt werden.
5 Der Mensch nutzt die Reibung zum Feuermachen.
6 Die Reibung erleichtert es einem Skifahrer, bergauf zu fahren.

7 Läufer nutzen die Reibung, um nicht auszurutschen.
8 Durch Reibung kann man sich an Schnee verbrennen.

Lösung: 1 Stimmt. Durch kleine Unebenheiten auf ihrer Oberfläche haften die Karten aneinander und auf dem Tisch – das liegt an der Reibung! Allerdings muss die Tischplatte wirklich waagerecht sein.

2 Humbug. Die eigene Trägheit und die Schwerkraft halten das Geschirr auf dem Tisch. Wenn du das Tuch schnell genug wegziehst, entsteht nicht genug Reibung, um die Teller mitzureißen. Aber es könnten auf jeden Fall Reibereien entstehen, wenn du diesen Trick zu Hause ausprobierst.

3 Stimmt. Wenn der elektrische Strom durch die Schaltkreise fließt, erzeugt er Reibung, die das Gerät erhitzt. Aus diesem Grund kann ein Fernseher in Flammen aufgehen, wenn du die Lüftungsschlitze abdeckst.

4 Humbug. Bei trockenem Wetter erzeugen glattere Reifen mehr Reibung. Die mit starkem Profil eignen sich besser für Regenwetter. Durch die Vertiefungen wird das Wasser weggeschaufelt, sodass der Reifen Kontakt mit dem Asphalt bekommt.

5 Stimmt. Einer unserer frühesten Vorfahren erfand diese heiße Methode des Feuermachens: Man reibt zwei Stöcke aneinander. Die Reibungshitze steckt trockenes Gras in Brand. (Herzen zu entflammen ist sehr viel schwieriger.)

6 Stimmt. Früher schnallte man beim Aufstieg Robbenfelle unter die Skier, um die Reibung zu erhöhen. Der Effekt: Man rutscht nicht so leicht ab. Heutzutage ist man robbenfreundlicher und verwendet zu diesem Zweck Kunststoffborsten.

7 Stimmt. Laufschuhe mit Spikes erhöhen die Reibung und schützen vorm Ausrutschen.

8 Stimmt. Leichtsinnige Skifahrer können Brandwunden davontragen, wenn sie zu schnell fahren und dann hinfallen. Bei schnellen Geschwindigkeiten kann so starke Reibungshitze entstehen, dass die Haut verbrennt, bevor der Schnee kühlend wirken kann.

Die perfekte Maschine

Und nun zu einem Nachteil der Reibung: Sie bremst Maschinen ab. Tja, Reibung ist leider der reinste Spielverderber für einen Physiker, der sein Leben lang darüber nachgrübelt, wie man die Maschine aller Maschinen baut: einen Apparat, der sich ohne Energiezufuhr von selbst ewig weiterbewegt: das Perpetuum mobile.

Im Zeitraum von 1617 bis 1906 gingen im Britischen Patentamt 600 Ideen ein, wie man ein Perpetuum mobile bauen könnte. Aber keines funktionierte.

Hier noch vier neue Ideen. Was meinst du, welche funktioniert?

1 Das Perpetuum-Fahrrad

Bei diesem Fahrrad kommt die Kraft von deinem Hintern, der mit dem Sattel rauf und runter wippt. Dadurch wird über einen Riemen das Hinterrad angetrieben. Mit diesem Rad kannst du ewig fahren (oder bis dein Hintern durchgewetzt ist).

2 Die Perpetuum-Pumpe
Eine Pumpe, die Wasser nach oben pumpt, das über ein Wasserrad abfließt und dadurch die Pumpe antreibt.

3 Die Perpetuum-Uhr
Veränderungen des atmosphärischen Drucks bewegen eine Glaskugel auf und ab, wodurch ein Hemmrad bewegt wird, das die Uhr aufzieht.

4 Die Perpetuum-Windmaschine
Von dem Windrad wird der Wind durch einen Trichter auf einen Propeller geblasen, der wiederum das Windrad antreibt.

Lösung: Maschine 3, nämlich die Uhr, wurde im Jahre 1765 gebaut – und sie tickt immer noch! Aber auch sie wird nicht ewig weiterlaufen. Und zwar aus folgendem Grund …

Frust durch Energieverlust
Dass eine Maschine von allein immer weiterarbeitet, verstößt leider gegen die Gesetze der Physik. Um genauer zu sein: gegen das zweite Gesetz der Thermodynamik. (Das ist die Wärmelehre – ein Zweig der Physik, der Wärme und Energie erforscht. Sehr spannend, für dieses Thema kann man sich echt erwärmen!) Dieses Gesetz besagt, dass die Energie einer Maschine verloren geht, und zwar in Form von Wärme und Schall (also Geräusche oder Krach) – und natürlich durch Reibung!

Die Uhr wird also eines Tages anhalten, weil ihr ganz einfach die Energie ausgeht … Übrigens: Das *erste* Gesetz der Thermodynamik besagt, dass man Bewegungsenergie in Wärme umwandeln kann. Stimmt: Wenn du deine Hände aneinander reibst, verwandelt sich die Bewegungsenergie deiner Hände mithilfe der Reibung in Wärme – ein nettes Gesetz, was?

Reiben oder Rutschen

Reibung bringt uns ja auch Vorteile. Bremsen, Reifen, rutschsichere Gummisohlen und Treibriemen in Maschinen – all das würde ohne Reibung nicht funktionieren.

Aber manchmal ziehen wir es vor, wenn die Dinge glatter laufen. Dazu gibt es Schmiermittel. Wenn man Maschinen ölt, werden die kleinen Unebenheiten, die Reibung verursachen, mit Öl aufgefüllt – dadurch werden die Oberflächen glatter und können besser aneinander vorbeigleiten.

Auf diesem Rutscheffekt beruhen die meisten Wintersportarten. Schlitten, Skier und Schlittschuhe gleiten vorwärts, weil sie unter den Kufen eine winzige Schicht Eis oder Schnee schmelzen. Auf diesem Wasserteppich segeln sie dann mit wenig Reibung dahin – das funktioniert allerdings nur so lange reibungslos (genauer: reibungs*arm*), bis man ausrutscht und hinfällt:

Auch beim Stapellauf von Schiffen muss geschmiert werden. Aus diesem Grund bepinselte man im Mittelalter die Ablaufbahnen mit Tierfett. Wenn das Schiff zu Wasser gelassen wurde, übernahm ein Sklave die gefährliche Aufgabe, die Bremsklötze unter dem Schiff wegzuschlagen. Dann musste er sich schleunigst in Sicherheit bringen. Rutschte er auf dem schmierigen Holz aus, dann überrollte das Schiff ihn. Schaffte er es, bekam er die Freiheit geschenkt.

Wenig Reibung kann also fatale Folgen haben – zu viel Reibung allerdings auch. Wie zum Beispiel in der schönen Stadt Rom, wo sich vor vier Jahrhunderten Folgendes ereignete …

Römisches Reibungsrisiko

Rom im Jahre 1586

2000 Jahre lang hatte der alte Obelisk westlich der Peterskirche im Staub gelegen, und niemand hatte mehr an ihn gedacht. Aber das hatte sich inzwischen geändert, denn der Papst war der Meinung, dass ein solches Monument vor der Peterskirche fantastisch aussehen würde. Das Problem war bloß: Wie sollte man ihn wieder aufrichten? Der Obelisk wog nämlich 327 Tonnen!

„Angeblich haben schon zwei Ingenieure den Job abgelehnt“, murmelte der alte Roberto. „Sie meinten, es sei unmöglich.“

„Kann ich nachvollziehen“, erwiderte der junge Marco. Er warf einen ehrfürchtigen Blick auf den riesigen Stein, über dem man ein hohes Gerüst errichtet hatte.

„Tja, besser, wir versuchen es wenigstens“, knurrte Roberto und begann rasselnd zu husten. „Irgendwie muss man sein Geld ja verdienen.“ Er und Marco waren unter den vielen hundert Matrosen, die man angeheuert hatte, um den Obelisken zu heben. Sie packten das Seil.

Der Platz war umringt von Menschen. Tausende von Zuschauern jubelten, schwenkten ihre Taschentücher und warteten voller Ungeduld auf das große Ereignis.

Ein elegant gekleideter junger Mann sprang auf das Podium, das man auf dem Platz errichtet hatte.

Roberto verzog sein knittriges, altes Gesicht. „Das ist Fontana, der Ingenieur, der behauptet hat, dass er es schafft – dieses Großmaul!“

„Volk von Rom!“, schrie der junge Fontana. „Heute werden wir dieses erhabene Monument aus der Vergangenheit zurückholen! Matrosen, wenn ihr das Zeichen der Trompeten hört, zieht an den Tauen. Ihr dürft erst aufhören, wenn die Glocke ertönt. Es ist absolut notwendig, dass diese Dinge schweigend geschehen. Es darf nicht gesprochen werden – bei Todesstrafe!“ Er deutete hinüber zu dem Schafott mit dem Galgen.

Die Menge schwieg entsetzt.

Der alte Roberto bekreuzigte sich. „Bisschen heftig!“, flüsterte er.

Die Matrosen spuckten in die Hände. Die feuchte Spucke verminderte die Reibung zwischen dem Tau und den Handflächen – so würden die Männer sich beim Ziehen nicht die Finger verbrennen.

Die Trompete schmetterte ihr Signal. Der schrille Ton hallte über den Platz. Schweigend lehnten die Matrosen sich zurück und begannen zu ziehen. Die Taue knackten, die Winden quietschten, die Poller knarrten. Langsam, Millimeter für Millimeter, begann der riesige Stein sich zu heben.

Da kam das Signal von der Glocke. Alle ruhten sich kurz aus. Wieder das Schmettern der Trompete. Die Muskeln der Matrosen spannten sich, bis ihnen der Schweiß hinunterlief. Die verhängnisvolle Kastastrophe nahm ihren Lauf …

Plötzlich klemmten die Taue – die Reibung an den Winden hemmte ihre Bewegung, und sie kamen nicht mehr von der Stelle! Die Matrosen zogen und zogen, bis sie rot anliefen. Nichts bewegte sich. Die straff gespannten Taue ächzten und waren kurz davor zu reißen. Der Obelisk schwankte. Marco sah die Gefahr. „Wasser! Gießt Wasser auf die Seile!“, schrie er. Da erst wurde ihm klar, was er getan hatte … Sein Leben war keinen Pfifferling mehr wert!

„Ergreift ihn!“, brüllte Fontana. Vor lauter Anspannung und Enttäuschung überschlug sich seine Stimme. „Ergreift ihn, er hat das Schweigen gebrochen!“

Starke Arme packten den jungen Marco und schleiften ihn zum Galgen, wo der Henker ihn bereits erwartete. Die Menge stöhnte entsetzt auf, aber niemand wagte etwas zu sagen.

„Tut mir Leid“, flüsterte Marco. Aber es war zu spät.

Der Henker legte ihm das raue Seil aus Hanf um den nackten Hals und zog die Schlinge straff.

Ein hagerer alter Priester berührte seinen Arm.

„Hast du einen letzten Wunsch?“, murmelte er.

„Bitte, Pater“, krächzte Marco. Sein Herz raste, und er brachte kaum noch einen Ton heraus. Sein Mund war wie ausgetrocknet, und die Schlinge erleichterte das Sprechen auch nicht gerade. „Bitte sagt ihnen, sie sollen Wasser auf die Winden gießen!“

„Ich weiß nicht, ob das möglich ist, mein Sohn.“

„*Bitte* tut es!“

Die behelmten Soldaten begannen ihren Trommelwirbel – das Zeichen für den Beginn der Hinrichtung.

Der Priester eilte hinüber zu Fontana und sagte etwas zu ihm. Ungeduldig nickte der junge Ingenieur mit dem Kopf. Ein großer Krug Wasser wurde daraufhin über den Winden ausgekippt.

„Na los, lass es uns hinter uns bringen“, sagte der Henker aufmunternd und schob Marco die Todesleiter hinauf.

Da ertönte wieder das Trompetensignal, und die Seile spannten sich erneut.

„Warum jubeln die Leute denn?“, dachte Marco. Waren sie so begeistert, ihn sterben zu sehen?

Nein. Die Taue klemmten nicht mehr. Sie glitten problemlos über die Winden, und der Obelisk hob sich immer schneller, höher und höher. Unten an der Todesleiter tauchte plötzlich Domenico Fontana auf. Sein Gesicht war rot vor Scham.

„Lasst den Mann sofort frei!“, rief er.

Als Matrose war der junge Marco es gewohnt, nasse Taue einzuholen, wenn er über die Meere segelte. Und er wusste, dass ein nasses Tau weniger Reibung hat, weil es durch das Wasser rutschiger wird. Natürlich wurde Marco begnadigt. Und man belohnte ihn sogar dafür, dass er den Obelisken gerettet hatte. Und was glaubst du, was seine Belohnung war?

a) Ein goldener Wasserkrug.

b) Ein Kaffeekränzchen beim Papst.

c) Ein eigenes Schiff.

Lösung: b) Er wurde als Ehrengast beim Papst eingeladen. Und seine Heimatstadt San Remo erhielt die Ehre, der Peterskirche jedes Jahr die Palmenzweige für den Festzug am Palmsonntag liefern zu dürfen.

Auch bei unserem nächsten Experiment geht es um Rutschen und Flutschen … (Aber Vorsicht – nicht ausrutschen!)

Teste selbst …
Wie man Reibung vermindert – guten Rutsch!
Du brauchst:

So gehst du vor:
1 Nimm den Plastikverschluss, und schnips ihn über das erste Tablett. Vorsicht: Er soll nicht fliegen, sondern Kontakt mit der Oberfläche haben!
2 Gieße vorsichtig ein paar Tropfen Speiseöl auf das Tablett. Verteile es mit dem Küchenpapier über die ganze Oberfläche, bis sie gleichmäßig glänzt.
3 Nun schnipps den Verschluss mit gleicher Kraft über das Tablett. Was stellst du fest?
4 Zerstampf die Banane zu Brei, und verteil sie mit dem Küchenpapier über das zweite Tablett – wieder schön gleichmäßig und glatt. Nimm nur so viel, wie du brauchst!
5 *(freiwillige Zusatzaufgabe)* Misch den Rest Bananenbrei mit Sahne und Zucker. Iss ihn auf. (Wissenschaftler müssen Opfer bringen.)

6 Nun schnips den Verschluss mit gleicher Kraft über das zweite Tablett. Was stellst du fest?

a) Sowohl das Öl als auch die Banane sind gute Schmiermittel. Der Plastikverschluss ist in beiden Fällen schneller.

b) Der Verschluss schlittert über das Öl, aber am Bananenbrei bleibt er kleben.

c) Der Verschluss bleibt am Öl kleben und schlittert über den Bananenbrei.

Lösung: a) Schmieröle werden aus Erdnüssen und Kokosnüssen gepresst oder aus bestimmten Teilen von Fischen hergestellt. In manchen Ländern verwendet man auch Bananen als Schmiermittel, weil sie ebenfalls rutschig sind – wie jeder weiß, der schon mal auf eine Bananenschale getreten ist.

Dehnen und Strecken

Spann ein Gummiband zwischen deinen Fingern, und zieh vorsichtig an dem einen Ende. Das elastische Band speichert die Energie, die du beim Ziehen hineinsteckst. Jetzt lass los – die Energie wird frei und katapultiert das Band in die Luft. Huch! Leider kommt im falschen Moment dein Lehrer, und das Gummi landet auf seiner Nase. Sag ihm, dass es sich hier um ein wissenschaftliches Experiment handelt – er wird dich verstehen! Einer der ersten Wissenschaftler, die sich mit Elastizität (oder „Spannkraft") beschäftigten, war der Engländer Robert Hooke.

Topstars der Physik: Robert Hooke (1635–1703), Engländer

Nach seinen Reibereien mit Newton (siehe Seite 22) wusste Robert Hooke über die Kraft von Spannungen sicher gut Bescheid. Aber dieser begnadete Wissenschaftler interessierte sich einfach für alles – angefangen bei Fernrohren bis hin zum Bau von Flugmaschinen, die nicht fliegen konnten. Unglaublicherweise arbeitete er auch als Architekt, als Sternforscher, Mechaniker und Modellbauer. Ja, der gute Robert war ständig unter Spannung!

Es heißt, in Robert Hookes Testament habe ein Satz in einer merkwürdigen Geheimschrift gestanden. Man entschlüsselte den Code und stellte fest, dass der Satz in Latein geschrieben war – dort stand nämlich: *Ut tensio sic vis.* Toll, was? … Wie bitte, du kannst kein Latein? Also gut, auf Deutsch bedeutet das in etwa: *Wie die Dehnung, so die Kraft.* Später fand man heraus, dass sich hinter dieser kurzen Formel Hookes Gesetz über die Elastizität verbarg: Häng ein Gewicht an eine Feder: Die Feder wird gedehnt. Häng das doppelte Gewicht an die Feder: Die Feder wird doppelt so weit gedehnt. Simpel – oder?

Teste selbst …
Was passiert, wenn etwas gedehnt wird? (Teil 1)

Du brauchst:
- dich selbst
- ein 0,5 cm dickes Gummiband

So gehst du vor:
1 Zieh das Gummiband ganz schnell auseinander.
2 Leg es an deine Wange.
Was passiert und warum?
a) Das Gummiband fühlt sich merkwürdig kalt an, weil du beim Spannen die ganze Energie herausziehst.
b) Das Gummiband fühlt sich warm an. Das liegt an der Energie, die du beim Spannen hineingesteckt hast.
c) Das Gummiband fühlt sich warm an, weil durch das Spannen an deinen warmen, schwitzigen Fingern Reibung erzeugt wird.

Lösung: b) Das Gummiband speichert für einen kurzen Moment Energie aus der Kraft, die es spannt. Diese Energie wird in Form von Wärme abgestrahlt – deswegen fühlt das Band sich warm an.

Teste selbst …

Was passiert, wenn etwas gedehnt wird? (Teil 2)

Diese Maschine zum Selberbauen nutzt die gespeicherte Energie eines gespannten Gummibandes, um sich fortzubewegen.

Du brauchst:

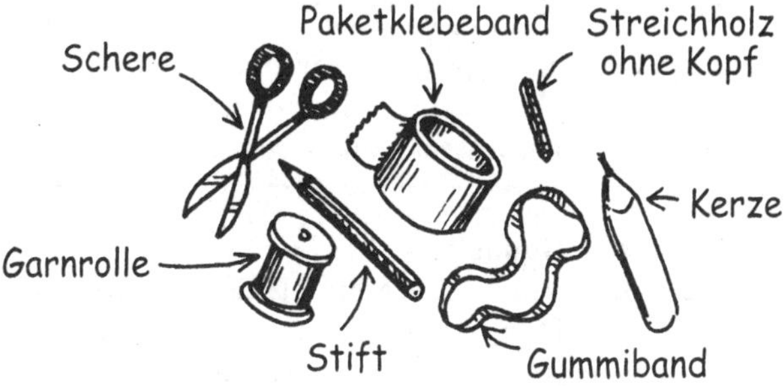

So gehst du vor:

1 Schneide von der Kerze unten ein 2,5 cm langes Stück ab.
2 Ziehe den Docht heraus, und vergrößere das Loch in der Mitte, bis das Gummiband durchpasst.
3 Ziehe das Gummiband durch das Kerzenstück und die Garnrolle.
4 Steck das Streichholz an der Garnrollenseite durch die Gummischlaufe, und klebe es mit einem Stück Paketklebeband fest.
5 Steck den Stift an der Kerzenseite durch die Gummischlaufe.
6 Verdrehe mit dem Stift in der Schlaufe das Gummiband, bis es straff sitzt. Nun stell die Maschine hin: Sie bewegt sich, während das Gummi sich wieder entdreht. Lass sie mehrmals bergauf fahren, und teste dabei raue und glatte Oberflächen. Was stellst du fest?

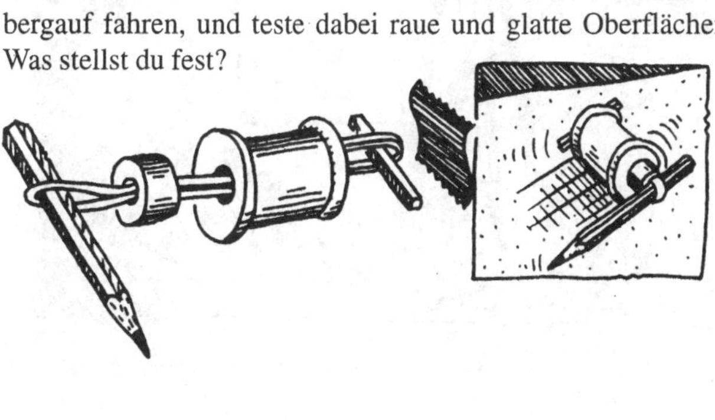

a) Auf glatten Unterlagen kommt die Maschine leichter den Hang hinauf.
b) Auf rauen Unterlagen kommt die Maschine leichter den Hang hinauf.
c) Die Maschine bewältigt überhaupt keine Steigungen.

Lösung: b) Die gespeicherte elastische Energie wandelt sich in Bewegungsenergie um, wenn das Band sich entdreht. Durch die Reibung an der rauen Unterlage hat die Maschine am Hang besseren Halt und kommt so leichter nach oben.

Spannen, Strecken, Gummizug
Hier noch ein paar weitere fantastisch elastische Infos zum Thema Spannen und Dehnen: Vor ein paar hundert Jahren gab es scheußliche Folterwerkzeuge, mit denen man bestraft wurde. Wer Pech hatte, kam zum Beispiel schon bei kleineren Vergehen auf die Streckbank: ein Brett mit Walzen an beiden Enden, auf dem man festgebunden und gestreckt wurde. Die äußerste Dehnung, die ein Mensch auf einer Streckbank je überstanden hat, waren 15 cm – danach springen die Gelenkköpfe aus ihren Höhlen. (Nein, in den öffentlichen Schulen gab es zum Glück keine Folterinstrumente – denn es gab keine öffentlichen Schulen.)

Im 18. Jahrhundert benutzte man Gummizwirn zum Nähen von Kleidern und Unterwäsche. Dummerweise löste sich das Gummi bei Hitze auf oder wurde bei Kälte so spröde, dass es brach.

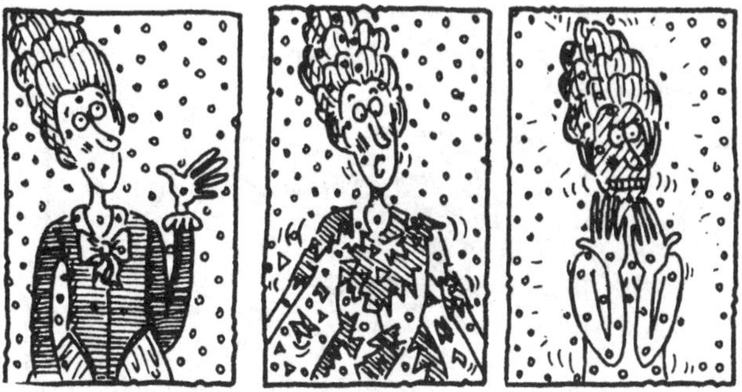

1839 erfanden Chemiker eine Methode, Gummi haltbarer zu machen, und ab 1930 wurde der „Gummizug" in Korsetts und Unterhosen üblich. (Ein Korsett ist ein sehr eng anliegendes Kleidungsstück, das manche Frauen trugen, um ihren wallenden Körper in Form zu bringen. Vor der Erfindung des Gummizugs benutzte man Stücke von Walfischknochen, um das Korsett stabil zu machen.)

Heutzutage wird synthetisch hergestelltes Gummi auch zum Bungee-Springen benutzt. Bist du ein Bungee-Fan?

Wenn deine Antwort „Aaaaaaah, nein!“ lautet, dann beneidest du Gregory Riffi sicher nicht. Der sprang 1992 über Frankreich aus einem Hubschrauber: Er stürzte sich 249 Meter in die Tiefe, an einem seidenen Faden, an dem sein Leben hing – einem Bungee-Seil.

Übrigens: Bungee-Springen ist normalerweise nicht gefährlich, wenn es von Experten durchgeführt wird. Allerdings können beim Springen ein paar kleine Adern in den Augen platzen, weil einem beim Fallen das Blut in den Kopf schießt.

Ein anderer Sport, der sich die Elastizität zu Nutze macht, ist das Bogenschießen.

Biegsame Bogen

1 Der Bogen wurde bereits vor dem Jahre 20 000 v. Chr. erfunden. Durch das Spannen der Sehne wird Energie gespeichert und dann beim Abfeuern auf den Pfeil übertragen. Dabei verwandelt sie sich in Bewegungsenergie.

2 Fünf Sekunden später steckt der Pfeil im Ziel – nicht sehr angenehm für das Ziel.

3 Im 10. Jahrhundert verbesserten die Türken den Bogen. Sie verwendeten Tiersehnen und Horn, verstärkt mit Holz. So wurde der Bogen biegsamer und ließ sich stärker spannen.

4 Inzwischen hatten die Europäer die Armbrust erfunden. Diese tödliche Waffe konnte einen Bolzen über 300 Meter weit katapultieren.
5 Aber das Spannen der Armbrust dauerte lange. Bis zum Abfeuern eines Bolzens verging eine halbe Ewigkeit. In dieser Zeit konnten normale geübte Bogenschützen ihre Gegner in null Komma nichts durchsieben.
6 Ein Waliser erfand schließlich den Langbogen. Diese Waffe hatte eine Reichweite von 320 Metern. Die Pfeile bohrten sich durch den Kettenpanzer, den die Ritter trugen. Auf kürzere Entfernungen durchschossen sie sogar Rüstungen.

7 Moderne Bogen werden ziemlich aufwändig hergestellt.

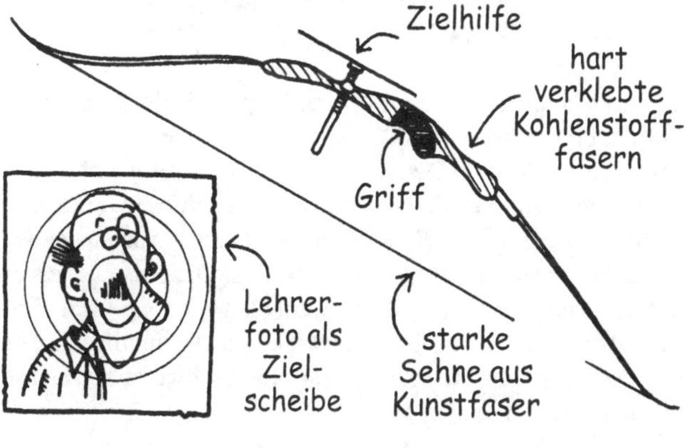

8 Beim Freistil-Schießen liegen die Bogenschützen auf dem Rücken, klemmen sich den Bogen über die Füße und spannen die Sehne mit beiden Händen.

Natürlich kann man Energie nicht nur durch Spannen speichern. Eine andere Möglichkeit ist, elastische Körper zusammenzudrücken – wie zum Beispiel eine Sprungfeder. Durch das Loslassen wird die Energie frei, und die Feder schnellt nach oben. Federn wurden übrigens schon vor 600 Jahren verwendet – und zwar in Mausefallen. Hier noch ein paar wissenswerte Fakten über Federn:

Sieben Fakten über Federn

1 Die ersten Toaster, die 1919 auf den Markt kamen, hatten kräftige Sprungfedern, die den Toast in die Luft katapultierten – manche Toastesser waren sicher weniger begeistert.

2 Federn können brechen. Bei einer billigen Feder ermüdet das Material nach circa 100 000 Dehnungen, bessere Federn bringen es auf 10 000 000 Dehnungen, bevor sie zusammenbrechen.
3 Die Federn in Federkernmatratzen sind geformt wie auf dem Kopf stehende Kegel: Sie werden nach unten hin schmaler. Dadurch lassen sie sich zunächst leichter eindrücken, aber je stärker die Belastung wird, desto weniger geben sie nach. Eine Matratze, auf der du als Leichtgewicht schön gemütlich und gut gefedert liegen kannst, könnte für einen schweren Erwachsenen hart und unbequem sein.

4 Kennst du die Zirkusnummer, bei der ein Mensch als lebendige Kanonenkugel durch die Arena geschossen wird? Natürlich wird die Kanone nicht wirklich abgefeuert, sondern eine Feder katapultiert den Artisten durch die Luft. Knall und Rauch werden durch Feuerwerk erzeugt.

5 Und hast du gewusst, dass wir Federn in den Beinen haben? Die Bänder, die deine Gelenke zusammenhalten, sind ein wenig elastisch, und deine S-förmige Wirbelsäule gibt beim Laufen ebenfalls nach – beides zusammen sorgt für einen federnden Gang!

6 In den 70er Jahren ließen zwei amerikanische Forscher Kängurus in Tretmühlen hüpfen und fanden heraus, dass sie mithilfe von sehr elastischen Sehnen springen, vergleichbar mit der Feder bei einem Springstock.

7 Auch beim Sport werden viele Dinge gebraucht, die federn können. Früher waren die Tennisschläger mit elastischem Schafdarm bespannt – die armen Schafe! Und Sportschuhe müssen natürlich auch gut gepolstert sein, um die Bewegungen des Sportlers abzufangen.

Schuhe mit Federung

Wenn dein großer Bruder merkt, dass du seine Sportschuhe zu wissenschaftlichen Zwecken zerlegt hast, schwingt er sicher seine Fäuste oder dreht dich durch die Mangel! So ein Zufall: Im nächsten Kapitel dreht sich alles um diese beiden Themen, nämlich um Drehen und Schwingen! Auf die Plätze, fertig, SCHWING!

Der richtige Dreh

Hast du je darüber nachgedacht, warum Autos keine quadratischen Reifen haben? Nein? Ich auch nicht. Tja, runde Reifen drehen sich besser. (Wer hätte das gedacht!) Außerdem haben die weiter außen liegenden Teile eines Rades eine größere Kraft an der Achse zur Folge. Und das ist ideal für alle Rad-Maschinen wie zum Beispiel Wassermühlen oder Autos. Über den richtigen Dreh gibt es noch eine ganze Menge zu sagen …

Kraft-Ausdrücke

Hä? Wer hat was erhalten?

Lösung: Niemand. Die Münze rollt davon, und unser Physiker sagt, dass rollende Gegenstände dazu neigen, sich weiterzudrehen, bis eine andere Kraft sie abbremst. Das ist der Grund, warum Räder so wunderbar funktionieren.
Das Rad ist wirklich eine tolle Idee! Sein findiger Erfinder lebte wahrscheinlich um 3500 v. Chr. im Nahen Osten. Wenn ein Rad sich dreht, wirken gleichzeitig zwei Kräfte: die Zentrifugal- und die Zentripetalkraft. Klingt kompliziert? Mal sehen. Werfen wir mal einen Blick auf den Steckbrief …

Steckbrief

NAME: Zentrifugal- und Zentripetalkraft

WICHTIGSTE MERKMALE:
Stell dir vor, du lässt einen Ball an einer Schnur über deinem Kopf kreisen.

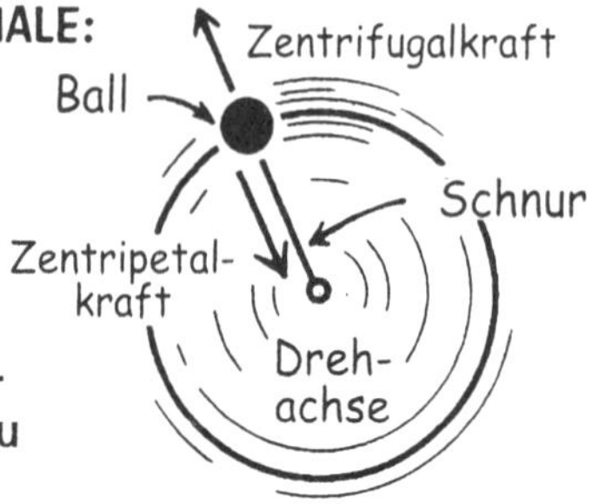

1. Die Zentrifugalkraft versucht, den Ball geradlinig nach außen zu schleudern.

2. Die Zentripetalkraft wirkt entgegengesetzt und zieht den Ball nach innen Richtung Drehachse.

NACHTEIL FÜR RINDER:
Südamerikanische Gauchos fangen ihre Rinder mit einer Bola ein: Sie schleudern zwei Kugeln an einer Schnur, die sich um die Beine des Rindes wickelt. Eine Bola funktioniert mit Zentrifugal- und Zentripetalkraft.

Wenn du Probleme hast, Zentrifugalkraft und Zentripetalkraft voneinander zu unterscheiden, dann hilft dir dieser Vers:

Teste selbst … Wie funktioniert eine Bola?

Du brauchst:

– zwei Kugeln aus Knetmasse, 2,5 cm im Durchmesser
– ein Stück starke Schnur, 52 cm lang

So gehst du vor:

1 Forme um jedes Schnurende eine Kugel aus Knete.
2 Drück die Knetmasse fest zusammen, damit sie an der Schnur haftet.
3 Jetzt kannst du mit den Wurfübungen beginnen. Halte die Schnur genau in der Mitte zwischen Daumen und Zeigefinger, und schwing sie über deinem Kopf. Lass los!

Was stellst du bei deinen Bola-Baumfangübungen fest?

a) Durch die Zentripetalkraft fliegt die Bola geradeaus. Mithilfe der Zentrifugalkraft wickelt sie sich um den Baumstamm.

b) Durch die Zentrifugalkraft fliegt die Bola geradeaus. Mithilfe der Zentripetalkraft wickelt sie sich um den Baumstamm.

c) Durch die Zentrifugalkraft fliegt die Bola zuerst geradeaus, kehrt dann aber mithilfe der Zentripetalkraft zurück wie ein Bumerang.

Lösung: b) Wenn du loslässt, schleudert die Zentrifugalkraft deine Bola mit hoher Geschwindigkeit geradeaus. Wenn die Schnur den Baumstamm trifft, zieht die Zentripetalkraft die beiden Kugeln nach innen – deswegen wickeln sie sich um den Baum.

Immer im Kreis herum

Wirf doch mal einen Blick auf die Straße – was siehst du? Unmengen von Autos, Bussen, Fahrrädern. Das Rad ist die erfolgreichste, genialste Erfindung des Menschen – nicht nur zur Fortbewegung: Windmühlenräder fangen Windenergie ein, Drehwinden holen Anker ein. Räder sind überall und werden für alles Mögliche gebraucht. Hier ein paar erstaunliche Beispiele:

Rollen und Räder

1 Das Riesenrad, das du von Jahrmärkten kennst, ist eine russische Erfindung aus dem 17. Jahrhundert. Die Idee ist angeblich aus der alten russischen Sitte entstanden, Kinder in den Schaufeln von Wasserrädern fahren zu lassen. Sonst schöpfte man mit den Schaufeln das Wasser aus den Flüssen. Wenn sich das Rad zu schnell drehte, wurden die Kinder durch die Zentrifugalkraft aus den Schaufeln geschleudert, und sie landeten im Fluss.

2 Im Jahre 1893 konstruierte der amerikanische Schausteller George Ferris ein 75 Meter hohes Riesenrad, das für eine ganze Umdrehung 20 Minuten brauchte. Sehr viel Zentrifugalkraft entstand dabei nicht, aber damals waren Jahrmarktsbesucher auch noch nicht so schleuderfreudig wie heute.

3 Im 18. Jahrhundert erschien der durchgedrehte Erfinder Joseph Merlin uneingeladen auf einer Party, um seine neu erfundenen Rollschuhe vorzuführen. Er segelte Geige spielend über den frisch gebohnerten Fußboden dahin und fühlte sich dabei unglaublich cool – bis er in einen Spiegel hineinschlitterte. Merlins Problem: Seine Rollschuhe rollten auf dem gebohnerten Boden optimal, und die Reibung war zu gering, um ihn zu bremsen.

4 Durch die Kraft eines sich drehenden Rades kann man alle möglichen Maschinen antreiben. Im 19. Jahrhundert ließ man Gefangene in Treträdern laufen – eine endlose Arbeit. In manchen Schiffen wurden die Pumpen durch Gefangene in Treträdern bedient! Wenn das Schiff ein Leck hatte und sank, mussten sie bis zum Untergang die Wasserpumpen antreiben.

Schon gewusst?
Die Zentrifugalkraft ist keine ECHTE Kraft, sondern in Wirklichkeit bloß ein Beispiel für Newtons erstes Gesetz: Jeder Gegenstand will sich geradlinig weiterbewegen. Wenn du also einen Film siehst, in dem ein Cowboy sein Lasso durch die Luft sausen lässt, dann denk daran: Die Kraft, die das Lasso fliegen lässt, ist eigentlich gar keine!

Teste deinen Lehrer
Dies ist wirklich ein einfacher Test, den jeder Lehrer zu 50 Prozent bestehen sollte – selbst, wenn er einfach nur rät und sonst keinen blassen Schimmer hat. Es gibt nämlich nur zwei mögliche Antworten, und zwar „Zentrifugalkraft“ oder „Zentripetalkraft“.

1 Mithilfe welcher Kraft trennt man im Labor rote Blutkörperchen vom Blutplasma? (Das Plasma ist die Blutflüssigkeit.)
2 Weshalb schwingt ein Pendel in Zentralafrika langsamer als in Europa? (Das tut es tatsächlich!)
3 Welche Kraft hält dein Fahrrad auf der Straße, wenn du dich seitlich in die Kurve lehnst?

4 Durch welche Kraft kannst du während einer Achterbahnfahrt auf dem Kopf stehen, ohne herauszufallen – sogar, wenn du nicht angeschnallt bist?

5 Welche Kraft lässt ein Raumschiff nicht fallen?

6 Welche Kraft klebt dich in einem Rotor an der Wand fest? (Das ist dieses Karussell, das wie eine Wäschetrommel funktioniert. Wenn es sich um die eigene Achse dreht, klappt der Boden unter einem weg, und man bleibt an der Wand hängen.)

Lösung: 1 Mithilfe der Zentrifugalkraft. Die Maschine, in der dies geschieht, nennt man Zentrifuge. Sie wirbelt mit hundert Umdrehungen pro Minute um die eigene Achse, wodurch die schwereren Teile des Blutes im Reagenzglas nach unten sinken – die Blutflüssigkeit ist leichter und schwimmt oben. Nach demselben Prinzip trennt man auch Sahne und Milch. (Aber nicht in derselben Zentrifuge!)

2 Wegen der Zentrifugalkraft. Dein Lehrer kriegt einen Extrapunkt, wenn er erklären kann, wie es funktioniert: Auf Grund der Zentrifugalkraft, die bei der Erdumdrehung entsteht, beult sich die Erde am Äquator (also in ihrer Mitte) ein wenig nach außen. Deswegen ist die Schwerkraft dort etwas stärker als anderswo, daher die unterschiedlichen Geschwindigkeiten des Pendels. Diese Theorie stammt von Newton und wurde 1735 bewiesen, als die französische Regierung Expeditionen nach Lappland und Peru schickte, um die Pendelschwingungen zu vergleichen.

3 Die Zentripetalkraft. Die Zentri*fugal*kraft ist die Kraft, die dich vom Rad wirft, wenn du versuchst abzubiegen, ohne dich in die Kurve zu legen.

4 Die Zentrifugalkraft presst dich in deinen Sitz, solange sich die Achterbahn bewegt. Würde sie ganz oben im Looping anhalten, würdest du aus dem Wagen fallen – deswegen muss man angeschnallt sein.

5 Die Zentrifugalkraft. Es funktioniert genau wie beim Looping der Achterbahn. Die Schwerkraft der Erde zieht das Raumschiff an, und es fällt, aber der Impuls des Raumschiffes drückt es geradlinig von der Erde weg. Beide Kräfte zusammen bewirken, dass das Raumschiff die Erde umkreist.

*6 D*ie Zentripetalkraft der Wand, die gegen dich drückt, während du im Kreis herumgewirbelt wirst.

Kleine Frage für die kleine Pause

Wenn du deinem Lehrer in der kleinen Pause mit einer schlauen Frage auf die Nerven gehen willst, dann probiere es doch mal mit dieser hier:

Lösung: Unglaublich, dass zwei der berühmtesten Wissenschaftler sich über diese Frage jahrelang den Kopf zerbrochen haben, nämlich die beiden Nobelpreisträger Albert Einstein (1879–1955) und Erwin Schrödinger (1887–1961). Im Jahre 1926 stellte Frau Schrödinger ihrem Erwin diese Frage, und er wusste keine Antwort. Also fragte er Einstein. Nach vielen Berechnungen fand Einstein schließlich die Lösung und schrieb 1933 sogar einen Artikel darüber.

Nach Einstein werden die Teeblätter durch die Zentrifugalkraft nach außen an die Seiten der Tassen gedrückt. Aber die Reibung zwischen der Flüssigkeit und der Porzellanwand bremst die Teeblätter unten am Boden und an den Seiten der Tasse ab. Dadurch wird die Zentrifugalkraft abgeschwächt. Wenn die Flüssigkeit aufhört, sich zu drehen, zieht die Zentripetalkraft die Blätter zur Mitte. Wow! Und du hast gedacht, dass eine Tasse Tee nichts Besonderes ist!

Schwingen und pendeln

Im Jahre 1586 saß der 17-jährige Galilei (genau, der berühmte Forscher mit dem Fernrohr!) im Dom von Pisa und langweilte sich bei einer Predigt zu Tode. Ihm fiel auf, dass der Kerzenleuchter an der Decke im Luftzug hin und her schwang. Mal mehr, mal weniger. Aber jedes Mal schien das Schwingen gleich lange zu dauern.

Also stoppte der junge Galilei die Geschwindkeit der Pendelbewegung mit seinem Puls. Und tatsächlich: Sie war immer gleich! (Machst du, wenn du dich langweilst, auch immer solche Entdeckungen? Dann wird vielleicht ein Forscher aus dir!)

Diese Erkenntnis nutzte Galilei, um eine neue Art von Uhr zu bauen: die Standuhr mit einem Pendel, das die Zeit maß.

1650 verbrachten zwei Priester einen ganzen Tag damit, die Schwingung eines Pendels zu zählen und zu testen, ob es die Zeit wirklich gleichmäßig maß. Das tat es, und die beiden zählten 87 998 Schwingungen.

Aber ein wenig widerstandsfähiger Wissenschaftler hatte mit dem Pendel noch viel erstaunlichere Dinge vor …

Topstars der Physik: Jean Bernard Léon Foucault (1819–1868), Franzose

Der kleine Jean war ein kränkliches Kind. Und weil seine Eltern glaubten, dass er die Schule nicht lange überleben würde, ließen sie ihn zu Hause unterrichten. Aber Foucault war als Schüler nicht gerade eine Leuchte. Eine Zeit lang machte er überhaupt keine Fortschritte. Sein Wunsch, Arzt zu werden, fand ein jähes Ende, als er bei einer Operation aus dem Saal flüchtete. Ein kleiner Blutspritzer, ein bisschen Leid – schon brach der zart besaitete Jean in Tränen aus.

Aber Foucault liebte es zu schreiben, also wurde er Journalist und schrieb über Naturwissenschaften. Außerdem begann er, sich für Experimente zu interessieren. Er maß die Geschwindigkeit des Lichts und versuchte, die Sterne zu fotografieren. Seine nächste Idee war, mithilfe eines Pendels zu beweisen, dass die Erde sich einmal am Tag um sich selbst drehte. Obwohl jeder davon ausging, dass sie es tat, hatte noch nie jemand probiert, es wirklich nachzuweisen.

1851 führte Foucault ein erstaunliches Experiment durch. Er hängte eine Stahlkugel mit einem Durchmesser von 60 cm und einem Gewicht von 30,4 Kilo im Pantheon von Paris auf, einer Kirche mit hoher Kuppel, in der viele berühmte Franzosen begraben sind.

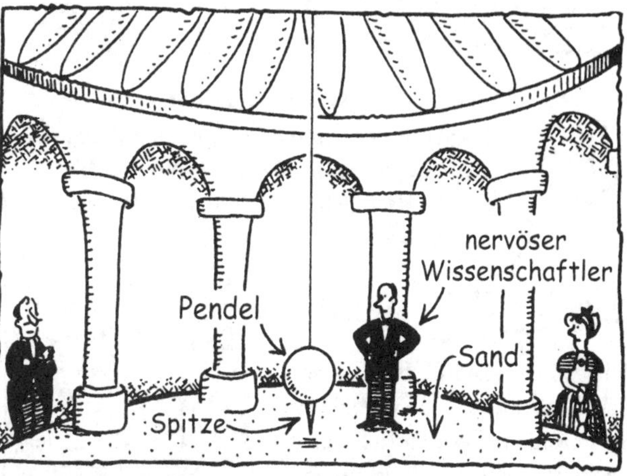

Foucaults geheimes Tagebuch

Der Abend davor ...

Letzte Vorbereitungen für den großen Tag. Ein mutiger Mann steigt die Leiter hinauf und prüft, ob das Drahtseil oben richtig an der Kuppel befestigt ist. Das Pendel ist mit einer Schnur an der Wand vertäut.

WICHTIG: Das Pendel darf nicht umherschwingen, bevor das Experiment richtig beginnt.

Die Nacht davor ...

Kann vor Aufregung nicht schlafen. Habe Monate gebraucht, um das alles vorzubereiten. Sogar Kaiser Napoleon III. musste seine Zustimmung geben. Hoffentlich klappt es!

Die Presse kommt auch! Auweia, wenn mein Experiment misslingt, bin ich Frankreichs größte Lachnummer!

Am nächsten Morgen …

Stehe früh auf – stöhn! Allerletzte Vorbereitungen: Sand streuen. Gespräch mit den Reportern. Ich sage, alles wird klappen. Oh Gott, hoffentlich! Was, wenn das Pendel stehen bleibt?

Vormittag …

WICHTIG: Pendel nicht mit Hand schubsen! (Könnte schief schwingen.)

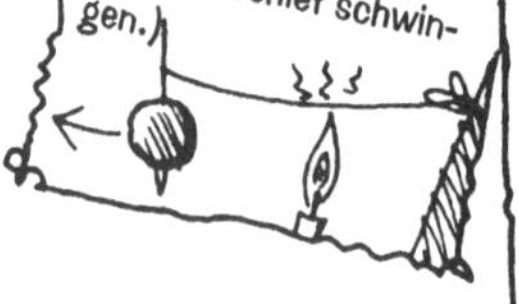

Hilfe, so viele Leute! Alle wollen mein Experiment sehen. Muss eine kleine Rede halten. Endlich: Ich stecke die Halteschnur in Brand. Meine Finger zittern. Au – ich hab mich verbrannt! Hoffentlich kein böses Omen.

WICHTIG: Die Spur im Sand muss breiter werden. Die Richtung der Pendelschwingung ist immer gleich, aber durch die Erdumdrehung dreht sich der Boden unter dem Pendel weg.

Mittag …

Kann die Augen nicht vom Pendel lassen. Es schwingt sehr langsam. Die Spitze hinterlässt ihre Spur im Sand …

Nachmittag …

Schwingt immer noch. Die Zeit kriecht dahin.
Zähle die Schwünge, wie Schäfchen.
Ich nicke ein. Gähn – hätte heut Nacht
mehr schlafen müssen.

Eine Stunde später …

Schwingt immer noch. Nichts passiert. Ich hätte es wissen müssen! Vielleicht kann ich dem Pendel heimlich einen Schubs geben, wenn keiner guckt! Hilfe! Der Kaiser starrt mich wütend an. **ICH BIN ERLEDIGT! PAAAANIK!**

Aber dann … Ich öffne die Augen. Puh! Hab wohl bloß geträumt. Alle reden und zeigen auf die Sandspur! **DIE SPUR IST BREITER GEWORDEN! ICH BIN GERETTET!!!**

Die Erde dreht sich wirklich! JIPPIIIIIH! Ich könnte tanzen und jeden küssen!

Plötzlich war Foucault ein Held, und man verlieh ihm die *Légion d'Honneur*-Ehrenmedaille! Als Nächstes erfand er Gyroskope – sie funktionieren nach dem Kreisel-Prinzip, wie du gleich sehen wirst. Und kreiselnde Kreisel und überhaupt alle Dinge, die sich drehen, sind für einen verrückten Physiker genau das richtige Spielzeug …

Kreisel-Künste

Physiker lieben ihre Spielzeuge über alles – und sie behaupten, all diese netten kleinen Gerätschaften seien ein wichtiger Teil ihrer wissenschaftlichen Forschung. Jaja …

Eine ganze Menge Spielzeuge nutzen die Drehkraft, wie zum Beispiel das Jo-Jo, Hula-Hoop-Reifen oder Frisbeescheiben. Und Kreisel natürlich. Ein Kreisel war das Lieblingsspielzeug des Nobelpreisträgers Wolfgang Pauli (1900–1958), der die Gesetze der Trägheit erforschte.

Hier nun ein paar wichtige Fakten über Kreisel … Ein Kreisel balanciert aufrecht, weil sein Drehimpuls ihn in Bewegung hält. Erinnerst du dich an die rollende Münze des Physikers auf Seite 105? Genauso dreht sich ein Kreisel, obwohl die Gravitation ihn nach unten zu ziehen versucht. Größere Kreisel brauchen mehr Energie, um in Gang zu kommen, drehen sich aber länger. Weltweit ist der Kreisel ein beliebtes Spielzeug für Kinder. Hier stellen wir ein typisches Eskimospiel vor – vielleicht willst du es an einem kalten Wintertag auch mal ausprobieren ...

Du brauchst:
– ein Iglu
– einen Kreisel

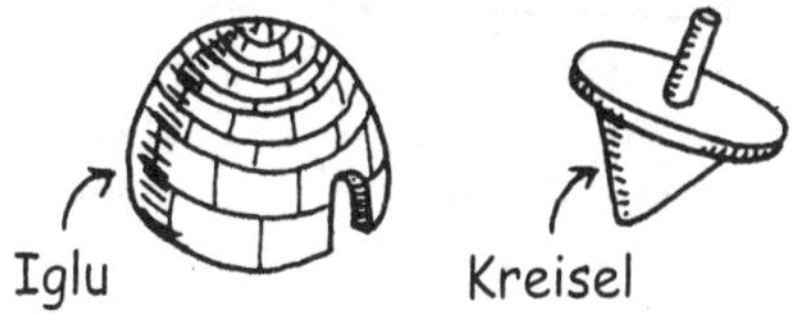

Dreh den Kreisel, renn um das Iglu (oder um dein Haus herum) und versuche, wieder bei dem Kreisel zu sein, bevor er umfällt. (Falls du am Nordpol bist: Vorher warm anziehen, sonst könnte das Spiel mit Frostbeulen enden.)

Im Jahre 1743 erfand der Engländer John Smeaton (1724–1794) eine Art Kreisel, der selbst bei stürmischem Seegang in der Waagerechten blieb. Daran konnten Seeleute ablesen, wo sich der Horizont befand, um dann die Position der Gestirne zu bestimmen und damit den Kurs des Schiffes. Doch die neue Erfindung wurde leider ein Flop, weil die Seefahrer nicht geschickt genug waren, den Kreisel zum Drehen zu bringen.

Aber Smeatons Geistesblitz war immerhin die Vorstufe des Gyroskops, das heutzutage in vielen Schiffen und Flugzeugen verwendet wird. Das Gyroskop, eine Erfindung von Foucault, arbeitet wie eine Reihe von Kreiseln, die senkrecht stehend aufeinander balancieren. Mit ihrer Hilfe ist es für Seefahrer sehr leicht, einen geraden Kurs einzuhalten. Die Räder deines Fahrrades funktionieren sehr ähnlich: Solange sie sich drehen, fallen sie nicht so leicht um und halten sich gerade. Sogar bei einer Krafteinwirkung von außen fangen sie vielleicht nur an zu schlenkern. Physiker nennen dies die „Präzession" – das ist die Taumelbewegung eines sich drehenden Gegenstandes.

Schon gewusst?
Je kleiner der Radius einer Drehung, desto höher die Geschwindigkeit. Deshalb ziehen Eiskunstläufer bei Pirouetten die Arme ein, wenn sie schneller werden wollen. Dadurch wird der Drehkreis kleiner, und die Drehgeschwindigkeit nimmt zu. Du kannst diesen Effekt auch nach dem Geschirrspülen beobachten, wenn du das Wasser ablaufen lässt: Über dem Abfluss entsteht ein Strudel, bei dem das Wasser sich zur Mitte hin immer schneller dreht.

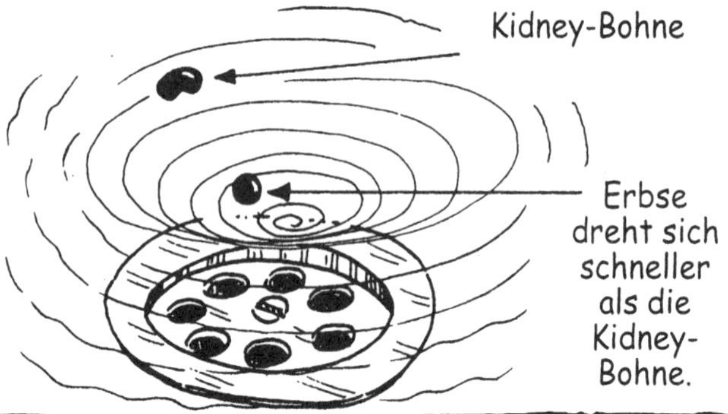

Sprungkraft

Was ist immer zu einem Spielchen aufgelegt und verkraftet so manchen kräftigen Tritt? Nein, nicht dein Sportlehrer – sondern ein *Ball*. Bälle sind echte Kraftspezialisten, denn sie rollen, drehen sich und können springen. Hier ein paar spannende Infos über die Sprungkünste von Bällen …

Steckbrief

NAME: Springen

WICHTIGSTE MERKMALE: Wenn ein Gummiball auf den Boden fällt, werden seine elastischen Gummimoleküle zusammengedrückt. Sie speichern die elastische Energie des Aufpralls kurz – und geben sie wieder ab: Der Ball springt.

NACHTEILE: Die ersten Kaugummis wurden aus Chicle hergestellt, dem Milchsaft des Sapotillbaumes. Die Amerikaner versuchten, richtiges Gummi aus Chicle herzustellen, aber das Ergebnis war nicht elastisch genug. Seither wurde Chicle nur noch gekaut.

Immer am Ball bleiben

Wenn ein Ball durch die Luft fliegt, passieren erstaunliche Dinge. Neugierige Wissenschaftler haben einen Haufen Forschung investiert, um diese geheimnisvollen Phänomene aufzuklären.

Steckbrief

NAME: Fliegende Bälle

WICHTIGSTE MERKMALE: Wenn du einen Ball wirfst oder schießt, entsteht durch Reibung ein Luftwiderstand. Die Folge: Dein Ball wird abgebremst. Gleichzeitig zerren wirbelnde Luftströme an ihm, wodurch er unruhig fliegt.

NACHTEILE: Ein Baseball, den man schlägt, kann mit 145 km/h durch die Luft sausen. Nicht ohne Handschuhe fangen!

Jeder Physiker wird dir sagen, dass Ballspiele eine ganze Menge mit Kräften zu tun haben. Wir haben unseren Lieblingsphysiker gebeten, einmal vorzuführen, wie sich ein Sportler die Erkenntnisse der Wissenschaft zu Nutze machen kann – zum Beispiel beim Tennis. Er war allerdings der Meinung, dass man sich dabei ja nicht unbedingt körperlich anzustrengen braucht. Ein gut arbeitendes Gehirn und ein kleiner Rechner würden schon reichen. *Ach ja?*

Physikalischer Tennisunterricht

Die Nähte eines Tennisballs sind gleichmäßig um den Ball verteilt. So kann die Luft auch gleichmäßig um ihn herumströmen; er fliegt gerade. Wenn du den Schläger beim Schlagen nach unten bewegst, dreht sich der Ball rückwärts, während er nach vorne fliegt. So wird Luft über den Ball gezogen. Je schneller der Luftstrom ist, desto mehr sinkt der Luftdruck über dem Ball. Gleichzeitig nimmt der Luftdruck unter dem Ball zu. Das nennt man *Auftrieb*.

Wenn du den Schläger nach oben ziehst, erreichst du eine Vorwärtsdrehung des Balles, während er nach vorne fliegt. Dadurch wird die Luft unter den Ball gezogen. Der Luftdruck über dem Ball nimmt mit steigender Geschwindigkeit zu, der Ball wird nach unten gedrückt und schlägt schneller auf.

Wenn du den Ball mit dem Schläger nur streifst, hüpft er nach dem Aufkommen besonders langsam. Also ist er auch leichter zu treffen.

Gut gepolstert

Wenn du der Meinung bist, Sport sei Mord, dann fehlt dir vielleicht die richtige Kleidung. Hier eine Liste mit Schutzpolstern, die du bei einigen Sportarten brauchst …

- Schulterpolster und Schienbeinschützer, wenn du American Football spielst.

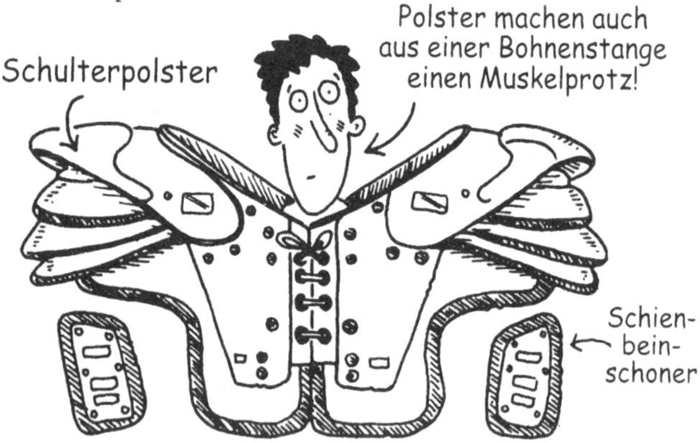

- Ohne Zahnschutz brauchten Boxer nach jedem Wettkampf ein neues Gebiss.

- Amerikanische Footballspieler tragen Helme mit Visieren, die das Gesicht schützen.

- Die gewölbte Form verteilt die Kraft eines Schlages über den ganzen Helm. Dadurch bleibt der Kopf unverletzt.
- Bei dem englischen Schlagballspiel Kricket tragen die Spieler eine Schutzkappe über den Geschlechtsteilen. Äußerst nützlich, denn ein Kricketball fliegt mit bis zu 160 km/h!

Hier noch ein paar fantastische Fakten über Bälle:
Kleine Ballkunde

1 Die Römer stellten die ersten Bälle her. Sie nähten Tierhautstücke zu einer Kugel zusammen und füllten sie mit Luft. Im

Mittelalter nahm man Schweineblasen als Bälle. Uäh – wer musste wohl die Luft reinpusten?

2 Die ersten Golfbälle bestanden aus Leder und waren mit gekochten Hühnerfedern gefüllt. Sie flogen ausgezeichnet, solange es nicht regnete. Bei Nässe wurde das Leder mit der Zeit brüchig und bekam Risse. Dann regnete es bei jedem Schlag faulige Federn.
3 Um 1850 kam man auf die Idee, Golfbälle aus Kautschuk zu machen. Aber sie flogen nicht so gerade wie die alten Bälle. Gut flogen sie erst, wenn die Bälle alt und zerkratzt waren.
4 Woran lag das? Schließlich fand man heraus, dass sich in der rauen Oberfläche der zerkratzten Bälle kleine Luftlöcher bildeten. Wenn die wirbelnden Luftströme an der Luft in diesen Vertiefungen vorbeiglitten, flog der Ball tatsächlich besser und schneller. Aus diesem Grunde haben die Golfbälle heutzutage kleine Dellen.
5 In England ist *Kricket* sehr beliebt. Aber auch ein Kricketball verhält sich auf seinen Flügen zuweilen etwas merkwürdig. Normalerweise fliegt er einfach geradeaus. Aber bei hoher Geschwindigkeit beginnt er durch die Turbulenzen der vorbeiströmenden Luft zu schlingern, wenn der Rand der Naht zu glatt ist. Aus diesem Grund reiben manche Kricketspieler den Ball an ihrer Hose ab.

6 Bei Geschwindigkeiten ab 100 km/h gerät der Kricketball noch mehr ins Schleudern, besonders wenn der Rand der Naht zu rau ist. Deswegen reiben manche Kricketspieler den Ball mit Erde ein. (Erlaubt ist das nicht!)

7 In Amerika spielt man *American Football*, das sich aus dem englischen *Rugby* entwickelt hat. Dieser Ball ist nicht rund, sondern läuft an den Enden spitz zu. Wenn man ihn nach vorn schleudert, macht er beim Aufkommen unberechenbare Sprünge, mal höher, mal tiefer.

8 Wozu soll das gut sein? Ganz einfach: Dadurch kriegt man den Ball nicht so leicht – besonders, wenn einem dabei auch noch 20 riesige Kerle auf den Kopf springen, wie das beim Football üblich ist. Ein Vorteil: Ein ovaler Ball lässt sich einfacher werfen. Wenn man ihn mit einer Spitze nach vorne schleudert, saust er durch die Luft wie eine überdimensionale Gewehrkugel. Ein Nachteil: Mit ovalen Bällen kann man nicht so leicht jonglieren …

Teste selbst … Wie jongliere ich?

Als Jongleur kannst du wunderbar beobachten, wie sich Kräfte auf Bälle in der Luft auswirken. Versuch doch mal, jonglieren zu lernen! Sag deinen Eltern, du machst Hausaufgaben, zieh dich in dein Zimmer zurück … und los!

Du brauchst:
– dich selbst
– etwas zum Jonglieren. Am besten drei kleine Bälle, die gut in deine Hand passen. Oder probiere es mit zusammengerollten Socken.
– viel Platz
– einen Spiegel

VORSICHT: Wenn du lernst zu jonglieren, solltest du die Gegenstände, mit denen du übst, sehr sorgfältig auswählen. *Nicht* geeignet sind: teures Porzellan von deiner Oma, Lebensmittel (schon gar nicht während einer Mahlzeit) oder Kleinstlebewesen wie Hamster, Goldfische, kleine Brüder oder Schwestern …

So gehst du vor:

1 Stell dich vor den Spiegel. Drücke die Ellbogen an deinen Körper, und hebe Unterarme und Hände auf Hüfthöhe. Jetzt die Beine ein bisschen auseinander, die Knie leicht beugen! Locker bleiben! Bist du so weit?

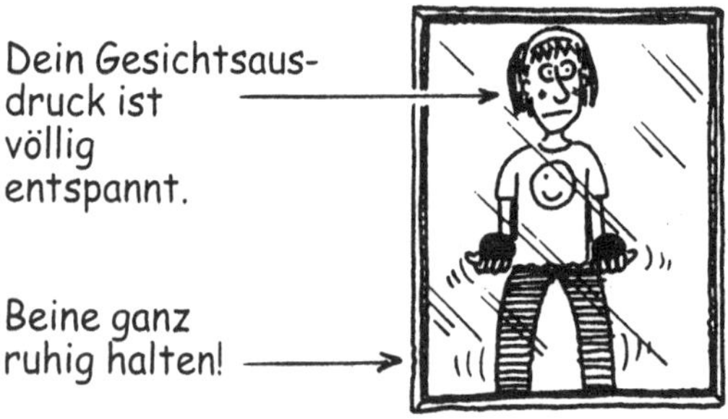

2 Atme tief ein und dann wieder aus. Gut so … schön entspannen. Nun wirfst du den Ball über deinen Kopf – ohne dabei auf deine Hände zu gucken! Schau dir an, wie er unter dem Einfluss der Schwerkraft in der Luft einen Bogen beschreibt – genau wie die Kanonenkugeln, die Galilei beobachtet hat, erinnerst du dich? Fang den Ball mit der anderen Hand auf, aber richte deine Augen immer auf den höchsten Punkt der Flugbahn deines Balls … Okay, das war noch einfach.

3 Jetzt wird's ein bisschen schwieriger. Mit zwei Bällen zu jonglieren erfordert ein bisschen Übung. Wirf den ersten Ball nach oben, wie gerade beschrieben. Wenn er am höchsten Punkt ist und gerade zu fallen beginnt, wirfst du den zweiten Ball mit der anderen Hand. Idealerweise sollte er genau unter dem ersten Ball durchfliegen.

4 Okay, das musst du ein bisschen üben. Am besten jetzt gleich.

5 Jetzt kommt das *wirklich* Komplizierte: Jonglieren mit drei Bällen. Bist du so weit? Gut. In der einen Hand hältst du einen Ball und in der anderen zwei. Zuerst machst du alles wie in Schritt 3.

6 Und jetzt kommt der Kniff: Wenn Ball 2 am höchsten Punkt ist und gerade zu fallen beginnt, wirfst du den dritten und versuchst ihn genau unter den zweiten zu bekommen. Inzwischen

fängst du Ball 1 auf und wirfst ihn wieder hoch, wenn Ball 3 zu fallen beginnt – kinderleicht!
7 Fantastisch, weiter so!

Wenn du dies alles im Schlaf kannst, dann guck beim Jonglieren ins Buch, und lies ein paar interessante Infos über dein neues Hobby:
1 Mehr als zehn Bälle konnte bislang niemand in der Luft halten. Dieses Kunststück brachten mehrere Leute fertig, darunter der amerikanische Jongleur Bruce Sarafian im Jahre 1996.
2 Im 19. Jahrhundert jonglierte ein amerikanischer Schausteller namens Kara mit seinem Hut, einer brennenden Zigarre, Handschuhen, einer Zeitung, einer Streichholzschachtel und einer Kaffeetasse! Versuch lieber nicht, es nachzumachen …
3 Übrigens kann man auch die Füße zum Jonglieren benutzen. Dieses Kunststück wurde von einem amerikanischen Artisten namens Derious entwickelt. Auf dem Rücken liegend, kann man auf diese Art auch ziemlich schwere Dinge jonglieren – sogar kleine Kinder!

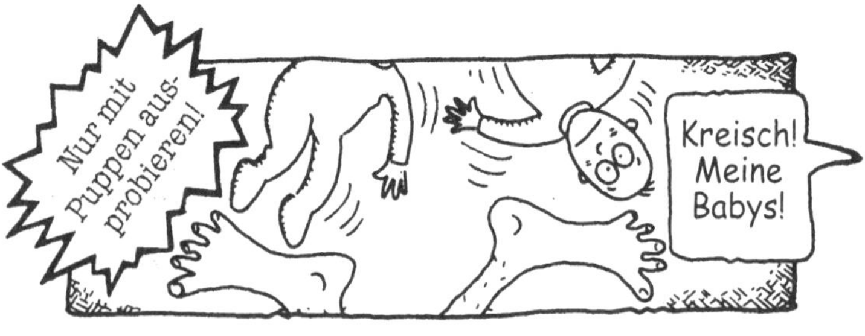

Früher oder später wird man eine Jongliermaschine erfinden. Dann können die Menschen sich über fliegende Bälle oder Kinder freuen, ohne sich anstrengen zu müssen. Das ist typisch für uns Menschen. Dauernd erfinden wir Maschinen, die schwere Arbeiten für uns erledigen. Und diese vielen Maschinen arbeiten mithilfe von Kräften … Spitz mal die Ohren – vielleicht hörst du dann schon, wie sie im nächsten Kapitel knirschen und quietschen …

Mächtige Maschinen

Eine Maschine nutzt an geeigneter Stelle eine Kraft, um einen Arbeitsvorgang zu erleichtern. Prima Idee, was? Alles, was du brauchst, sind ein paar Kraft sparende Hebel, Flaschenzüge und Zahnradgetriebe.

Kraft–Ausdrücke

Sitzt die Mutter vielleicht im Rollstuhl, und die Räder klemmen im Gulli fest?

Lösung: Nein. Die Mutter ist eine Schraubenmutter, die zu festgezogen ist und sich deswegen nicht so leicht lösen lässt. Mit *Drehmoment* meint diese Physikerin die Drehwirkung ihrer Kraft, mit der sie den Schraubenschlüssel bewegt. Dabei wirkt der Schraubenschlüssel wie ein Hebel – darüber gleich mehr …

Heftige Hebel

Ein Hebel ist eine Stange, die du benutzt, um etwas nach oben zu stemmen oder hin und her zu schieben. In beiden Fällen liegt der Hebel auf einem Punkt, den man den Drehpunkt nennt. Die optimale Hebelwirkung erreicht man, indem man einen Hebel im rechten Winkel zu dem Gegenstand ansetzt, der bewegt werden soll. In jedem Fall spart man eine Menge Kraft, wenn man bei einer Arbeit Hebel benutzt – prima!

Erforsche … Wie funktioniert ein Hebel?

Du brauchst:

– dich selbst
– eine Tür

WARNUNG VOR GEFAHREN!

Weißt du, wieso man sich in einer Türangel die Finger so schlimm klemmen kann? Die Tür funktioniert wie ein Hebel – deswegen wirken erstaunlich starke Kräfte auf die Seite, wo die Türangeln sind! Pass bei diesem Experiment auf deine Finger auf!

So gehst du vor:

1 Öffne die Tür einen Spaltbreit. Pass auf, dass niemand rein oder raus will.

2 Stell dich vor die Tür, und versuche, sie mit einem Finger aufzudrücken. Drücke dabei auf eine Stelle, die etwa zwei Zentimeter von den Angeln entfernt ist.

3 Jetzt drück auf der anderen Seite der Tür, ungefähr da, wo sich die Klinke befindet.

Was geht leichter?

a) Beides geht gar nicht, und der Finger tut einem vom vielen Drücken weh.

b) Es ist leichter, die Tür auf der Angelseite aufzudrücken.

c) Es ist leichter, die Tür auf der Klinkenseite aufzudrücken.

Lösung: c) Die Tür funktioniert wie ein Hebel – mit den Türangeln als Drehpunkt. Je weiter entfernt vom Drehpunkt du Kraft einwirken lässt, desto größer ist die Wirkung. Also erreichst du auf der Klinkenseite mehr, weil dort die Entfernung zum Drehpunkt am größten ist. Hebelwirkung wird bei vielen Geräten eingesetzt, die unser Leben erleichtern: von Schreibmaschinen über Dosenöffner bis hin zu Scheren.

Schon gewusst?
Auch in deinem Körper wirken Hebel! Diese Entdeckung machte der italienische Künstler und Wissenschaftler Leonardo da Vinci (1452–1519). Er schnitt menschliche Arme und Beine auf, um herauszufinden, wie sie funktionieren. Dabei stellte er fest, dass die Muskeln auf sehr ähnliche Art und Weise an den Knochen ziehen, wie man an einem Hebel zieht, um einen Gegenstand zu bewegen. Leonardo war davon so begeistert, dass er sogar ein Arbeitsmodell aus Knochen und Draht baute, an dem er die Muskelfunktion studieren konnte.

Kleine Frage für die kleine Pause
Mit dieser physikalischen Frage kannst du deinem Lehrer in der kleinen Pause auf die Nerven gehen: Ein großes und ein kleines Kind sitzen auf der Wippe. Wenn das kleine Kind runterspringt, verletzt es sich vielleicht. Wenn das große aufsteht, haut die Wippe ihm ziemlich unangenehm zwischen die Beine, weil sie durch das Gewicht des kleinen Kindes nach oben gedrückt wird. Was sollen die beiden tun?

Lösung: Die Wippe funktioniert wie ein Hebel, deswegen kann sie Kinder mit Leichtigkeit nach oben heben. Das Problem ist, dass das große Kind viel schwerer ist als das kleine, auf seiner Seite wirkt daher mehr Kraft. Wenn es sich auf den Drehpunkt des Hebels zubewegen würde, würde dies die Kraft auf seiner Seite vermindern. Das größere Kind müsste also zur Mitte der Wippe rutschen, dann würde das kleinere Kind langsam nach unten sinken. Probier's mal aus!

Praktische Flaschenzüge

Eine andere Möglichkeit, Lasten (oder Kinder) zu heben, sind Flaschenzüge. Ein Flaschenzug besteht im Prinzip aus einer Rolle (die man „Flasche" nennt) und einem Seil, das über diese Rolle läuft. Wenn du an dem einen Ende ziehst, wird deine Kraft über die Rolle umgeleitet und kann einen schweren Gegenstand heben, der am anderen Ende des Seils festgebunden ist.

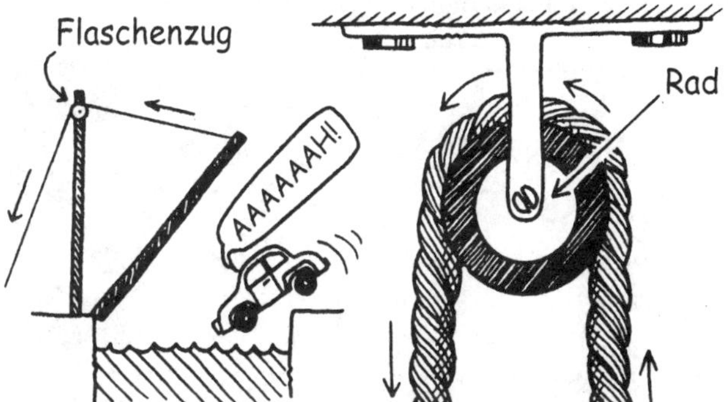

Je mehr Rollen man bei einem Flaschenzug verwendet, desto weniger Kraft ist zum Heben der Last notwendig. Allerdings brauchst du für diese Arbeit dann mehr Zeit, weil deine Kraft wegen des längeren Seiles mehr Weg zurücklegen muss. Du arbeitest zwar länger, aber dafür sparst du Kraft!

Heutzutage werden Flaschenzüge bei Kränen und Aufzügen verwendet, aber erfunden worden sind sie schon vor langer Zeit – nämlich von einem genialen Griechen namens Archimedes (um 285–212 v. Chr.) …

Eine bewegende Geschichte

Archimedes hatte ein kleines Problem. Sein Schwager Hieron hatte ihn darum gebeten, ein komplettes Schiff den Strand hinunter ins Meer zu ziehen – und zwar ganz allein! In so einem Fall würde wohl jeder normale Mensch seinen Schwager fragen, ob er noch alle Tassen im Schrank hat oder nicht mehr richtig tickt – aber das konnte sich Archimedes leider nicht leisten, denn sein Schwager war dummerweise der König: nämlich Hieron II. von Syrakus. Und einem König widerspricht man nicht, selbst wenn er zur Familie gehört. Außerdem war Archimedes ein Allround-Genie und kannte sich mit solchen Dingen aus. Er hatte die Hebelgesetze erforscht und frech behauptet, mit einem Hebel könne man die ganze Welt in die Luft stemmen, wenn er nur lang genug sei. Hieron fand, dass Archimedes sich ein bisschen zu wichtig nahm – also beschloss er, ihm eine kleine Lehre zu erteilen: Er dachte sich absichtlich eine Aufgabe aus, die unmöglich zu lösen war.

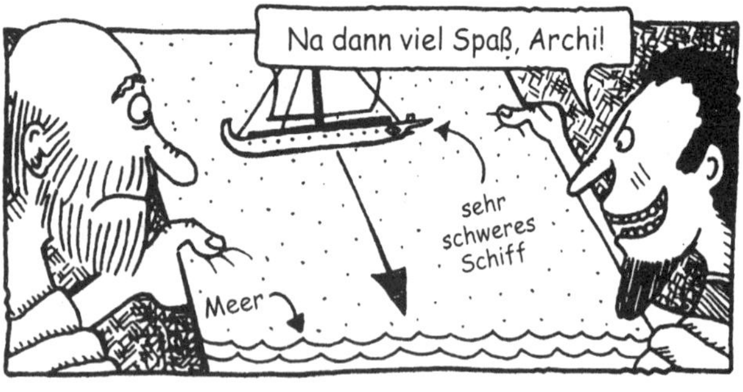

Archimedes kratzte sich die Halbglatze und rechnete die ganze Nacht. Schließlich hatte er eine geniale Idee! Seine Lösung war so verblüffend originell, so unglaublich erstaunlich, wie noch keine Erfindung es je zuvor gewesen war. Er hatte eine neue Maschine erfunden!

Währenddessen zogen hunderte von Soldaten das Schiff unter Ächzen und Stöhnen den Strand hinauf. Hieron befahl ihnen, es ordentlich zu beladen, und ließ ein paar von ihnen an Deck Aufstellung nehmen.

In den nächsten Stunden baute Archimedes mit einigen Helfern seine Maschine auf. Wie sie genau aussah, ist nicht überliefert. Aber es muss eine Anordnung mehrerer Flaschenzüge mit hölzernen Stützbalken gewesen sein. Das Tau, das über die vielen Rollen lief, wurde mit dem einen Ende am Schiff befestigt. Als alles bereit war, krempelte Archimedes die Ärmel hoch und ergriff das andere Ende. Er wirkte so hager und schwächlich, dass König Hieron unwillkürlich lachen musste.

Aber das Unglaubliche geschah: Als Archimedes zog, glitt das Schiff wie von Geisterhand bewegt den Strand hinab, so sanft, als segelte es übers Wasser. Die Zuschauer glotzten mit offenen Mündern, die Soldaten an Deck waren sprachlos, und der König bekam fast einen Herzinfarkt. Kein Zweifel: Archimedes war genial!

Knirschende Getriebe

Man weiß nicht, wann und von wem das Getriebe erfunden worden ist, aber die Römer haben es bestimmt schon gekannt. Getriebe übertragen Kräfte und Bewegungen, und oft haben sie sehr merkwürdige Namen, zum Beispiel Kegelradgetriebe, Stirnradgetriebe, Schneckengetriebe oder Zahnstangengetriebe. Die meisten funktionieren nach demselben Prinzip: Ein Zahnrad treibt ein zweites Zahnrad an, wobei sie entweder direkt ineinander greifen oder über Ketten miteinander verbunden sind. Sind die Zahnräder unterschiedlich groß, dreht sich das kleinere schneller als das große.

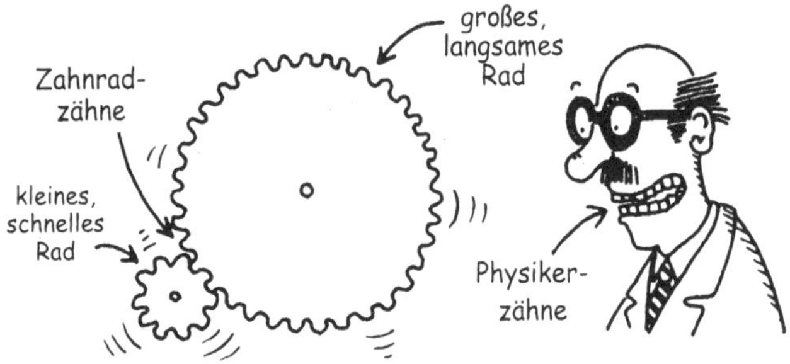

Mit einem Getriebe kann man Kraft und Geschwindigkeit verändern: Das nennt man „Übersetzung". Ein gutes Beispiel dafür ist das Getriebe deines Fahrrades. Das langsamere Kettenrad treibt ein kleineres, schnelleres Zahnrad am Hinterrad an. Daher dreht sich dein Hinterrad schneller, als du in die Pedale trittst – so kommst du besser vorwärts!

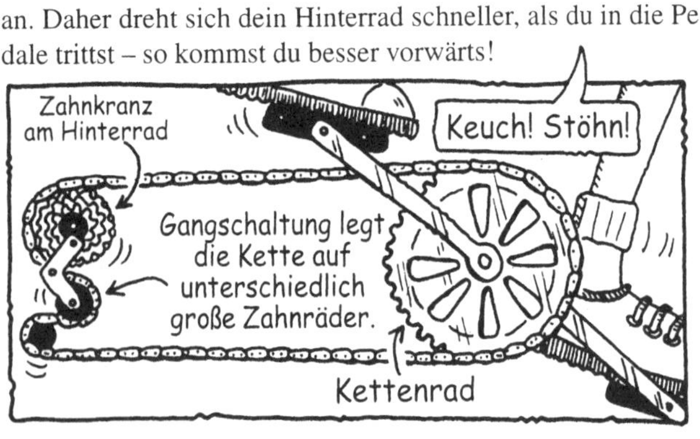

Das Fahrrad war eine so geniale Idee, dass viele Erfinder im 19. Jahrhundert damit begannen, die merkwürdigsten Apparate mit Pedalen zu entwerfen. Findest du heraus, welche der folgenden Erfindungen frei erfunden sind?

3. Nehmt den Radel-Bus!

Schluss mit Motorpannen! Fahrt mit dem Radel-Bus zur Schule! Spezialpedale unter den Sitzen sind mit einer rotierenden Kurbelwelle verbunden, die den Bus antreibt. Bis zu 35 km/h!

„Unsere Schüler kommen fit und pünktlich zum Unterricht!"

P. Rügel (Rektor)

4. Erschöpft?

Ihre erfrischend kalte Pedal-Dusche bringt Entspannung!

Genießen Sie die Freuden einer Fahrradtour durch einen frischen Sommerregen!

Die moderne Methode der körperlichen Ertüchtigung! Sie fühlen sich wie neugeboren!

Radeln Sie sich sauber!

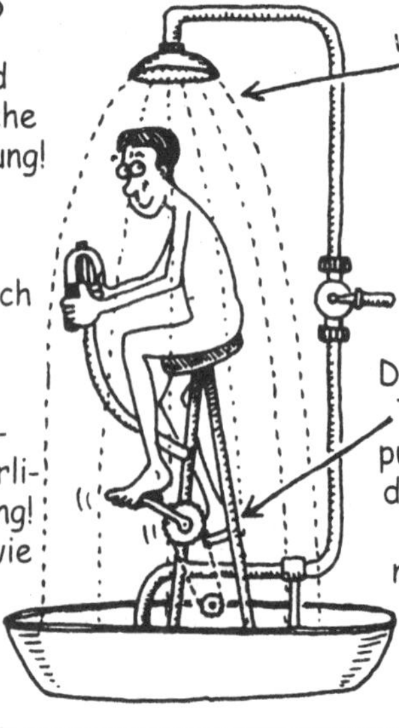

Lösung: 1 WAHR Diese Maschine erfand der Franzose François Barathon im Jahre 1895 in Paris.
2 WAHR Eine weitere französische Erfindung, die 1895 in Paris getestet wurde.
3 ERFUNDEN
4 WAHR Diese Erfindung wurde 1897 auf einer Pariser Fahrradausstellung vorgestellt.

Mächtig große Maschinen

Eine komplizierte Maschine ist nichts anderes als ein Haufen einfacher Maschinen, die miteinander verbunden werden. Kinderleicht. Du brauchst also nur mal in der Garage nachzusehen, ob dort nicht etwas Passendes rumliegt: alte Schrauben, Flaschenzüge, Hebel, Getriebe, Räder, Achsen, Ketten, Kardanwellen oder Federn. Bau alles zusammen – und schon entsteht aus mehreren kleinen Maschinen eine große! (Wenn du's richtig machst, jedenfalls.)

Von Fahrrädern und Getrieben ist es nur ein kleiner Schritt bis zu Dampfmaschinen, Benzinmotoren, Eisenbahnen, Bussen, Autos und Flugzeugen. Überleg mal. Wenn es keine Kräfte gäbe, hätte kein Bus oder Fahrrad die Kraft, dich zur Schule zu fahren. Kräfte existieren nun mal, und sie sind überall. Und was ist, wenn man zu Hause bleibt und einfach nur rumgammelt? Man kann ja die Tür fest zumachen und den Riegel vorlegen, denn so ein Haus, das ist doch sicher … oder etwa nicht? Tja, leider, leider … machen Kräfte auch vor Gebäuden nicht Halt. Das nächste Kapitel wird ziemlich instabil!

Trau keinem Bau

Sie fallen unter dem Einfluss der Schwerkraft zusammen, sie werden platt gedrückt, fortgeweht oder nur hin und her geschüttelt … Tja, menschliche Bauten sind vor Kräften auch nicht sicher.

Fehlkonstruktionen

Manche Gebäude stehen hunderte von Jahren. Andere nur hundert Tage … oder Minuten. Möchtest du ein paar Bauruinen kaufen?

Brücke mit Brandung!

Londoner Brücke mit 20 schmalen Pfeilern (erbaut 1176–1209), verbindet die Ufer der Themse

- Wohnhäuser und Läden!
- Eine Stadt auf dem Fluss. Der Erbauer der Brücke, Peter Colechurch, liegt in der Brückenkapelle begraben.
- Sensationelle Stromschnellen zwischen den Pfeilern!
- Mit Zugbrücke und Pfählen zum Aufspießen von Verräterköpfen.

Das Kleingedruckte

Die Brückenpfeiler waren zu schmal und zu dicht aneinander gebaut, sodass starke Strömungen entstanden. Eine Folge davon waren zahlreiche Bootsunfälle mit jährlich bis zu 50 Todesopfern! Der enorme Druck des fließenden Wassers war für die Brücke zu stark. In den Jahren 1281 und 1482 stürzte sie teilweise ein, worauf man sie 1832 endgültig abriss. Der Architekt Peter Colechurch hätte die Brückenbögen so entwerfen müssen, dass das Wasser genügend Platz zum Durchfließen hat. Außerdem waren die Häuser auf der Brücke viel zu schwer.

BLEIB IN SCHWUNG!

Die Tacoma-Narrows-Brücke
(erbaut 1940), Staat Washington, USA

- Anmutige, federleichte Hängebrücke mit Haltekabeln, die an den Pfeilern befestigt sind.
- Verblüffende 853 Meter Spannweite!
- Wiegt die Autofahrer beim Überqueren sanft im Wind.

Das Kleingedruckte

Die Tacoma-Narrows-Brücke schaukelte so stark, dass sie den Spitznamen „Galoppierende Gertie" erhielt. Beim Überqueren wurde man regelrecht seekrank. Schließlich musste sie verstärkt werden, damit sich die Schwingung nicht auf die Pfeiler übertrug. Doch vier Monate später schwankte die Fahrbahn in einem Sturm zur Seite und brach auseinander.

Schon gewusst?
Beim Einsturz eines Gebäudes können viele Menschen sterben. Die meisten Todesopfer gibt es jedoch, wenn ein Damm bricht. Dämme müssen die unglaubliche Kraft der Wassermassen zurückhalten, die gegen ihre Wände drücken. Deswegen braucht ein Staudamm ein sehr starkes Mauerwerk. Meist sind die Mauern bogenförmig – so drückt das Wasser mehr zu den Seiten des Tales als nach vorne. Manchmal aber reicht die Kraft des Dammes nicht. 1975 brachen in der chinesischen Provinz Henan zwei Dämme, und 235 000 Menschen starben in den Fluten. Architekten müssen also eine ganze Menge über Kräfte wissen. Hier die wichtigsten Regeln …

Die sechs goldenen Architektur-Regeln

1. Regel: Mach dir klar, welche Kräfte auf dein Gebäude einwirken

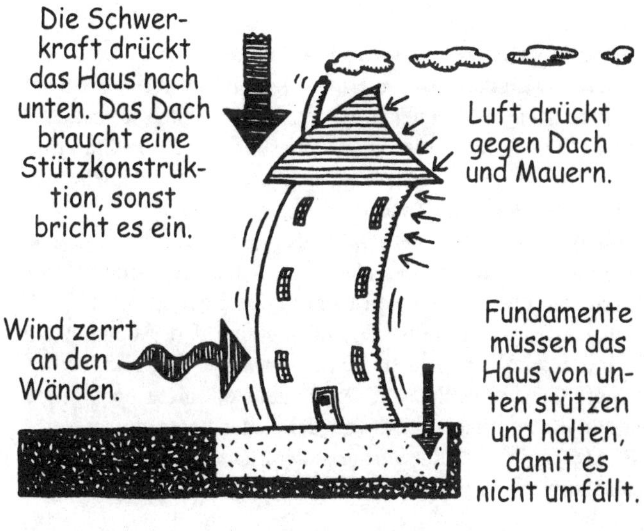

Heutzutage macht man Computersimulationen von Gebäuden, bevor sie gebaut werden, oder man baut Modelle, die im Windkanal getestet werden.

2. Regel: Entwickle einen Blick für Kräfte.
Ein guter Architekt oder Ingenieur braucht nur einen Blick auf ein Gebäude zu werfen, um dir sagen zu können, ob es stabil gebaut ist. Marc Brunel (der Vater von Isambard, dem Druckluft-Eisenbahner) sah einmal eine Brücke in Paris und sagte:

Drei Tage später stürzte die Brücke ein. Jawohl, der alte Brunel blieb trocken – und zweifellos hatte er auch einen ziemlich trockenen Humor!

3. Regel: Achte auf ein gutes Fundament.
Hast du schon mal ausprobiert, ein Tablett voller Gläser zu balancieren, wie ein Kellner es tut? Das wäre leichter, wenn du ein dickes Tablett mit Vertiefungen hättest, in die du die Gläser hineinstellen könntest. Genau so funktioniert ein Fundament. Wie tief es sein muss, hängt von der Höhe des Gebäudes ab.

Fundamente verhindern also, dass ein Haus umfällt, und außerdem stützen sie das Haus von unten ab, damit es sich durch sein eigenes Gewicht nicht in den Boden drückt. Denk mal an Galilei, der in Pisa auf den Schiefen Turm stieg, um die Fallgesetze zu erforschen. Warum ist dieser Turm eigentlich schief? Ganz einfach: weil sein Fundament nicht breit genug ist, um ihn zu stützen. Und weil der Boden unter ihm zu weich ist. Also lehnte sich der Turm mit der Zeit vornüber – und wurde dadurch berühmt!

4. Regel: Gib deinem Gebäude eine stabile Form.
Ein Dreieck ist in sich äußerst stabil. Deswegen haben die alten Pyramiden in Ägypten 4700 Jahre überdauert. Auch der Eiffelturm besteht aus vielen Dreiecken, und bei modernen Wolkenkratzern ist das Grundelement ihrer Stahlkonstruktion ebenfalls das Dreieck.

Auch Säulen sind sehr stabil und daher ideal, um schwere Gewichte zu tragen. Dächer zum Beispiel. Um Teile des Mauerwerks zu stützen, kann man Bögen verwenden. Wenn man Säulen und Bögen belastet, drücken sie mit derselben Kraft zurück – stimmt, das ist wieder mal Newtons drittes Gesetz!

Eine Kuppel ist ebenfalls sehr stabil und hält einiges an Gewicht aus. Das gilt auch für kleinere Kuppeln, wie zum Beispiel Eier! Ein Ei kann man immerhin mit 22,7 Kilo belasten, ohne dass es zerspringt. (Ach, übrigens: Die meisten Lehrer wiegen mehr als 22,7 Kilo!)

5. Regel: Sorg dafür, dass die Wände nicht zusammenbrechen. Wenn du ein hohes Gebäude entwirfst, dann willst du die Mauern vielleicht so dick machen wie bei einer alten Kirche oder einer Burg. Aber du möchtest lieber größere Fenster haben, obwohl die Mauern dann nicht mehr so stabil sind. Sie würden sich nach außen wölben – es sei denn, du benutzt Stützpfeiler.

Katastrophen passieren trotzdem immer wieder. 1989 stürzte in Italien der Stadtturm von Pavia (erbaut 1060) ein. Der Mörtel, der die Steine zusammenhielt, hatte sich mit der Zeit zersetzt. Die Ursache, so vermutete man, waren die Druckwellen, die von den Glocken oben im Turm kamen – das jahrelange Läuten hatte das Mauerwerk zu stark erschüttert. Wenn dir Steine zu unsicher sind, könntest du für dein hohes Gebäude auch erst mal einen Rahmen aus Stahlbalken bauen und dann die Wände aus einem leichteren Material. Dadurch wären die Wände sehr viel stabiler – allerdings könnte dein Haus bei Sturm ein bisschen hin und her schwanken.

6. Regel: Such dir die richtige Form für dein Dach aus.
Ein gebogenes Dach ist viel stabiler als eins mit geraden Flächen. Schräge oder flache Dächer mit geraden Flächen lassen sich also viel leichter eindrücken als ein Bogendach. Hol dir mal ein Blatt Papier, und probiere es selber aus …

Holterdiepolter
Schwingungen können ganz schön zerstörerisch wirken. Hast du schon einmal darauf geachtet, wie stark eine Waschmaschine wackelt, die gerade am Schleudern ist? Leg mal einen Finger auf die Maschine, dann spürst du, wie die Schwingungen dir den Arm hinaufkriechen. Das ist ja noch ganz nett – aber Vorsicht: Schwingungen können auch anders!

Kraft-Ausdrücke

Hat sie eine falsche Bewegung gemacht?
Ist ihr Nackenwirbel verrenkt?

Nein, ihr Auto klappert und wackelt, weil es ein etwas älteres Modell mit ziemlich schlechten Stoßdämpfern ist. Oszillierende Bewegungen sind Schwingungen, also Bewegungen oder Erschütterungen, die sich in regelmäßigen Abständen wiederholen. Dagegen hilft nur dämpfen. (Aber natürlich nicht mit einem Dampfkochtopf, sondern vielleicht lieber mit Stoßdämpfern!) Schwingungen werden gedämpft, indem man weiche Materialien benutzt, die den Stoß abfangen. In gut gepolsterten Turnschuhen kannst du bestimmt besser laufen, als in alten Gummilatschen.

Erschütternde Folgen von Erschütterungen

Die Auswirkungen von Schwingungen auf Gebäude oder Brücken können fatal sein. Im Jahre 1850 marschierten in der nordafrikanischen Stadt Algier 487 Soldaten im Gleichschritt über eine Hängebrücke. Ihre Stiefel donnerten im regelmäßigen Takt über die Straße. Dadurch begann die Brücke so stark hin und her zu schwanken, dass sie anfing zu bröckeln und schließlich einstürzte. 226 Soldaten kamen bei diesem tragischen Unfall ums Leben. Um solche tödlichen Schwingungen zu vermeiden, marschiert man seither auf Brücken nicht mehr im Gleichschritt.

Die gewaltigsten Erschütterungen produziert allerdings nicht der Mensch, sondern die Erde: Jahr für Jahr ereignen sich hunderte von Erdbeben, die oft viele Todesopfer fordern. Durch Bewegungen riesiger Gesteinsplatten tief unter der Erdoberfläche entstehen ungeheure Druckwellen, die ganze Städte zerstören können. Der Grund dafür ist, dass die Wände der Gebäude durch solche Erschütterungen so stark zu schwingen beginnen, dass sie einstürzen ... Man fängt schon an zu zittern, wenn man nur dran denkt ...

Teste selbst ... Wie stark zitterst du?

Du brauchst:

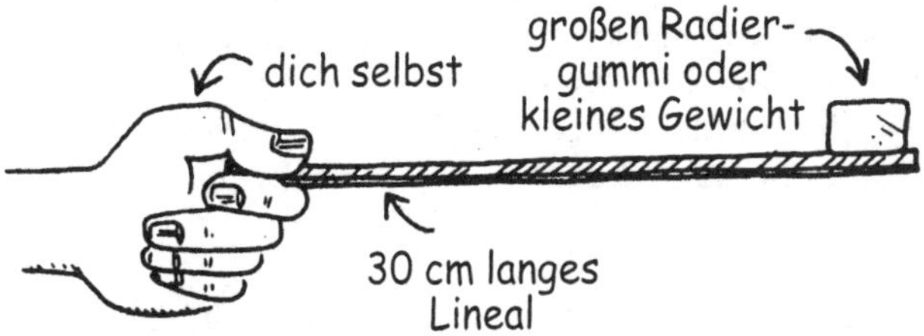

So gehst du vor:

1 Leg den Radiergummi auf das eine Ende des Lineals.

2 Halt das Lineal am anderen Ende zwischen Daumen und Zeigefinger.

3 Streck den Arm aus, und halte das Lineal waagerecht von dir weg.

Was stellst du fest?

a) Nichts. Ich habe das Lineal zehn Minuten gehalten und keinen Millimeter gewackelt.

b) Nach ein paar Sekunden begann das Lineal zu wackeln und mein Arm zu zittern.

c) Ich habe das Gleichgewicht verloren und bin vornübergekippt.

Lösung: b) Weil dein Herz schlägt, pulsiert dein Körper in regelmäßigen Abständen – auch das ist eine Schwingung. Auch Muskeln pulsieren von selbst. Von deinem Körper übertragen sich diese Schwingungen auf das Lineal und bringen es zum Zittern. Wenn bei dir a) die richtige Lösung war: Nimm ein schwereres Gewicht. Wenn bei dir c) die richtige Lösung war: Nimm ein leichteres Gewicht!

Mit Kraft geschafft!

Kräfte haben also einen ziemlich starken Einfluss auf Gebäude ... Dann kann man sie ja auch dazu nutzen, ein altes, nutzloses Gemäuer abzureißen – eine Schule zum Beispiel! Fangen wir also gleich damit an. Stell dir vor, deine Schule ist stark einsturzgefährdet. Das jahrelange Getrappel von hunderten von Füßen hat Erschütterungen erzeugt, die dem alten Kasten arg zugesetzt haben. Also muss er weg. Wie stellst du es am besten an?

1 Sorg zuerst dafür, dass die Schule leer ist. Wirf die Schüler raus, und sieh nach, ob in dunklen Ecken nicht irgendwo noch Lehrer lauern. Du willst ja nicht, dass ihnen die Decke auf den Kopf fällt ... oder etwa doch?

2 Schlag die Mauern mit einer schweren Metallkugel ein – „Abrissbirne" nennt man so etwas. Die Kugel überträgt ihren Impuls auf das Mauerwerk, wenn sie dagegen knallt. Der Mörtel zwischen den Steinen bricht, und die Wand stürzt zusammen.

3 Wenn du keine Abrissbirne findest, musst du wohl oder übel einen Vorschlaghammer nehmen. Der Effekt ist derselbe, es dauert nur etwas länger und ist ein bisschen anstrengender.

4 Manche Gebäude haben Balken aus Spannbeton. In ihnen verlaufen in Röhren Kabel, die festgezurrt werden – dadurch sind die Balken stabiler. Man kann sie also stärker belasten … das heißt: Man *muss* es sogar! Ohne das Gewicht von oben wird die Spannung der Kabel in den tragenden Balken nämlich viel zu stark. Wenn du bei einem solchen Gebäude die oberen Stockwerke zuerst einschlägst, biegen die Balken sich nach oben durch, die Kabel machen PING! – und dann stürzt alles in sich zusammen! Vorsicht also bei Spannbeton!

Alternativ könntest du noch diese beiden Abrissmethoden ausprobieren:

Methode 1: Dynamit

Hast du's eilig? Wenn die Schule noch vor der Physikarbeit am Montag weg soll, kannst du sie sprengen. Spare Dynamit und lass die Kräfte für dich arbeiten! Leg die Sprengkörper in die Nähe der tragenden Balken, den Rest besorgt die Schwerkraft!

Methode 2: Karate

Du kannst es auch mit Karate probieren! Karateschläge sind kraftvoll genug, um Ziegel zu zertrümmern. 1994 schlugen 15 Karate-Könner in Kanada ein ganzes Haus mit sieben Zimmern kurz und klein - kraft ihrer Hände und Füße!

Kräfte existierten schon lange, bevor wir Menschen auf der Erde auftauchten. Und auch wenn wir versuchen, sie zu beherrschen – wirklich kontrollieren können wir sie nicht. Wir können nur mehr oder weniger gut versuchen vorauszusagen, wie sie sich auf neue Gebäude oder Autos auswirken. Zum Glück sind wirklich große Irrtümer selten …

Doch die Physiker gewinnen immer neue Erkenntnisse. Bevor Galilei und Newton mit ihren Forschungen begannen, wusste kein Mensch etwas darüber, wie Kräfte funktionieren. Heutzutage wissen wir schon eine ganze Menge. Und weil Kräfte so viele Dinge und Erscheinungen beeinflussen, spielen sie in allen Naturwissenschaften ein wichtige Rolle.
Man versucht zum Beispiel herauszufinden, welche Kräfte ein Atom zusammenhalten. (Atome sind die kleinsten Teile eines chemischen Stoffs.) In Teilchenbeschleunigern lässt man sie aufeinander prallen und untersucht die Trümmer dann nach Spuren. Als Naturwissenschaftler muss man sich also auch mit winzigsten Splittern winzigster Teilchen befassen!

Über Kräfte muss man natürlich auch Bescheid wissen, wenn man sich mit der Raumfahrt beschäftigt. Wenn du eine kleine Reise durch unser Sonnensystem planst, musst du wissen, wie stark dein Raumfahrzeug durch die Schwerkraft eines Planeten angezogen wird. Und ob dich die Zentrifugalkraft nicht in die Tiefen des Weltalls hinausschleudert, wenn du an ihm vorbeisaust. Dazu brauchst du einen guten Computer mit der entsprechenden Software.

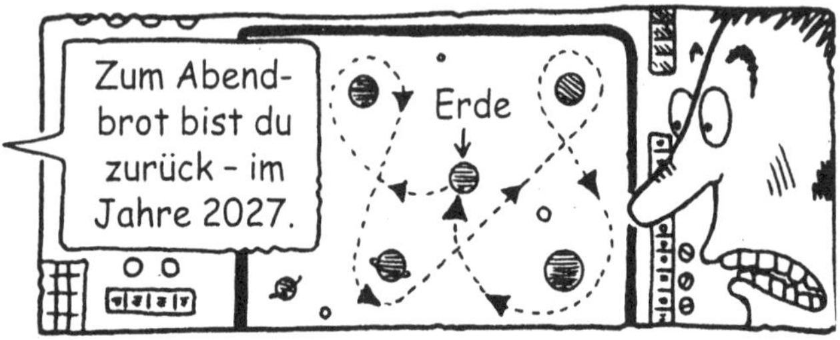

Andere Physiker versuchen zu erforschen, wie die Schwerkraft genau funktioniert. Spielen vielleicht winzigste Teilchen eine Rolle, die kleiner als Atome sind und „Gravitone" genannt werden? Und falls es gelingt, diese Frage zu klären: Könnte man die Schwerkraft dann überwinden und Flugzeuge bauen, die schwerelos durch die Luft schweben?

Auch wenn wir dieses Rätsel vielleicht nicht lösen – etwas Neues zu entdecken gibt es immer. Zum Beispiel verrückte neue Sportarten wie das Skysurfen: Man schnallt sich auf ein Surfbrett und springt aus einem Flugzeug. Nach ein paar akrobatischen Kunststücken in der Luft öffnet sich dann ein rettender Fallschirm – jedenfalls im Ideal-Fall …

Aber eins ist sicher: Der Mensch wird immer wieder versuchen, die Grenzen der Kräfte zu überschreiten, und Wissenschaftler werden die Gesetze der Kräfte noch genauer erforschen. Denn die Neugierde des Menschen ist auf jeden Fall grenzenlos, ganz besonders dann, wenn ihm Grenzen gesetzt werden – zum Beispiel durch eine Kraft! Dann versucht er, dieses Problem kraft seiner Hirnkraft nach besten Kräften zu lösen. Dann forscht und experimentiert er und häuft Unmengen an Wissen an (ein WahnsinnsWissen!) – nur um diese störende Kraft am Ende vielleicht doch noch zu überlisten …

Chemie

Einführung

Chemie lässt sich mit einem einzigen Wort zusammenfassen: „Uahh!“ Sie ist der Teil der Naturwissenschaften, der mit Chemikalien und Reagenzgläsern zu tun hat. Chemie ist der wahnsinnigste Teil des WahnsinnsWissens.

Warum sie so wahnsinnig ist? Na ja, für Einsteiger sind da schon mal die chaotisch klingenden chemischen Namen. Nimm zum Beispiel Polyäthylenterephthalat. Das ist das Polyester, aus dem dein Pullover besteht, falls du das noch nicht wusstest.

*Übersetzung: Ich mag deinen Pulli!

Solche langen Wörter kommen vorwiegend aus dem Lateinischen und dem Griechischen. Gut für die alten Römer – aber schrecklich verwirrend für den Rest der Welt. Für den ist die Chemie total chaotisch, wenn sich Chemiker in ihrer chaotischen Geheimsprache unterhalten.

Übersetzung:

1. Das Wasser kocht noch nicht.

2. Gibst du mir den Zucker?

3. Die Milch ist sauer!

Auch die Gehirnwindungen der Chemiker sind ziemlich chaotisch. Wie sonst kommen sie dazu, durchgeweichte Cornflakes zu untersuchen? (Allerdings haben sie verkündet, dass Cornflakes mit mehr als 18 % Milchgehalt zu glitschig sind für eine Untersuchung.)

Doch so komisch es klingt – genau um solche Sachen geht's in diesem Buch. Nicht um die Dinge, die du in der Schule lernst, sondern um die faszinierenden Sachen, die dich wirklich interessieren ... scheußliche, brodelnde, grüne Mixturen, widerliches, giftiges Gebräu, explosive Knalleffekte – oder auch durchgeweichte Cornflakes!

Doch dieses Buch wird dir vielleicht auch die eine oder andere Verwirrung in der Chemie aufdröseln. Am Ende stürzt du womöglich sogar deinen Lehrer in Verwirrung, wenn dir plötzlich deine Versuche gelingen …

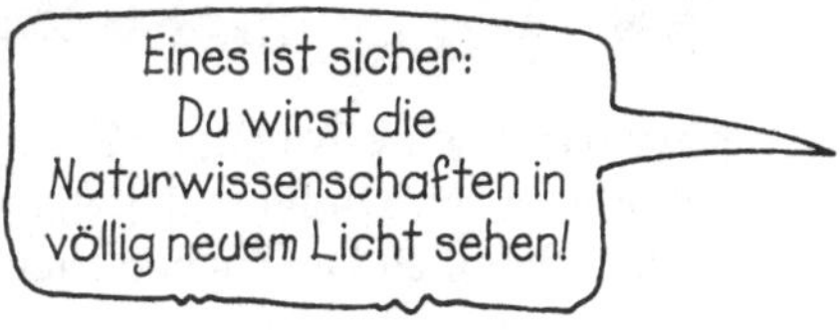

Chaotische Chemiker

Chemiker sind kauzige Chaoten. Am Anfang waren ihre Kenntnisse noch ziemlich chaotisch und ihre fehlgeschlagenen Versuche auch. Die ersten Chemiker nannte man Alchemisten – und die waren noch chaotischer. Und noch kauziger.

Stell dir eine besonders langweilige Chemiestunde vor. Du bist se-e-ehr müde. Plötzlich findest du dich in einem geheimnisvollen Raum wieder. Du siehst einen alten Mann, der in einem Buch liest. Um ihn herum stehen eigenartig geformte Fläschchen, Kerzenstümpfe und schmutzige Bechergläser. Der Tisch ist voller Tintenfässchen, schmuddeliger Federkiele, öliger Lumpen und verstaubter Bücher mit uralten Geheimrezepten. Im schummrigen Chaos schimmern endlose Reihen von Flaschen, jede mit einem unheimlichen Zaubertrank gefüllt. Auf dem Boden liegen die von den Ratten angefressenen Reste diverser Mahlzeiten. Der alte Mann kichert vor sich hin. Dann krächzt er mit dünner Stimme einen Zauberspruch …

Verwirrt? Keine Angst, es handelt sich nicht um deinen Chemielehrer. Du hast dich gerade 500 Jahre zurückversetzt und deinen Dorfalchemisten getroffen.

Absonderliche Alchemisten

Soweit man weiß, entstand die Alchemie im alten Griechenland und in China. Sie ist ein Sammelsurium aus chemischem Wissen, Magie und einer Philosophie der verschiedenen Formen, die Stoffe annehmen können. Eine praktische Aufgabe der Alchemisten bestand darin, herauszufinden, wie man billige Metalle in Gold verwandeln kann. Hier ist eins der eher ungewöhnlichen Rezepte.

Geheimrezept für echtes Gold

1. Nimm etwas Alaun (ein Verbindung aus Aluminium, Kalium, Schwefel und Sauerstoff).
2. Füge etwas Kohlenstaub, Pyrit (Eisenkies) und einige Tropfen Quecksilber (die giftige Flüssigkeit in alten Thermometern) hinzu.
3. Gut umrühren.
4. Gib 30 g Zimt (würzige Rinde des Zimtbaums) und sechs Eigelb hinzu. Weiter rühren, bis die Masse am Löffel klebt.
5. Füge einen kräftigen Schlag frischen Pferdemists hinzu. Rühre weiter.
6. Mische schließlich etwas Salmiaksalz unter. (Das ist eine giftige Verbindung aus Ammoniak und Chlor, die in Vulkanen vorkommt.)
7. Backe die Masse sechs Stunden lang im Ofen. Das Ergebnis ist reines Gold. Wenn du Glück hast.

Lieber Leser, mach dir nicht die Mühe, es auszuprobieren. Es funktioniert nicht – ehrlich!

Zwar machten sich manche Leute über die Alchemie lustig; dennoch war sie groß in Mode. Man sagt, der britische König Karl II. vergiftete sich mit dem Quecksilber, das er für seine Versuche verwendete. Isaac Newton experimentierte auch mit dieser Substanz und war zwei Jahre lang unzurechnungsfähig.

Schon gewusst?
Ein berühmter Alchemist war der arabische Schriftsteller Geber (8. Jh. n. Chr.). Tja, der alte Geber hatte zwar eine Menge guter Einfälle, aber er war ein miserabler Schriftsteller. Seine einschläfernden Experimentierbücher sind Prototypen des öden Wissenschaftsschinkens, der bis heute die Regel ist und Leser zu Tode langweilt.

Und hier ist noch ein Alchemistentrick, den du nicht ausprobieren solltest.

Wie man eine Flüssigkeit erwärmt
Packe das Gefäß mit der Flüssigkeit in Pferdemist ein. Bestimmte Keime im Mist bewirken chemische Reaktionen, die Wärme erzeugen. Das funktioniert wirklich. Aber wenn du deinen Kakao warm halten willst, nimm lieber eine Thermosflasche – die riecht nicht so aufdringlich!

Einfach goldig, Mr. Rutherford!

Trotz zahlreicher Fehlschläge gaben die Alchemisten nicht auf. Sie glaubten, der „Stein der Weisen" könne minderwertige Metalle in Gold verwandeln. Keiner wusste, wie dieser Stein genau aussah oder wo man ihn finden konnte. Doch die Alchemisten waren überzeugt, dass wer auch immer den Stein fand, ewig leben würde. Natürlich kam keiner drauf. Bis vor nicht allzu langer Zeit …

Im Jahr 1911 fand der Neuseeländer Ernest Rutherford (1871–1937) heraus, wie man Metalle in Gold verwandeln kann. Seine Erkenntnisse hingen mit den Atomen der Metalle zusammen, den kleinsten Bestandteilen, aus denen sich alle Stoffe zusammensetzen. Um Gold herzustellen muss man die Atome mit Strahlen beschießen und Atomteile abspalten. Durch die Veränderung der Atome verändern sich auch die Metalle, die aus ihnen bestehen.

Doch für Nachwuchs-Alchemisten hatte Rutherford schlechte Nachrichten:

1. Atome sind so klein, dass man leicht daneben schießt.

2. Am leichtesten lässt sich Platin in Gold verwandeln. Doch Platin ist wertvoller als Gold!

3. Wenn du wirklich etwas für Gold übrig hast, kauf es lieber beim Juwelier.

Die ersten chaotischen Chemiker

Um 1700 begannen sich Forscher aus anderen Gründen für chemische Stoffe zu interessieren als die Alchemisten. Diese Forscher nannten sich „Chemiker". (Das „Al" bedeutet im Arabischen ohnehin nur „der".) Dennoch hielten viele

Leute die Chemie für absonderlich. Justus von Liebig (1803–1873) wurde in der Schule gefragt, was er denn einmal werden wolle. Er antwortete: „Chemiker“, worauf …

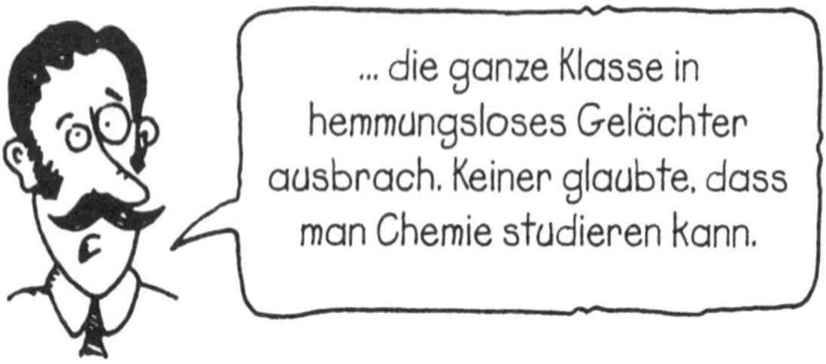

Ein Mann hatte besonders viel Anteil daran, dass die Leute ihre Meinung änderten. Er hieß Antoine Lavoisier (1743–1794). Manche bezeichneten ihn sogar als „Vater der modernen Chemie“. Doch im Jahr 1789 wurde ganz Frankreich von der Revolution erfasst und auch Lavoisier wurde Opfer einer gewaltigen Verhaftungswelle.

Der Volksfeind!

Es war eine Zeit des Terrors, doch niemand wagte dieses Wort auszusprechen. Niemand war vor einer Verhaftung sicher. Auf dem Platz der Revolution fanden tagtäglich Hinrichtungen statt – ein Leckerbissen für die alten Frauen, die in der Frühlingssonne saßen und strickten.

„Geben Sie mir diese Akte“, bat der öffentliche Ankläger des Revolutionstribunals seinen neu ernannten Sekretär. „Die über den Bürger Lavoisier.“

Hastig durchsuchte der junge Mann seinen Schreibtisch. Es war unklug, den Ankläger warten zu lassen. Der Ankläger Antoine Fouquier-Tinville war stets in Eile.

„Danke", sagte der Ankläger und überflog die Unterlagen. „Aha, Antoine Lavoisier, Steuereintreiber ..."

„Auch großer Wissenschaftler ...", warf der Sekretär ein.

„WER wagt es, das zu sagen!", schrie der Ankläger.

Der Sekretär ließ Federkiel und Papiere sinken, das Tintenfass fiel um. „Das meinte ich nicht!", stammelte er. „Ich wollte sagen, Lavoisier ist ein großer Verräter!"

„Nun", sagte der Ankläger, „dann sehen wir mal nach, was in der Akte steht." Er begann das Dokument mit der gleichen scharfen Stimme vorzulesen, mit der er die Angeklagten vor Gericht einschüchterte.

„Antoine Lavoisier. Geboren 1743, aufgewachsen bei Tante, Vater und Großmutter ... Hmm – in der Schule war er ein Streber. Ein Jahr lang paukte er nur Naturwissenschaften und Mathematik. Pah! Zwei Jahre lang nur Philosophie. Pah! Pah! Verfasste seine erste wissenschaftliche Abhandlung im Alter von zehn Jahren – kleiner Streber! Fand später heraus, dass Gips Wasser enthält und Mineralwasser kleine Salzteilchen. Seeehr nützlich – ha, ha!"

„Ich ... ich weiß", hüstelte der Sekretär, „dass Lavoisier ein Verräter ist ... Aber ... er fand auch heraus, dass Wasser Wasserstoff und Sauerstoff enthält. Dann entdeckte er Gase in der Luft. Und er kam darauf, dass man Stoffe nicht zerstören kann, sondern nur verändern und außerdem …"

„Genug, du Dummkopf!", keifte der Ankläger. „Denkst du, ich brauche eine Chemielektion? Aha, hier kommen die pikanten Einzelheiten. Im Jahr 1768 wurde der Bürger Lavoisier Steuereintreiber. Einer seiner Freunde sagte: ‚In Zukunft wird er uns öfter mal zum Souper einladen können!' Alle Steuereintreiber sind Volksfeinde. Dank der Revolution sitzen sie jetzt im Gefängnis."

Der Ankläger grinste. „Mal sehen, ob sie ihre Soupers auch ohne Kopf auskosten können!" Er fuhr sich mit dem Zeigefinger quer über die Kehle und röchelte dazu.

„Gestatten Sie – ich muss einige Akten ablegen!", sagte der Sekretär und verließ fluchtartig den Raum. So verpasste er nur knapp einen dünnen Mann in grünem Mantel. Der Besucher war schlicht gekleidet und hatte weiß gepudertes Haar. Er sah wirklich nicht aus wie der mächtigste Mann Frankreichs. Doch das war er.

„Bürger Robespierre", sagte der öffentliche Ankläger mit einem falschen Lächeln. „Welch eine Freude und Ehre. Die Papiere warten auf ihre Unterschrift."

„Noch mehr Volksfeinde?", wollte Robespierre wissen. Er setzte sich hin und studierte die Unterlagen. „Lavoisier. Ja, ich erinnere mich. Zuerst unterstützte er die Revolution. Half uns bei den neuen metrischen Gewichten. Vor der Revolution leistete er gute Arbeit für Frankreich, als Leiter von Schießpulverfabriken. Es wäre ein großer Verlust."

Der Ankläger runzelte die Stirn. Er war sich nicht sicher, ob Robespierre nur seine Ergebenheit testen wollte, und antwortete nervös: „Unser Revolutionsheld Marat bezeichnete Lavoisier in seinen Zeitungsartikeln als Verräter."

„Ja, ich weiß", sagte Robespierre. „Aber Marat ist ein gescheiterter Wissenschaftler und Lavoisier war so unhöflich, ihm das zu sagen. Deshalb hasst Marat ihn so sehr."

„Aha. Sie meinen, wir sollten Lavoisier schonen?"

Robespierre lächelte kalt und starrte aus dem Fenster. Den Federkiel hielt er in der Hand wie einen Dolch.

Antoine Lavoisiers Prozess begann am 8. Mai 1794. Nach sechs Monaten Gefängnis sah der Wissenschaftler blass und müde aus. Er bat darum, ein wichtiges Experiment beenden zu dürfen. Hat Robespierre ihn begnadigt? Was denkst du, wie lautete das Urteil?

a) SCHULDIG. Der Richter sagte: „Die Republik braucht keine Wissenschaftler!“, und Lavoisier wurde noch am gleichen Nachmittag enthauptet.
b) NICHT SCHULDIG. Der Richter sagte: „Die Republik sollte das Leben eines so großen Wissenschaftlers schonen.“
c) SCHULDIG. Der Richter sagte: „Doch wir geben Ihnen noch einen Monat um den Versuch zu vollenden.“

Antwort: a) Einer von Lavoisiers Freunden sagte: „Ihm den Kopf abzutrennen dauerte nur einen kurzen Moment – doch in den nächsten hundert Jahren wird es vielleicht keinen vergleichbaren geben.“ Zwei Monate später wurde Robespierre gestürzt und hingerichtet. Fouquier-Tinville wurde im darauf folgenden Jahr enthauptet. Und Lavoisiers Arbeit lebt weiter …

Chaotische Chemiker der Gegenwart

Heute gibt es tausende von Chemikern. Allein in den USA arbeiten über 140 000 Chemiker daran, neue Stoffe zu entdecken! Die einen suchen nach ultraleichten Metallen oder neuen Kunststoffen. Andere entwickeln neue Nahrungsmittel oder Medikamente. Und hier arbeiten sie.

Das Chemielabor

Auf den ersten Blick sehen diese Sachen ein bisschen eigenartig aus. Aber alle erfüllen sie eine Funktion.

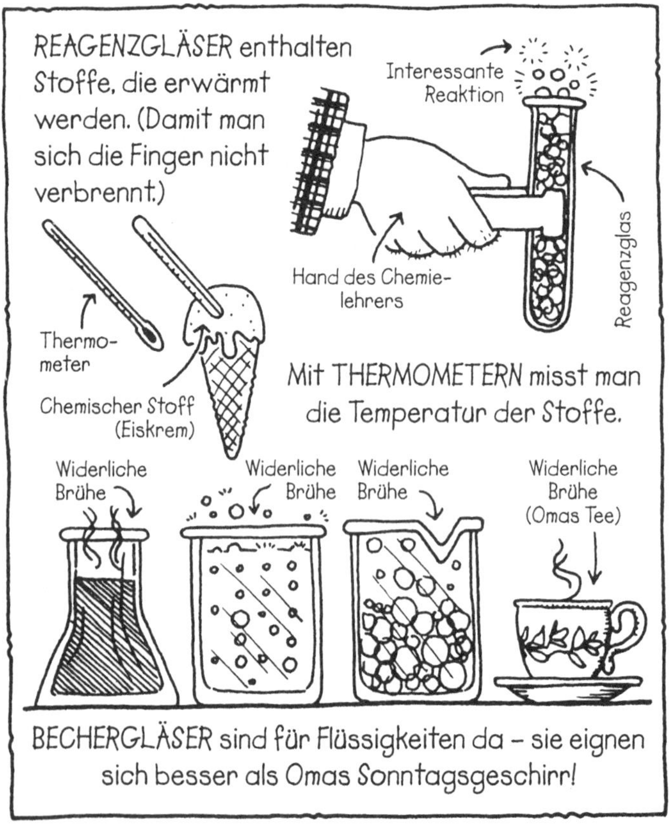

In einem KOLBEN lassen sich Chemikalien vermischen. Kolben sind meist kegelförmig mit flachem Boden wie der Erlenmeyerkolben links.

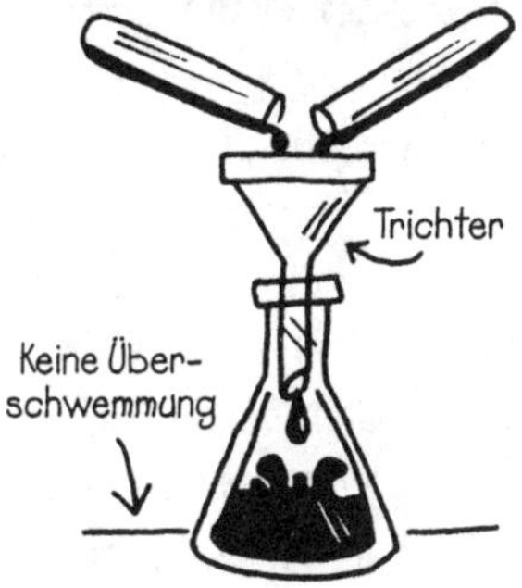

Mit einem TRICHTER kann man Flüssigkeiten in einen Kolben gießen, ohne sie über den ganzen Tisch zu verschütten (siehe oben).

FILTERPAPIER: Ein Papiersieb, das feste von flüssigen Stoffen trennt. Die Flüssigkeit tropft durch, der feste Stoff bleibt drin – wie beim Kaffeekochen.

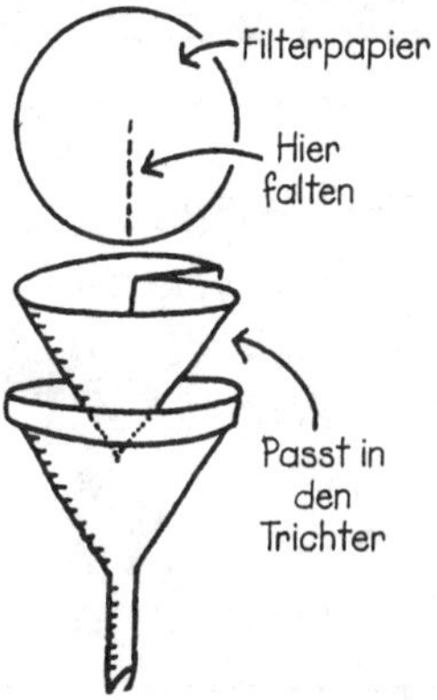

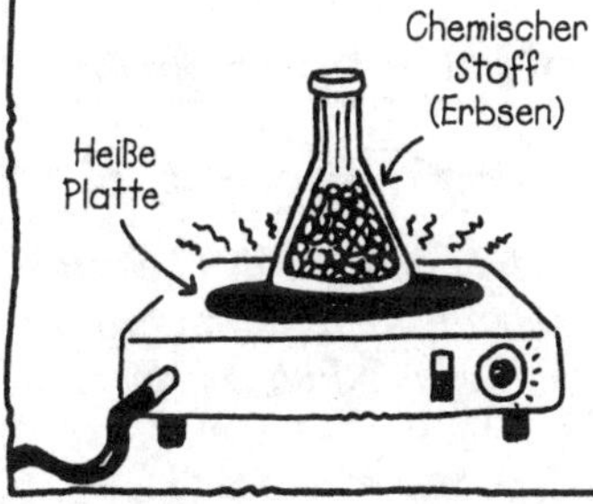

KOCHPLATTE: Ähnlich wie die Kochplatte des Herdes. Ideal auch zum Essenkochen.

PIPETTE zum Abmessen einzelner Tropfen.

Und jetzt kommt was Komplizierteres.

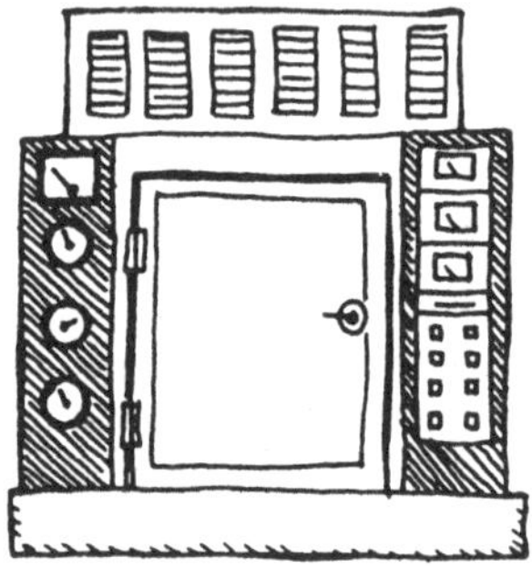

Der GAS-CHROMATOGRAPH
In dieser Maschine befinden sich chemische Stoffe, die die einzelnen Bestandteile deines Lieblings-Mief-Gases absorbieren und auf diese Weise voneinander trennen. So erfährst du, wie sich dieser Gestank zusammensetzt.

Das SPEKTROSKOP erlaubt es dir, einen brennenden Stoff anhand der Farben seiner Flamme zu bestimmen. Das ist fast so spannend wie ein Sylvesterfeuerwerk.

Schon gewusst?
Viele der langweiligen Arbeiten im Labor werden heutzutage von Robotern geleistet – z. B. die Analyse von Proben. Chemie-Hausaufgaben übernehmen Roboter aber leider noch nicht!

Entdecke … deine eigene Geheimsubstanz

Wenn du es ganz spaßig fändest, Chemiker(in) zu sein, dann kannst du jetzt eine lächerlich einfache Entdeckung machen.

Du brauchst:
2 Teelöffel Sahne oder Remoulade (gibt's im Supermarkt)
1 Tasse Salz
2 Tassen Mehl
2 Tassen Wasser
2 Teelöffel Speiseöl

Jetzt musst du nur noch:
1. Mehl und Salz in einem großen Topf erwärmen.
2. Das Wasser hinzufügen und gut umrühren.
3. Sahne oder Remoulade dazugeben und weiterrühren.
4. Gemeinsam mit einer erwachsenen Person das Gemisch auf kleiner Flamme erwärmen und umrühren, bis die Masse eindickt. Lass sie abkühlen. Wie alle Erfinder musst du dir jetzt eine Anwendung für deine Neuentdeckung ausdenken. Deiner Fantasie sind keine Grenzen gesetzt! Hier sind ein paar dämliche Ideen.

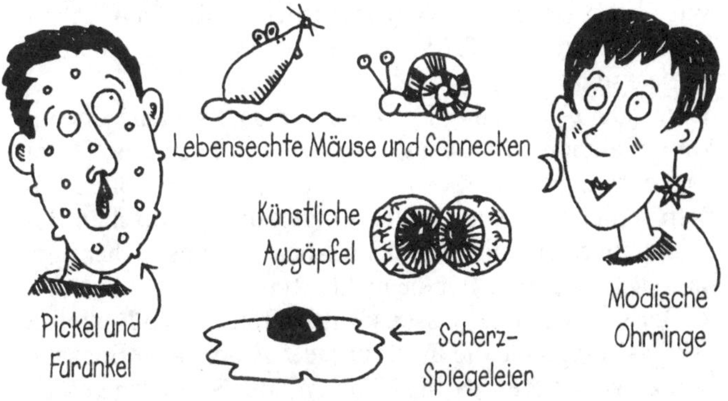

Und schließlich musst du einen Namen für den neuen Stoff austüfteln … Irgendwelche Vorschläge?

Chemiker-Chinesisch
Finden es Chemiker eigentlich besonders witzig, sich Namen wie Polyvinylchlorid auszudenken? Was meinst du – wovon ist hier die Rede?

Antwort: Von etwas so Simplem wie Frischhaltefolie.

Was Namen verraten

Wie also kommen die Wissenschaftler auf die Namen ihrer neu entdeckten Stoffe? Müssen die denn so lang und kompliziert sein?

1. Im Jahr 1787 schlug Lavoisier vor, dass sich die Chemiker auf einheitliche Bezeichnungen einigen sollten. Davor dachte sich jeder Wissenschaftler die geheimnisvollen Namen selber aus. Noch heute klingen die chemischen Bezeichnungen ziemlich rätselhaft, aber du kannst sicher sein, dass dein Chemielehrer sie nicht erfunden hat.

2. Der schwedische Wissenschaftler Jöns Jakob Berzelius (1779–1848) hatte die Idee, für jedes Atom einen Buchstaben zu verwenden: N für Natrium oder S für Schwefel – simpel, oder?

3. Ein zweiter Geistesblitz des Schweden war der Vorschlag, mit Ziffern die Anzahl der Atome in einem Stoff anzugeben. H_2 bedeutet also „zwei Wasserstoffatome". Genial, was?
4. Wenn sich zwei oder mehr Atome miteinander verbinden, dann spricht man von einem Molekül. H_2O ist ein Molekül aus zwei Wasserstoffatomen und einem Sauerstoffatom.
5. Im Klartext: H_2O ist die chemische Bezeichnung für nichts anderes als unser einfaches, gutes altes Wasser.

Jede und jeder kann ein Chemiker sein. Vielleicht bist du sogar einer ohne es zu wissen! Falls du das unwahrscheinlich findest – dann denk mal nach: Immer wenn du wäschst oder kochst, bedienst du dich der Chemie. Gib zu – das haut dich um, oder?

Chaotische Küchenchemie

Was hat Kochen mit Chemie zu tun? Sehr viel sogar – es ist in der Tat völlig unmöglich, ohne Chemie zu kochen. Um nichts anderes geht es beim Kochen in der Tat – beim dubiosen Kantinenessen genauso wie bei den schauderhaften Reaktionen, die ablaufen, wenn Omas Grießpudding am Teller kleben bleibt.

Kleiner Kurzführer der Küchenchemie

Name: Nahrungsmittel

Besondere Merkmale: Deine Nahrungsmittel bestehen vor allem aus Kohlenstoffverbindungen, die sich zu großen Molekülen zusammenschließen. Weitere Stoffe verändern den Geschmack oder die Beschaffenheit des Nahrungsmittels.

Grauenvolle Tatsachen: Im 19. Jahrhundert wurden den Nahrungsmitteln erstmals geheimnisvolle Zutaten beigegeben, um sie zu strecken. Z. B. wurde Knochenmehl unters Mehl gemischt. Und Erdbeerkerne aus Holz sollten die Erbeermarmelade echter aussehen lassen.

Chemielabor in der Küche

Es klingt vielleicht komisch, aber deine Küche ist eine Art Laboratorium.

Einige Gerätschaften in deiner Küche haben eine erstaunliche Ähnlichkeit mit den Instrumenten, die die Wissenschaftler verwenden.

Schnellkochtopf

In so einem Topf kann das Wasser bei einer höheren Temperatur kochen als gewöhnlich. Dadurch wird das Essen schneller gar. Er ähnelt dem Apparat, mit dem man wissenschaftliche Instrumente sterilisiert (Keime abtötet).

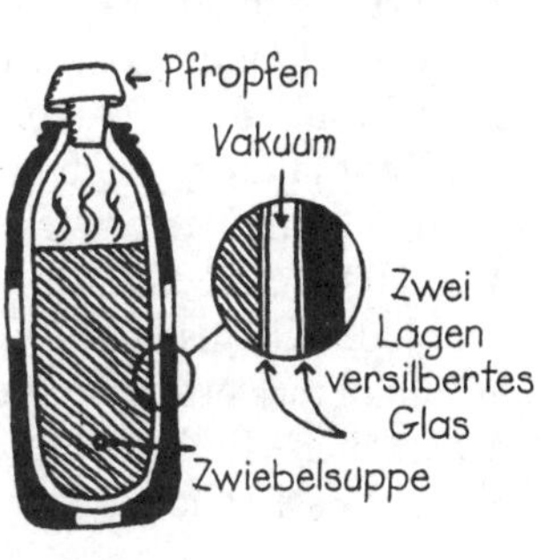

Thermosflasche

Eine praktische Sache um deine Suppe warm oder dein Getränk kühl zu halten. Im Jahr 1892 entwickelte Sir James Dewar den doppelwandigen Behälter um seine Chemikalien zu kühlen.

Herd

Auf dem Herd erwärmen wir die Nahrungsmittel um chemische Reaktionen auszulösen. Normalerweise nennen wir diesen Vorgang Kochen.

Hier sind ein paar faszinierende Fakten zum Thema Nahrungsmittel, mit denen du angeben kannst.

Sechs gut gemixte Lebensmittel-Fakten

1. Das Brennen, das du beim Verzehr einer Chilischote im ganzen Mund verspürst, wird von einem Stoff namens Capsaicin hervorgerufen. Laut Experten hilft gegen ein solches Brennen eine große Portion Eiskrem. Das zischt!

2. Der Himbeerduft im Jogurt geht meist von einem Stoff aus, der Jonon heißt. Er wird aus Veilchen gewonnen – ahh!
3. Warum geht ein Marmorkuchenteig auf, wenn er in den Backofen kommt? Er wird von einem Gas aufgebläht! Es entsteht aus dem Backpulver, das eine Säure und einen Stoff enthält, der reich an Kohlenstoff ist. Durch die Erwärmung im Ofen entsteht daraus das Gas Kohlendioxid.
4. Salatsoße ist eine Emulsion. Als Emulsion bezeichnet man jedes Gemisch aus zwei Stoffen, die sich nicht richtig miteinander verbinden. Lass die Salatsoße ein paar Stunden stehen. Es bilden sich zwei Schichten: unten eine Schicht Essig und darüber eine Schicht Öl.

5. Essig wird aus Wein oder Saft hergestellt, der scheußlich sauer geworden ist. Diese chemische Reaktion wird von Abfallprodukten bestimmter Keime ausgelöst – lecker!
6. Getoastetes Brot ist Brot, in dem der Kohlenstoff teilweise verbrannt wurde. Der Rauch, der aus dem Toaster aufsteigt, enthält winzige Kohlenstoffteilchen.

Kaffeestündchen
Wenn du mutig (oder dämlich) genug bist, klopfst du an der Lehrerzimmertür an und stellst deinem Lehrer folgende Frage:

Antwort: Es gibt einen Unterschied. Milch enthält einen Stoff namens Casein. Wenn sich der Kaffee mit der Milch vermischt, wird das Casein in Moleküle aufgespalten. Gibt man die Milch in den Kaffee, wird mehr Casein aufgespalten. Dadurch schmeckt der Kaffee nach Milch. Chemiker, die sich auskennen, gießen daher den Kaffee zur Milch und nicht umgekehrt!

Erstaunliche Veränderungen

Beim Kochen dreht sich im Grunde genommen alles darum, Stoffe so lange zu erhitzen, bis sie sich verändern. Pommes frites beispielsweise werden bei 190 °C frittiert, Schaumgebäck dagegen bäckt bei 70 °C. Doch wie kommen die dramatischen Veränderungen zustande?

Führe mit folgenden Fragen deine nichts ahnende Kochkurs-Leiterin in die Irre.

1. Warum macht die Milch, wenn sie kocht, urplötzlich „zisch“ und brodelt über den Topfrand?

2. Der Siedepunkt von Öl ist höher als die Temperatur, die man benötigt um eine Bratpfanne einzuschmelzen. Warum kann man Nahrungsmittel trotzdem anbraten?

Antworten: 1. Milch enthält Fetttröpfchen, die beim Erhitzen wie ein Teppich über der Milch liegen. Bei etwa 100 °C verwandelt sich die Milch darunter in einen Vulkan aus blubbernden Blasen. Plötzlich bricht die Fettschicht auf, und die Milch schäumt über. 2. Die Lebensmittel enthalten Wasser, das beim üblichen Siedepunkt kocht. Das Essen wird gar, weil dieses Wasser kocht – nicht weil das Öl kocht.

Doller Dünger

Auch dein Gemüse ist vor der chemischen Industrie nicht sicher. Mit einem Riesenaufgebot an Herbiziden, Insektiziden, Fungiziden und Pestiziden werden die Pflanzen während des Wachstums behandelt um Krabbeltiere und wuchernde Kräutlein zu vernichten. Und dann gibt es noch die Düngemittel, die den Pflanzen beim Wachsen helfen.

Phosphor ist zwar ziemlich ungesund, aber man braucht ihn, um bestimmte Düngemittel (Phosphate) herzustellen. Ein altbewährter, natürlicher Dünger, der viel Phosphat enthält, ist der Guano. Es ist – alter Vogelmist, voll verdauter Fischknochen … O ja, Knochen sind sehr phosphatreich – und gemahlene Knochen eignen sich hervorragend für den Pflanzenbau!

Heutzutage werden Düngemittel aus Schwefelsäure und Gesteinsphosphaten hergestellt. Aber die Chemiker haben nicht bei den Düngemitteln Halt gemacht. Auch manche Lebensmittel stammen praktisch aus dem Reagenzglas.

Eine schmierige Geschichte: Margarine

Der französische Kaiser Napoleon III. schrieb einen Wettbewerb aus, um einen billigen Buttterersatz für die Armen zu entwickeln.

Der Wissenschaftler Hippolyte Mége-Mouriez dachte sich: Was eine Kuh kann, kann ich besser!

1869 stellte er sein epochales Margarinerezept vor:

Und so wird's gemacht:

1. Erwärme das Rinderfett, bis es die Körpertemperatur einer Kuh erreicht.
2. Rühre die Magensäfte des Schweins unter.
3. Gib Wasser und Milch dazu.
4. Schütte die Mischung in ein Fass.
5. Gib Eis dazu, damit die Masse kühlt.
6. Stampfe die Masse gut zusammen.

Mouriez hoffte reich zu werden und eröffnete eine Margarinefabrik. Unglücklicherweise brach 1870 der deutsch-französische Krieg aus und seine Fabrik musste schließen.

Später wurde die Idee von holländischen Händlern gekauft. Bald machten sie massenhaft Margarine und Profit.

Im Jahr 1910 wurde tierisches Fett knapp, sodass man Fischöl für die Margarineherstellung nehmen musste.

Köstliche Zutaten

Auf den meisten Lebensmitteln, die du im Supermarkt kaufst, sind die Inhaltsstoffe verzeichnet. Einige klingen ziemlich eigenartig. Margarine zum Beispiel enthält …

- Gehärtete Öle
- Emulsionsmittel
- Anti-Oxidantien
- Vitamine
- Wasser

Gehärtete Öle sorgen dafür, dass die Margarine härter und butterähnlicher wird.

Emulsionsmittel sind Stoffe mit zwei Enden. Das eine mag Öl, das andere Wasser. So bindet solch ein erstaunliches Molekül Wasser- und Ölmoleküle aneinander.

Anti-Oxidantien sorgen dafür, dass die Margarine nicht so schnell ranzig wird. Salbei und Rosmarin enthalten natürliche Anti-Oxidantien, die von guten Herstellern verwendet werden.

Vitamine finden sich in unterschiedlicher Menge in den verschiedenen Lebensmitteln. Vitamine sind gesund! Weil Margarine bestimmte Vitamine nicht enthält, fügt man sie hinzu, damit sie gesünder wird.

Schon gewusst?
Die Werbung hat Recht! Viele Leute konnten in unabhängigen Tests Margarine nicht von Butter unterscheiden.

Chemische Delikatessen

Außer Margarine haben die Chemiker Lebensmittel aus Stoffen hergestellt, die du mit Sicherheit nicht freiwillig essen würdest.

1. Alexander Butlerow (1828–1886) fand heraus, dass man Formaldehyd so behandeln kann, dass ein Zucker entsteht – Glucose. Formaldehyd riecht scheußlich, und man kann damit zum Beispiel Leichenteile haltbar machen.

2. Im Zweiten Weltkrieg entdeckten deutsche Chemiker, wie man Fett aus Öl gewinnen kann – aber nicht aus Speiseöl, sondern aus Motorenöl! Einfach köstlich!

Entdecke … die chemische Kochkunst

Wie wär's mit einem kleinen chemischen Chaos in deiner Küche? Hier sind ein paar Rezepte zum Experimentieren.

● Hungrige Hefe

Hefe ist nicht einfach nur ein Stoff. Sie LEBT! Ja – Hefe ist ein winziger Pilz, etwa wie der Schimmelpilz, der sich auf altem Brot breit macht – uah! Diese Art Hefe ist harmlos, aber ihre abscheulichen Verwandten können Hautinfektionen, Lungen- und Darmkrankheiten auslösen.

Du brauchst:
etwas Trockenhefe (gibt's im Supermarkt), zwei Teelöffel und einen Esslöffel, eine kleine Schüssel, Zucker, warmes Wasser

Jetzt musst du nur noch:

1. 2 Teelöffel Hefe mit 2 Esslöffeln warmem Wasser in der Schüssel verrühren.
2. 1 Teelöffel Zucker unterrühren, bis sich der Zucker auflöst.
3. 1 Teelöffel Trockenhefe dazugeben.
4. Die Schüssel eine Stunde lang an einem warmen Ort stehen lassen und nachsehen, was geschehen ist.

Was, glaubst du, ist in der Schüssel passiert?

a) Die Mischung hat eine knallrote Farbe angenommen.
b) Die Masse schäumt auf und riecht komisch.
c) Es haben sich kleine Kristalle gebildet; die Masse stinkt.

Antwort: b) Die Hefe isst den Zucker auf und erzeugt Alkohol und Kohlendioxid – das ist der Schaum. Das Gleiche geschieht, wenn aus Traubensaft Wein gemacht wird.

● Tolles Toffee

Zucker ist eine komplizierte Verbindung verschiedener Stoffe, unter anderem Kohlenstoff, Wasserstoff und Sauerstoff. Viele Süßigkeiten bestehen aus nichts anderem als Zucker, der bis auf eine bestimmte Temperatur erhitzt wurde. Ein Sahnebonbon zum Beispiel wird bei 116 °C hergestellt, Karamel bei 120 °C. Die heißeste Süßigkeit ist das Toffee. Und so geht's.

Du brauchst:
eine erwachsene Person zum Helfen
25 g Butter
100 g Zucker
7,5 ml Wasser
ein Zuckerthermometer
einen Esslöffel und eine Pfanne
eine Schüssel kaltes Wasser
Apfelstückchen mit Schale
einen Zahnstocher für jedes Apfelstückchen
Jetzt musst du nur noch:

1. Durch jedes Apfelstück einen Zahnstocher spießen.
2. Zucker, Wasser und Butter in eine Pfanne geben.
3. Das Gemisch auf 160 °C erwärmen. Vorsichtig rühren. Siehst du, wie sich der Zucker nach und nach in eine braune, weiche, klebrige Masse verwandelt?
4. Tauche ein Apfelstückchen in die Masse. Vorsicht – sie ist sehr heiß! Schrecke es dann im kalten Wasser etwa 20 Sekunden lang ab.
5. Aufessen!

Und jetzt helfen keine faulen Ausreden – du musst abwaschen. Mach dir nichts draus, sogar die großen Wissenschaftler kamen nicht darum herum. Und zum Glück gibt's ja jede Menge chemischer Reinigungsmittel, die dir dabei helfen!

Die Saubermacher

Ob es darum geht, die fettigen Teller in der Spüle – oder sich selbst in der Badewanne einzuweichen: Die wenigsten werden vor Begeisterung schäumen. Aber was sein muss, muss sein! Und was wären wir da ohne Chemie? Ein ziemlich miefiger, schmuddeliger Haufen!!

Kleiner Seifen-Steckbrief

Name: Seife

Besondere Merkmale: Seife bekommst du, wenn du Fett oder Öl in einer starken Lauge (Kali- oder Natronlauge) kochst.

Grauenvolle Tatsachen: Die Römer wuschen sich mit Seife, um die Elefantiasis zu bekämpfen, eine widerliche Krankheit, bei der sich winzige Würmer unter der Haut einnisten. Seife war als Heilmittel allerdings absolut ungeeignet.

Eine Seifenoper

1. Die erste Seife bestand aus Fett und Holzasche. Wahrscheinlich wurde sie erfunden, als irgendjemand sein Mittagessen fürchterlich anbrennen ließ.

2. In Frankreich wurde Seife schon vor 2000 Jahren von den Galliern verwendet. Sie behaupteten, die Seife aus Ziegenfett verleihe ihrem Haar einen schönen Glanz.

3. Im 18. Jahrhundert stellte man Seife her, indem man kochendes Fett mit Soda vermengte. Das alkalische Soda wandelt das Fett in Seife um. Doch diese Seife war ziemlich scharf und fraß die Haut auf. Unangenehm!
4. Zum Glück wurde vor 1853 die Seife so hoch besteuert, dass die meisten Leute sie sich nicht leisten konnten.

5. Um 1900 wuschen die Menschen ihre Kleider mit Seife. (Das Waschpulver war noch nicht erfunden.) Die Seife machte die Kleidungsstücke gelb. Also färbte man sie anschließend blau, sodass sie wieder weiß aussahen.
6. Seit 1911 hat sich in Europa der Seifenverbrauch pro Jahr mehr als verdoppelt. Echt saubere Sache …

Superseife

Das Seifenmolekül hat einen langen Schwanz, der sich an den Schmutz klammert, und einen Kopf, der mittels elektrischer Kraft von den Wassermolekülen angezogen wird. Das Ergebnis: Das Seifenmolekül holt den Schmutz ins Wasser. Und dann kann man ihn einfach wegspülen.

Entdecke … ein blitzsauberes Seifenexperiment

Du brauchst:
zwei Spiegel
ein Badezimmer
Seife
Jetzt musst du nur noch:

1. Einen der Spiegel dünn mit Seife einschmieren.
2. Das heiße Wasser aufdrehen. Nur einer der Spiegel läuft an. Welcher ist es – und warum läuft der andere nicht an?

a) Der eingeseifte Spiegel läuft an, weil die Seife das Wasser im Wasserdampf anzieht.
b) Der eingeseifte Spiegel läuft nicht an, weil die Seife das Wasser fern hält.
c) Der eingeseifte Spiegel wird nass, läuft jedoch nicht an. Die Seife fängt das Wasser im Wasserdampf ab, und auf dem Glas bilden sich kleinste Tröpfchen.

Antwort: c)

Waschmittel: Ein starkes Pülverchen

Die ersten Waschmittel wurden während des Ersten Weltkriegs in Deutschland entwickelt. Als im Verlauf des Kriegs die Seife knapp wurde, entstand ein kleines Geruchsproblem; daher wurde statt Seife ein Waschmittel verwendet. Es bestand aus Seifenpulver und Salz. Leider hatte es den Fehler, dass es nicht richtig schäumte. Glück im

Unglück: Das neue Waschmittel wirkte beim Wollewaschen wahre Wunder!

Schmutz-Vertilger
Es ist unglaublich, was ein Waschmittelkarton alles enthält. In „biologischen" Waschmitteln zum Beispiel gibt es Enzyme. Das sind Stoffe, die sich sonst in Lebewesen tummeln und Reaktionen zwischen anderen Stoffen auslösen. Die Enzyme im Waschpulver beseitigen hässliche Blut- oder Eiflecken und schmierige Essensreste. Die Enzyme selbst bleiben dabei unverändert.

Wasserenthärter verhindern, dass sich im „harten" (kalkreichen) Wasser Kalk und andere Teilchen an der Wäsche oder an der Waschmaschine ablagern.

Tenside haben einen wasserfreundlichen Kopf und einen wasserabstoßenden Schwanz. Sie setzen die Oberflächenspannung des Wassers herab, sodass das Wasser dem Schmutz an den Kragen kann.

Optische Aufheller heben das blaue Licht im Sonnenlicht besonders hervor und lassen so den Gelbstich, den Wäsche normalerweise bekommt, verschwinden. Dadurch erscheint dein todschicker Slip weißer als weiß. In Wahrheit nur ein schlauer chemischer Trick.

Duftstoffe verleihen der frisch gewaschenen Wäsche einen angenehmen Wohlgeruch.

Schon gewusst?
Bevor es Waschmittel gab, wuschen die Menschen ihre Wäsche mit Waschsoda. Das ist etwa das Gleiche wie Natron – das Zeug, mit dem die alten Ägypter ihre Mumien haltbar machten. Mit dem Natron wurde der Körper ausgetrocknet, ehe man ihn einbandagierte. Eigentlich hätten die Ägypter die Stoffbandagen mit dem Natron auch gleich waschen können!

Achtung – echt ätzend!

Einige Reinigungsmittel enthalten horrormäßig unangenehme Stoffe. Die beseitigen zwar alle möglichen Keime – sei aber auf der Hut vor ihnen! Sie sind nämlich durchaus in der Lage, auch dich zu beseitigen!

Badezimmer-Chemie

Dein Badezimmer ist randvoll mit verblüffenden Stoffen.
1. Im Wasser befinden sich Salze. Zum Beispiel Calcium- und Magnesiumsalze, die sich aus unterirdischem Gestein gelöst haben.
2. Enthält das Wasser viel Calcium und Magnesium, nennt man es „hart“. Wenn du in hartem Wasser badest, bleibt ein besonders schöner Schmutzrand in der Wanne.
3. Wenn man hartes Wasser kocht, verwandeln sich die aufgelösten Stoffe in solche, die sich nicht mehr lösen. So entsteht eine scheußliche Kalkschicht. Eigentlich handelt es sich dabei um Calciumcarbonat – das kommt auch in Kreide vor. Kalk lagert sich auch besonders gern im Wasserkessel ab.

4. Die ersten Toilettenreiniger wurden aus Sprengstoff hergestellt! Im Jahr 1919 entsorgte der Heizingenieur Harry Pickup explosiven Abfall aus einer Munitionsfabrik. Er kippte einen Teil davon in die Toilette und stellte fest, dass der Stoff eine fabelhafte Reinigungswirkung hatte. Hocherfreut über seinen Erfolg eröffnete Harry eine Fabrik und wurde reich.

5. Talkumpuder stammt aus Vulkanen. Das stimmt wirklich! Talk ist ein Stoff, den man als Magnesiumsilikat bezeichnet. Er kommt in Gestein vor, das sich aufgrund unterirdischer Hitze chemisch verändert hat.

6. Manche Zahnpasten enthalten Bims. Das ist auch ein vulkanisches Gestein. (Vielleicht habt ihr sowieso einen Bimsstein im Badezimmer. Man nimmt ihn auch zum Schrubben von Hornhaut.)

7. Zahnpasta beseitigt Keime und Essensreste von den Zähnen. Die ersten Zahnpasten bestanden aus groben Materialien wie Kalk oder Poliersand. Sicher entfernten sie die hässlichen Flecke wunderbar, aber sie entfernten auch manchen Zahn!

Entdecke ... selbst gemachte Zahnpasta

Du brauchst:
Salz
Zucker
Schüssel und
Löffel

Jetzt musst du:
1. Salz und Zucker mit wenig Wasser verrühren, bis eine dicke Paste entsteht.
2. Zähne putzen.

Anmerkung: Mit diesen Zutaten stellte man im 19. Jahrhundert tatsächlich Zahnpasta her. Bitte probiere sie nur einmal aus und nie wieder! Zucker ist nämlich schlecht für die Zähne. Du solltest sogar mit einer anständigen Zahnpasta die selbst gemachte wieder wegputzen. Es gibt Experimente, die man nicht wiederholen sollte ...

Die Zahnpasta ist nur ein Beispiel für die nützlichen Dinge, die sich die Chemiker ausgedacht haben. Aber manchmal ist es einfach der Zufall, der den Chemikern zu den aufregendsten Entdeckungen verhilft.

Eigentümliche Entdeckungen

Pleiten, Pech und Pannen waren der Ursprung so mancher bedeutenden Entdeckung. Selbstverständlich muss ein Wissenschaftler unvoreingenommen alles beobachten, was während eines Versuchs vor sich geht. Aber dabei kann es passieren, dass er bei dem Versuch, einem Problem auf den Grund zu gehen, ein ganz anderes löst!

Was Chemiker so von sich geben …
Hier erklären ein paar berühmte Chemiker ihre Erfolge. Erzähl das mal deiner Chemielehrerin.

„Jeder großen Entdeckung ging eine kühne Vermutung voraus."

Sir Isaac Newton (1642–1727)
Entdeckte die Schwerkraft; großer Alchemiefan.

„Der Fehlschlag ist der Vater des Erfolgs."

Hideki Yukawa (1907–1981)
Fand heraus, woraus sich die winzigen Bestandteile eines Atoms zusammensetzen.

„Die wichtigsten meiner Entdeckungen sind das Ergebnis meiner Fehlschläge."

Sir Humphry Davy (1778–1829)
Entdeckte viele neue Stoffe.

Viele überraschende Substanzen verdanken ihre Entdeckung demnach glücklichen Zufällen.

Acht Zufallsentdeckungen

1. *Teflon,* das Zeug, mit dem Anti-Haft-Pfannen beschichtet sind, gibt es in dieser Funktion erst seit 1955, weil die Frau des Erfinders eine schlechte Köchin war – ständig brannte ihr das Essen an.

2. *Pauspapier* wurde in den Dreißigerjahren erfunden, als ein Arbeiter einer Papierfabrik aus Versehen zu viel Stärke in den Zellstoffbottich kippte. Heraus kam ein festes, aber durchsichtiges Papier.

3. *Papiertaschentücher* wurden eigentlich zum Entfernen von Make-up entwickelt. Im Jahr 1924 verkaufte man sie als Taschentücher, nachdem Käufer berichtet hatten, dass man sich damit wunderbar die Nase putzen kann.

4. *Vulkanisierter Kautschuk:* Die ersten Gummisohlen schmolzen bei heißem Wetter. Doch im Jahr 1844 vergoss Charles Goodyear etwas kochenden Kautschuk und Schwefel. Er fand heraus, dass die klebrige Masse, die dabei herauskam, nicht mehr so leicht schmolz.

5. *Flummies* wurden entdeckt, als Forscher im Jahr 1943 versuchten, künstlichen Gummi aus Silikon herzustellen.

Das Ergebnis war für Autoreifen ungeeignet, doch den Chemikern machte es riesigen Spaß, damit zu spielen. Ein Kaufmann ergriff die Gelegenheit, entwickelte ein neues Spielzeug und verkaufte 750.000 Bälle in drei Tagen.

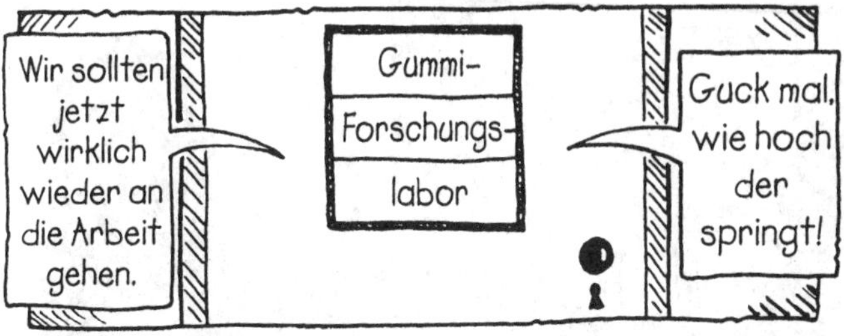

6. *Schmieröl* wurde zum ersten Mal im Jahr 1960 verkauft – als Mittel gegen Rheumatismus. Irgendein Chaot dachte sich dann wohl, was bei eingerosteten Gelenken hilft, muss auch für Scharniere gut sein!

7. *Bakelit,* ein Kunststoff, wurde im Jahr 1907 zufällig von Leo Baekeland (1863–1944) entdeckt. Der amerikanische Wissenschaftler experimentierte mit Formaldehyd. Auf dem Stuhl lag schon ein Käsebrot für die Mittagspause bereit. Versehentlich goss Leo etwas Formaldehyd darüber – und der Käse verwandelte sich in Kunststoff!

8. *Farbstoffe* aus Teer wurden im Jahr 1856 zufällig von einem britischen Wunderknaben namens William Perkin (1838–1907) entdeckt.

Da kommt Farbe auf!

1. Als William zwölf Jahre alt war, führte ihm ein Freund ein paar Chemieversuche vor.

2. Der kleine William beschloss, selbst ein paar Experimente auszuprobieren. Ein paar Jahre später schrieb er sich am Königlichen College für Naturwissenschaften ein.

3. Eines Tages, es war Ostern, machte er gerade im Gartenhäuschen seines Vaters seine Hausaufgaben. Er versuchte aus einem Bestandteil des Teers das Medikament Chinin herzustellen. Heraus kam eine widerliche schwarze Masse.

4. Mancher hätte an diesem Punkt aufgegeben, doch Perkin war fasziniert. Er gab Alkohol dazu und wurde mit schönen malvenfarbigen Kristallen belohnt.

5. Dieses Violett war ein ganz neuer Farbton. Niemand hatte so etwas je zuvor gesehen. Also versuchte Perkin die Kristalle zu einem Farbstoff zu verarbeiten. Wie sich herausstellte, waren sie ideal zum Färben von Seide.

6. Perkin schickte ein gefärbtes Seidentuch an eine schottische Firma und erhielt folgenden Brief.

Lieber William,
wenn deine Erfindung die Waren nicht zu sehr verteuert, dann ist sie mit Sicherheit das Wertvollste, was seit langem auf den Markt gekommen ist.
Mit freundlichen Grüßen
Pillars of Perth

Cool!

Wenn das keine Ermutigung ist!

7. William überredete seinen Vater, sein Geld in eine Fabrik zu stecken und einen Farbstoff namens „Mauvein“ herzustellen.

8. Mauvein (auch „Perkinviolett") wurde berühmt und kam in Mode. Bald wollten es jede und jeder tragen. Man verwendete es sogar zum Drucken von Briefmarken.

9. William wurde so reich, dass er sich im zarten Alter von 35 Jahren in den Ruhestand verabschieden konnte. Er baute ein neues Haus mit Privatlabor.

10. Im Jahr 1869 erfand er einen roten Farbstoff: doch ein deutscher Wissenschaftler war einen Tag schneller gewesen als er.

11. Im Jahr 1906 gab es eine Feier zum Jubiläum der Entdeckung von Mauvein. Die bedeutendsten Wissenschaftler und Unternehmer der Welt nahmen daran teil. Ehrengast war der 68 Jahre alte William Perkin.

12. Bedauerlicherweise starb Perkin bald darauf. Die Aufregung war zuviel für ihn gewesen!

13. Inzwischen hatten die Chemiker begonnen, mit Kunststoffen zu experimentieren, um weitere künstliche Stoffe herzustellen. Und weitere Entdeckungen zu machen – ganz zufällig.

Kleine Kunststoff-Fibel

NAME: Kunststoff

BESONDERE MERKMALE: Kunststoffe bestehen aus langen Molekülketten, die sich aus Kohlenstoffatomen aufbauen. Meist werden sie aus Stoffen hergestellt, die im Erdöl enthalten sind, aber auch Kohle, Erdgas, Baumwolle und sogar Holz sind wichtige Ausgangsstoffe. Kunststoffe sind stabil, aber dabei biegsam, weil ihre Moleküle stark verschlungen sind.

Grauenvolle Tatsachen: Manche Kunststoffe können in der Erde verrotten. Sie werden in mikroskopisch kleinen Keimen aus Kohlendioxid und Wasser gebildet. Der Kunststoff wird entfernt, und der Keim verdampft!

Alles Plastik – oder was?

Es ist kaum zu glauben, was aus Kunststoff alles hergestellt werden kann. Welche der folgenden Gegenstände, glaubst du, sind aus Kunststoff gemacht und welche nicht?

1. Trommel

2. Bucheinband

3. Trinkbecher

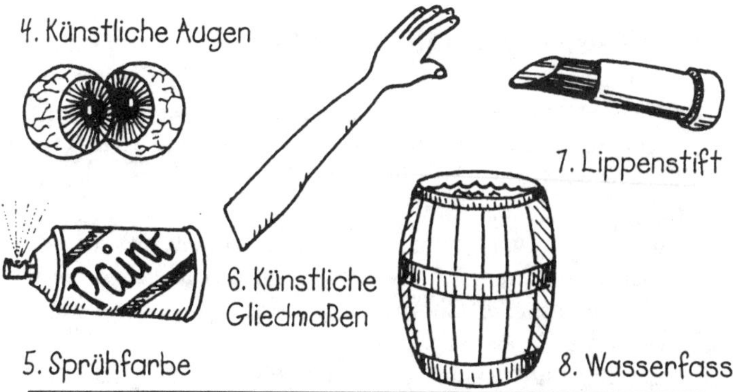

Antworten: 1. RICHTIG – Polyethylen. 2. FALSCH – Wenn du deinen Saft verschüttest, schützt eine Lackschicht auf Harzbasis den Umschlag vor Nässe. Probier's nicht aus – zumindest nicht mit diesem Buch! 3. RICHTIG. 4. RICHTIG – sie enthalten Acryl, damit sie nicht zerbrechen, wenn sie einmal herausfallen! 5. RICHTIG – sie enthält Acryl. 6. RICHTIG. 7. FALSCH. 8. RICHTIG.

Chemiker-Chinesisch

Eine Chemikerin erzählt ihrer besten Freundin: „Mein Unterhemd besteht aus Polyhexamethylenadipinsäureamid" (sprich: Poli-hexa-methü-len-adi-pin-säure-a-mid). Ist das sehr gefährlich?

Antwort: Überhaupt nicht. Sie trägt Unterwäsche aus Nylon.

Schon gewusst?

Wahrscheinlich trägst du auch Kleider aus Kunststoff. Viele Kleiderstoffe – Polyester, Viskose, Perlon und Nylon – werden aus Kunststoffen hergestellt. Doch Nylon wurde ebenfalls rein zufällig entdeckt. Und so kam's.

Eine Geschichte, die sich dehnt

Noch nie hatte man so etwas auf Erden gesehen. Es war robust wie Stahl und ideal für kugelsichere Westen. Und doch waren seine Fasern nicht dicker als ein Spinnennetz. Die Ausgangsstoffe waren nicht gerade sensationell: Erdöl, Erdgas, Wasser und Luft.

Die Geschichte begann im Jahr 1928, als ein schüchterner bebrillter Chemiker namens Wallace Hume Carothers in die gigantische Chemiefabrik DuPont in Delaware, USA, eintrat.

„Junger Mann“, sagte der Vizepräsident der Gesellschaft, Charles Stine. „Ich habe da eine ganz besondere Aufgabe für Sie. Wir forschen nach Methoden, wie wir Seide aus Mineralien herstellen könnten.“

Die meisten von uns hätten wohl geantwortet: „Mann, das ist ein bisschen viel verlangt!“ Doch Carothers blickte nachdenklich drein. „Ich werde die Polymere untersuchen müssen. Ich meine diese langen Moleküle, die Seide so stark und elastisch machen. Ob das wohl geht?“

„Ich denke“, meinte Carothers, „am besten erfinden wir neue Moleküle.“

„Nun, das ist Ihr Job, mein Junge. Tun Sie einfach, was Sie für richtig halten.“

Carothers' Labor war ein chaotisches Durcheinander voll eigenartig geformter Fläschchen, Dreifüßen, Bechergläsern mit seltsamen Flüssigkeiten und Glasflaschen mit unlesbaren Etiketten. Aber hier fühlte er sich wohl, und hier machte er seine große Entdeckung.

Nach fünf Jahren Forschung fand Carothers seinen neuen Stoff – Nylon. Doch er war völlig unbrauchbar! Nylon war ein durchsichtiger Kunststoffklecks, der am Boden eines Reagenzglases klebte und nur bei extrem hohen Temperaturen schmelzen wollte. Wie sollte man ihn in Fasern verwandeln, die sich zu einem Stoff verarbeiten ließen?

Carothers wandte sich anderen Polyamiden zu. Eines Tages spielte sein Assistent Julian Hill mit einem Polyamid im Reagenzglas herum. Er war verblüfft, dass er mit einem

Stäbchen Fäden ziehen konnte – wie bei geschmolzenem Mozzarella auf einer Pizza.

„Wartet, bis der Chef draußen ist“, sagte er den anderen. „Ich will mal was ausprobieren.“

Sie zogen den Polyamidfaden so weit es eben ging. Das sah ziemlich komisch aus, denn er ließ sich mehrere Meter lang den ganzen Flur hinunterdehnen.

Durch diese Prozedur ordneten sich die Polyamidmoleküle in robusten Fasern an. Vielleicht konnte man das Gleiche auch mit Nylon machen? Ja, man konnte.

Dieser dramatische Durchbruch ermöglichte die Herstellung einzigartiger neuer Stoffe. Wie Carothers reagierte, als er zurückkam, ist nicht überliefert. Er könnte jedoch gesagt haben: „Eure Arbeit zieht sich ganz schön in die Länge!“

Nylonstrümpfe wurden im Jahr 1938 auf der Welthandelsmesse auf den Markt gebracht. Charles Stine erklärte seinem weiblichen Publikum: „Das ist die erste künstlich hergestellte organische Textilfaser. Und dabei ist sie elastischer als jede herkömmliche natürliche Faser.“

Und das Tollste an der Sache: Nylon war viel billiger als Seide, so dass mehr Menschen sie sich leisten konnten. Das Publikum war begeistert und applaudierte stürmisch. Doch Carothers erlebte die Begeisterung nicht mehr …

Ein trauriges Ende
Im Jahr 1936 war Carothers nach dem Tod seiner Schwester in völlige Hoffnungslosigkeit versunken. Im Jahr darauf nahm er sich mit einer tödlichen Dosis Zyanid das Leben. Er war erst 41 Jahre alt.

Noch ein paar synthetische Sachen

Einige Jahre später befand sich die Welt im Krieg, und Nylon erwies sich als kriegsentscheidendes Material. Zahllose Fallschirme wurden daraus genäht und die gebrauchten Fallschirme später wieder zu Strumpfhosen verarbeitet.

Heutzutage werden aus Nylon nicht nur Strümpfe produziert, sondern von Seilen über Teppiche bis zu den Borsten von Zahnbürsten so ziemlich alles. Dabei ist Nylon nur eines von hunderten künstlich hergestellter Materialien – von der Acrylfarbe bis hin zum Zinkoxid (wird unter anderem auf wunde Baby-Popos geschmiert).

Übrigens: All diese Stoffe haben eins gemeinsam. Sie bestehen aus Atomen – diesen verteufelt kleinen Dingern, die Chemiker verteufelt neugierig machen. Also dann: höchste Zeit für die Grundlagen!

Atemberaubende Atome

Atome sind atemberaubend – atemberaubend klein. Und atemberaubend wichtig. Schließlich besteht im Universum einfach alles aus Atomen – auch du.

Die unglaubliche Geschichte der schrumpfenden Lehrerin

Die Maschine ist fertig – ein Furcht einflößendes Monstrum mit Röhren und Lasern, auf Hochglanz poliert und betriebsbereit. Jetzt fehlt nur noch ein mutiger, ja waghalsiger Freiwilliger, der sich ins Ungewisse vorwagt. Diese Person wird die fantastische Energie des unglaublichen Schrumpfungsstrahls verspüren – und hoffentlich überleben, um später davon zu berichten.

Die Versuchsperson ist bereit. Eine Frau mit Nerven wie Drahtseilen. Für WahnsinnsWissen wird sie sich auf eine Reise wagen, von der sie vielleicht nie zurückkehrt. Die heroische Versuchsperson ist … deine Chemielehrerin.

Sie stellt sich unter den Strahl und scheint zu verschwinden. Bald ist sie wenig größer als eine Puppe, und sie schrumpft noch weiter! In null Komma nichts ist sie um das FÜNFZIGFACHE kleiner geworden. Sie ist jetzt so klein, dass sie in deine Tasche passt. Dann … ist das eine

Ameise? Nein, es ist deine Lehrerin, und sie ist nun FÜNFHUNDERTMAL kleiner. Nanu, wo ist sie denn hin?

Der kleinste Gegenstand, den du noch sehen kannst, ist vielleicht einen zehntel Millimeter groß. Deine Lehrerin ist jetzt aber kleiner. Wenn du ein Mikroskop hättest, könntest du deine Lehrerin noch sehen, wenn sie vierhundertmal kleiner wäre. Doch dafür ist sie auch schon zu klein. Sie ist jetzt winziger als das kleinste Tröpfchen, das aus einer Spraydose kommt – ein fünfzigtausendstel Millimeter. Und das ist ganz schön winzig!

Deine schrumpfende Lehrerin fällt und fällt, sie stürzt in ein Meer von Bällen, die heftig umhertosen wie bei einem schweren Sturm. Jeder Ball sieht aus wie ein winziger Planet, der von Chaoswolken umkreist wird. Deine Lehrerin ist in der wundersamen Welt der Atome angekommen.

Eine kleine Welt

- Wenn du eine Million Atome aneinanderreihst, würden sie nur den Punkt am Ende des Satzes verdecken.
- Wenn du sie ein bisschen quetschst, kannst du eine Trillion Atome – 1.000.000.000.000.000.000 – in einer Stecknadel unterbringen.
- 600.000.000.000.000.000.000.000 (sechshundert Trilliarden) Atome passen in einen Fingerhut.

Aber wenn die Atome so klein sind, woher wissen wir dann, dass es sie gibt?

Topstars der Chemie

Demokrit (ca. 460–370 v. Chr.). Nationalität: Grieche
Demokrit war bekannt als der „lachende Philosoph“ – keiner weiß, warum. Ganz sicher lachten manche Leute ihn aus, weil er behauptete, es gebe Atome. Und so stellte er sich das vor:

Damals glaubten nur wenige an die Existenz von Atomen. Aber viele hundert Jahre später stellte es sich heraus, dass Demokrit Recht hatte! Wer zuletzt lacht …

Schon gewusst?
Heute können sich die Wissenschaftler Atome ansehen und sie fotografieren – mit einem Raster-Tunnel-Elektronenmikroskop. Es misst die elektrische Kraft zwischen Atomen. Es macht fantastische Fotos von den Atomen, auf denen sie wie Tischtennisbälle aussehen.

Mitten im atemberaubenden Atom
Stell dir mal vor, deine schrumpfende Lehrerin wagte sich ins Innere eines Atoms vor. Folgendes würde sie sehen:

1. Ein Atom besteht aus einem Materieklecks, dem Atomkern, der von Elektronen umgeben ist. Die Elektronen sind winzige Teilchen elektrischer Energie.

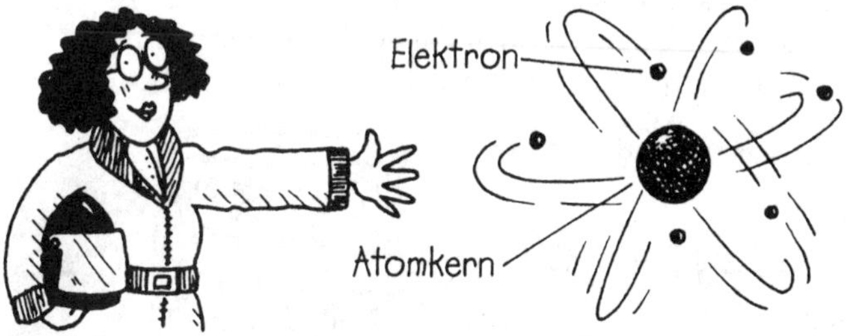

2. Die Elektronen schwirren chaotisch in der Gegend herum. Wenn du denkst, du hättest eines erwischt, ist es schon wieder ganz woanders.

3. Allerdings können die Elektronen nicht einfach überallhin fliegen, sondern sie bewegen sich in einer Hülle rund um den Atomkern.

Entdecke … Atome in Bewegung

Du brauchst:
kaltes Wasser, das 2 Std. im Kühlschrank gestanden hat
Lebensmittelfarbe, ein großes Glas
Jetzt musst du nur noch:
1. Das Glas zur Hälfte mit heißem Wasser füllen.
2. Etwas Lebensmittelfarbe dazugeben und umrühren.

3. Das Glas mit dem kalten Wasser auffüllen. Was geschieht?

a) Nichts. Das warme Wasser bleibt, wo es war.

b) Das kalte Wasser scheint von oben nach unten zu sinken und sich mit dem warmen Wasser zu vermischen.

c) Das warme Wasser scheint aufzusteigen.

Antwort: c) Die warmen Wassermoleküle bewegen sich schneller als die kalten. Sie streben auseinander und steigen dabei auf. Du siehst also Billionen von Atomen in Bewegung.

Die erste Frage, die sich einem Chemiker bei der Erforschung der Atome stellt, ist die, wie sich die Atome in einem Stoff anordnen. Um eine Antwort zu bekommen, führen die Wissenschaftler normalerweise eine Menge Experimente durch, die sie dann noch einmal wiederholen, damit sie auch ganz sicher sein können. Doch einer schlug einen ganz anderen Weg ein.

Topstars der Chemie

Friedrich Kekulé (1829–1896). Nationalität: Deutscher

In der Schule war Kekulé gut im Zeichnen, deshalb studierte er Architektur. Eines Tages besuchte er einen Mordprozess. Der junge Kekulé war überwältigt von den schauderhaft schlechten wissenschaftlichen Beweisen und überrascht, dass man sie vor Gericht nicht mit einem Lächeln abtat. Kekulé beschloss, Wissenschaftler zu werden und mehr über dieses faszinierende Thema herauszufinden. So kam er im Jahr 1854 nach London.

Eine traumhafte Entdeckung

1. 1854. Kekulé döste auf einem Doppeldeckerbus vor sich hin.

2. Plötzlich tanzten Atome vor seinen Augen umher.

3. Dann wachte er auf.

4. Aber der Traum brachte ihn auf eine raffinierte Idee.

5. Er fertigte ein Modell an, indem er kleine Bälle durch Stäbchen verband.

Auf diese Art kam er darauf, dass einige Atome sich leichter zu neuen Stoffen verbinden, andere schwerer. Ein neues Forschungsgebiet war geboren – und das nur aufgrund eines Traums!

Kekulé musste noch jahrelang geduldig Versuch für Versuch durchführen, ehe er sicher war, dass sein Traum ihn auf die richtige Spur geführt hatte. Benzol ist wirklich ein Atomring. Und die traumhafte Entdeckung machte es möglich, dass neue chemische Farbstoffe und tausende anderer nützlicher Stoffe entwickelt werden konnten.

Elementares Chaos

Es gibt über 100 verschiedene Arten von Atomen. Diese Varianten bezeichnet man als Elemente. Jahrzehntelang befand sich das chemische Wissen im Chaoszustand, weil verwirrte Chemiker versuchten diese Elemente zu klassifizieren. Der Grundgedanke, dass es Elemente gibt, kam dem langweiligen britischen Wissenschaftler John Dalton.

Topstars der Chemie

John Dalton (1766–1844). Nationalität: Brite

John Dalton gehörte nicht gerade zu den Scherzkeksen dieser Welt. Stundenlang konnte er nur über wissenschaftlichen Kram schwadronieren. Und wenn dich das an einen gewissen Chemielehrer erinnert, den du kennst, dann wird es dich nicht sonderlich überraschen, dass Dalton Lehrer für Naturwissenschaften war. Damals fingen sie ganz schön früh an – John war erst zwölf, als er Lehrer wurde.

Wie jeder Wissenschaftler wusste John, dass Wasser in Wasserstoff und Sauerstoff aufgespalten werden kann. Doch diese Stoffe ließen sich nicht weiter zerlegen. Daher nannte er sie „Elemente" und behauptete, dass jedes eine Sorte Atom sei. Die Leute machten sich über John lustig. Doch bald schon verging ihnen das Lachen, denn andere Wissenschaftler wiesen in ihren Experimenten nach, dass

John Recht hatte. Er wurde berühmt, und heute gibt's sogar eine Statue von ihm.

Elementare Elemente

Auf der Erde gibt es 94 Elemente. Außerdem haben die Wissenschaftler aus winzigen Materieteilchen neue Elemente geschaffen, die leider die Angewohnheit haben, nach wenigen Sekunden zu zerfallen. Hier ist ein Führer durch die wichtigsten Elemente, die das nicht tun.

Kleiner Elemente-Führer

Name des Stoffes: Aluminium

Vorkommen: Im Boden und in Gestein

Wichtige Merkmale: Leichtes und nützliches Metall. Man macht Pfannen, Bratfolien und Klappstühle daraus. Sogar Kleidungsstücke lassen sich damit herstellen!

Name des Stoffes: Kohlenstoff

Vorkommen: In Diamanten, Benzol, Kohle und in deinem Bleistift.

Wichtige Merkmale: Das verbreitetste Atom im menschlichen Körper, was merkwürdig ist, weil die Menschen gar nicht aussehen wie Kohle.

Name des Stoffes: Blei

Vorkommen: In deinem Bleistift ist gar kein Blei! Blei ist ein graues Metall, das man häufig auf alten Kirchendächern sieht.

Wichtige Merkmale: Nicht essen – Blei ist ein bösartiges Gift. Es ist ziemlich schwer – lass es deiner Lehrerin nicht auf die Zehen fallen!

Name des Stoffes: Calcium

Vorkommen: In Milch, Kalk, Marmor, in Knochen und im Gips für gebrochene Knochen.

Wichtige Merkmale: Brennendes Calcium macht eine schöne rote Flamme. Aber das ist kein Grund, den Gipszeh deiner Lehrerin abzufackeln!

Name des Stoffes: Chlor

Vorkommen: Chlor ist das Zeug, das im Schwimmbad so stinkt.

Wichtige Merkmale: Tötet Keime ab; in der Nase ist es allerdings recht unangenehm.

Name des Stoffes: Kupfer

Vorkommen: In Gestein unter Tage

Wichtige Merkmale: Jede Menge Einsatzmöglichkeiten vom elektrischen Kabel bis hin zu den Nieten an deinen Jeans. Die schmutzigen Auto- und Industrieabgase lösen eine chemische Reaktion aus, die Kupfer grün färbt. Deshalb sieht die kupferbeschichtete Freiheitsstatue immer so seekrank aus.

Name des Stoffes: Gold

Vorkommen: In Gestein unter Tage

Wichtige Merkmale: Hervorragend geeignet für falsche Zähne und Schmuck. Es kostet allerdings eine Kleinigkeit.

Names des Stoffes: Helium

Vorkommen: In der Luft

Wichtige Merkmale: Ideal zum Füllen von Ballons. Es ist leichter als Luft, sodass die Ballons aufsteigen. Wenn du Helium einatmest, klingst du wie Mickymaus. Das liegt daran, dass die Schallwellen deiner Stimme sich durch Helium schneller ausbreiten als durch Luft. Deshalb klingt die Stimme höher und quietschiger.

Name des Stoffes: Wasserstoff

Vorkommen: Das verbreitetste Element. Nicht nur Sterne wie unsere Sonne bestehen aus Wasserstoff, sondern auch 97 % des bekannten Universums.

Wichtige Merkmale: Wasserstoff ist das leichteste Element und steigt daher auf. Deshalb hat man früher Wasserstoff in die Ballons gefüllt. Dient auch als Raketentreibstoff. Schwefel-Wasserstoff stinkt nach faulen Eiern.

Name des Stoffes: Eisen

Vorkommen: Ein großer Teil der Erde besteht aus Eisen. Man findet es in Gestein oder im Boden.

Wichtige Merkmale: Gut geeignet für Gitterstäbe. Es findet sich auch in dem Stoff, der deinem Blut die leckere rote Farbe gibt.

Name des Stoffes: Sauerstoff

Vorkommen: Das verbreitetste Element auf der Erde.

Wichtige Merkmale: Ein Fünftel der Atome in der Luft sind Sauerstoff. Ohne sie wären wir mehr als nur ein bisschen tot. Manche Leute glauben, dass sie länger leben, wenn sie reinen Sauerstoff einatmen. Das ist wahrscheinlich Blödsinn. Die Mediziner nehmen an, dass zuviel Sauerstoff den Blutdruck gefährlich erhöht.

Name des Stoffes: Plutonium

Vorkommen: In Atomkraftwerken, in der Natur nur in winzigen Mengen.

Wichtige Merkmale: Gehört zu den gefährlichsten aller giftigen Stoffe. In feuchter Luft fängt es Feuer. Der Mann, der es 1940 entdeckte, trug stets etwas davon in einer Schachtel mit sich herum. Plemplem!

Name des Stoffes: Silber

Vorkommen: In Gestein unter Tage.

Wichtige Merkmale: Beliebtes Schmuckmetall. Silbersalze machen den Film in deiner Kamera lichtempfindlich. In den letzten 50 Jahren haben die Leute rund 100.000 Tonnen Silbermünzen verloren. Wo die wohl geblieben sind?

Name des Stoffes: Schwefel

Vorkommen: Schwefel ist ein stinkendes gelbes Zeug, das aus Vulkanen aufsteigt.

Wichtige Merkmale: Früher gab man Kindern Schwefel vermischt mit Sirup als Medizin. Das Zeug schmeckte so ekelhaft, dass es die meisten schleunigst wieder ausspuckten.

Zwielichtige Elemente

Einige der eher unbekannten Elemente sind reichlich seltsam. Welche dieser Behauptungen, meinst du, sind zu seltsam um wahr zu sein?

RICHTIG oder FALSCH?

1. Das Element Phosphor wurde von einem Alchemisten beim Betrachten seines eigenen Urins entdeckt.

2. Die Elemente Yttrium, Erbium, Terbium und Ytterbium wurden allesamt in einem schwedischen Bergwerksort entdeckt.

3. Das Element Dysprosium wurde im Jahr 1886 entdeckt. Der griechische Name bedeutet „furchtbar übel riechend".

4. Das Element Selen wurde von dem Schweden Berzelius entdeckt. Leider erkannte er erst, dass es giftig ist, als er sich damit vergiftete.

5. Das Element Cadmium wurde entdeckt, als es versehentlich in eine Medizinflasche geriet.

6. Das Element Krypton wurde nach dem Heimatplaneten von Superman benannt.

7. Der Wissenschaftler, der Beryllium entdeckte, benannte es nach seiner Frau Beryl.

8. Das Element Astatin kommt so selten vor, dass du auf der ganzen Erde nur 0,16 Gramm davon finden würdest, wenn du überall suchtest.
9. Technetium wurde zuerst im Kot von Käfern gefunden.
10. Lutetium wurde nach dem römischen Namen für Paris benannt.

Antworten: 1. Unappetitlich, aber RICHTIG. Der Alchemist Hennig Brand (etwa 1630–1692) machte seine Entdeckung im Jahr 1669. Er muss ziemlich geschockt gewesen sein – Phosphor leuchtet im Dunkeln. 2. RICHTIG. Der Ort heißt Ytterby, und dort wurden gleich mehrere Elemente entdeckt. 3. FALSCH. Er bedeutet „schwer zu beschaffen“. 4. FALSCH. Berzelius starb viele Jahre nach der Entdeckung von Selen. 5. RICHTIG. Im Jahr 1817 analysierte der deutsche Chemiker Friedrich Stromeyer die Inhaltsstoffe von unreinem Zinkoxid. 6. FALSCH. Doch Krypton, so weiß man heute, schwebt frei durchs Weltall. Der griechische Name bedeutet „geheim“. 7. FALSCH. 8. RICHTIG. Es ist das Element, das am seltensten vorkommt. 9. FALSCH. 10. RICHTIG.

Schon gewusst?
Du findest alle Elemente im ausgeklügelten Periodensystem, das der russische Chemiker Dimitrij Mendelejew (1834–1907) erstellt hat. Und so funktioniert es:
***1.** Die Elemente werden nach der Anzahl ihrer Elektronen gruppiert.*
***2.** Die Elemente einer Gruppe reagieren auf ähnliche Weise, wenn sie mit anderen Stoffen in Berührung kommen.*

Topstars der Chemie

Dmitri Mendelejew (1834–1907). Nationalität: Russe
Andere Wissenschaftler hatten es vielleicht auch schwer. Doch Mendelejews Leben war ein wahr gewordener Kitschroman. Sein Vater war Lehrer und erblindete. Seine Mutter leitete die familieneigene Glasfabrik und erzog 14 Kinder. Doch als Dmitri 14 war, brannte die Fabrik nieder. Dmitri ging nach St. Petersburg, um Chemie zu studieren. Er erarbeitete das Periodensystem, indem er je ein Element auf ein Kärtchen schrieb und diese ähnlich auslegte wie seine Lieblingspatience (ein Kartenspiel). Im Jahr 1955 nannte man das Element 101 zu seinen Ehren Mendelevium. Dmitri endete in seinem eigenen System!

Und hier wird's kompliziert

So, das war's. Du musst einfach nur das Periodensystem kennen und wissen, welche Elemente zusammengehören. Kinderleicht, oder? Äh – nicht ganz. Nur um das Chaos noch ein bisschen chaotischer zu machen, verändern sich die Stoffe ständig und verbinden sich miteinander. Verwirrt? Na, dann warte nur, was im nächsten Kapitel auf dich zukommt!

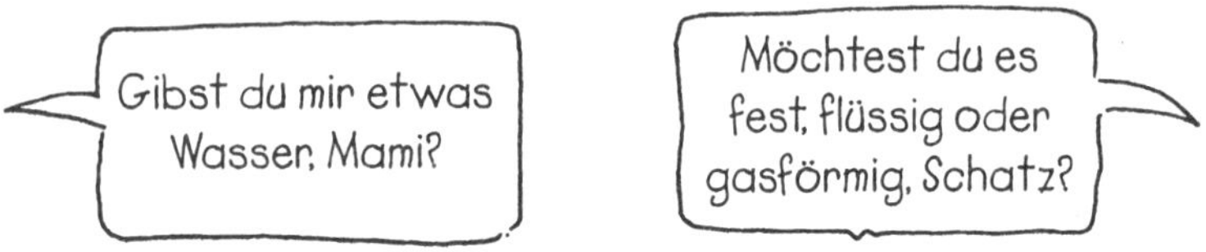

Vorhersage: Veränderlich

Alles verändert sich – das ist weithin bekannt und deshalb eine ziemliche Binsenweisheit. Aber WARUM verändern sich die Dinge? Bei den chemischen Stoffen hat das meistens mit Hitze oder Kälte zu tun. Das Ergebnis kann ein chaotisches chemisches Durcheinander sein.

Schon gewusst?
Du denkst wahrscheinlich, Wasser ist flüssig, Eisen fest und Sauerstoff gasförmig. Falsch, falsch und nochmals FALSCH! Vielmehr kann JEDER Stoff fest, flüssig oder gasförmig sein. Das hängt nur davon ab, wie warm er gerade ist. Unter 0 °C tritt Wasser fest auf, als Eis. Oberhalb dieser Temperatur verwandelt es sich in – na ja, Wasser. Über 100 °C kocht das Wasser und wird zu einem Gas – Wasserdampf.

Feste Fakten

Hast du dir je Gedanken darüber gemacht, warum einige feste Materialien biegsam sind, andere ganz starr? Hast du dich jemals gefragt, warum das gute Porzellan deiner Tante immer gleich zerbricht und warum ihr Sandkuchen immer … so sandig ist? Hier kommt die Antwort.

- In jedem festen Material sind die Atome miteinander verknüpft. Wichtig ist die Art ihrer Anordnung.
- Wenn sie in geschmeidigen Ketten aneinander hängen, ist der Gegenstand elastisch wie ein Gummiband. Sie lassen sich leicht zusammendrücken.

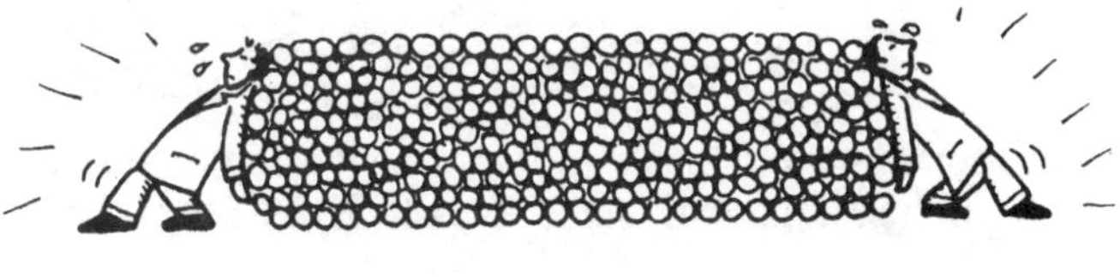

• In harten Materialien wie Diamanten sind die Atome in einem starren und robusten Gitterwerk angeordnet.

• In weicheren Materialien wie Graphit – das Zeug in deinem Bleistift – sind die Atome in losen Schichten angeordnet, die sich – z. B. beim Schreiben – leicht ablösen.

• In Porzellan sind die Atome eng vergittert. Doch wenn eine Atombindung reißt, zerbricht das Porzellan!

• In Metallen werden die Atome von sich anrempelnden Elektronen umkreist. Die elektrische Kraft der Elektronen hält die Atome an ihrem jeweiligen Platz fest. Doch jedes Atom kann sich ein bisschen bewegen – deshalb kannst du Metall verbiegen. Wenn du stark bist!

Ein zarter Schmelz

En paar Fakten zum Thema Schmelzen und Gefrieren:

1. In Nordkanada gefrieren manche Seen durch und durch zu. Es beginnt mit einem einzigen Eiskristall, der wächst. Jeder gefrorene See ist also ein riesiger Eiskristall.

2. Gefrierendes Wasser dehnt sich aus und zerstört mit einer Kraft von 140 Kilogramm pro Quadratzentimeter alles, was diese Ausdehnung verhindert (Wasserrohre zum Beispiel!). Das reicht um ein Schiff zu versenken!

3. Schnee und Hagel gibt es, wenn sich die Wassermoleküle hoch am Himmel zusammenschließen und gefrieren. Hagelkörner entstehen in einer kalten Wolke: Große Eisklumpen schwirren umher und werden immer größer. Das größte Hagelkorn hatte einen Durchmesser von 19 Zentimetern und fiel im Jahr 1970 in Kansas vom Himmel.

4. Du kannst Schneebälle machen, weil Schnee schmelzendes Eis ist und sich zusammendrücken lässt. Wenn es richtig kalt ist, wie in der Antarktis, dann ist der Schnee hart und pulvrig. Also keine Schneeballschlachten am Südpol!

5. Und das passiert, wenn Eis schmilzt: Solange die Wassermoleküle im Eis aneinander gekettet sind, zittern sie nur ganz leicht.
6. Nur wenn es sehr kalt ist, sind die Moleküle absolut regungslos. Diese Temperatur liegt bei –273,15 °C. Das ist der absolute Nullpunkt.
7. Beim Schmelzen nehmen die Moleküle Wärmeenergie auf und zittern immer stärker. Schließlich treiben sie frei umher.

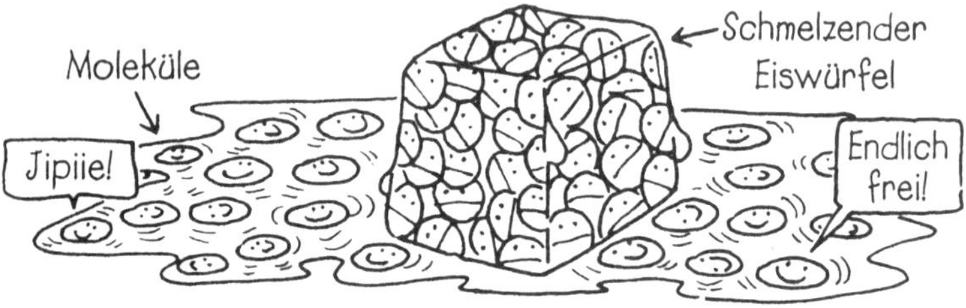

8. Wenn man die Moleküle weiter erwärmt, bewegen sie sich immer schneller, bis sie schließlich in die Luft aufsteigen und gasförmig werden.

Schon gewusst?
1. *Verschiedene Stoffe schmelzen und gefrieren bei unterschiedlichen Temperaturen. Das hängt mit den Atombindungen in den Stoffen zusammen. Sind sie stark, brauchst du massig Wärmeenergie um sie aufzubrechen. Der Schmelzpunkt ist dann höher.*
2. *Ein Gas verwandelt sich erst bei enormer Kälte in eine Flüssigkeit. Für flüssigen Sauerstoff brauchst du –188,191 °C, und damit Sauerstoff fest wird, muss es noch frostiger sein: –218,792 °C! Zum Glück ist es bei uns nicht so kalt – sonst hätten wir nichts zum Atmen. Bisschen unangenehm!*

Teste deinen Lehrer

Natürlich kann alles flüssig sein, wenn es nur die richtige Temperatur hat. Nerve deinen Lehrer mit diesem kniffligen Test.

1. Im Verlauf mehrerer hundert Jahre sinkt Fensterglas langsam nach unten zum Fensterrahmen. Ist Glas nun flüssig oder fest?

2. Die grüne Anzeige im Taschenrechner besteht aus Kristallen. Sind die flüssig oder fest?

3. Ist Götterspeise eine Flüssigkeit oder ein Feststoff?

4. Heliumgas, das auf –271 °C gekühlt wird, kann gegossen werden und kriecht die Wand eines Becherglases hoch. Ist es flüssig oder fest?

Antworten: 1. Es ist eine Flüssigkeit! 2. Eine Fangfrage. Sie sind irgendwo dazwischen. Es handelt sich um spezielle Kristalle, die nicht schmelzen, wenn man sie erwärmt. Sie sind also fest, auch wenn sie schon flüssig sein sollten! 3. Sie ist eine Flüssigkeit, die man als Kolloid bezeichnet – eine Flüssigkeit mit vielen kleinen öligen Tröpfchen. Igitt! Ein Punkt fürs Kolloid, ein halber für die Flüssigkeit und ein verdorbener Magen, wenn's fest ist. 4. Noch eine Fangfrage. Es ist eine supercoole Flüssigkeit, deshalb verhält sie sich so eigenartig.

Gemischte Gemische

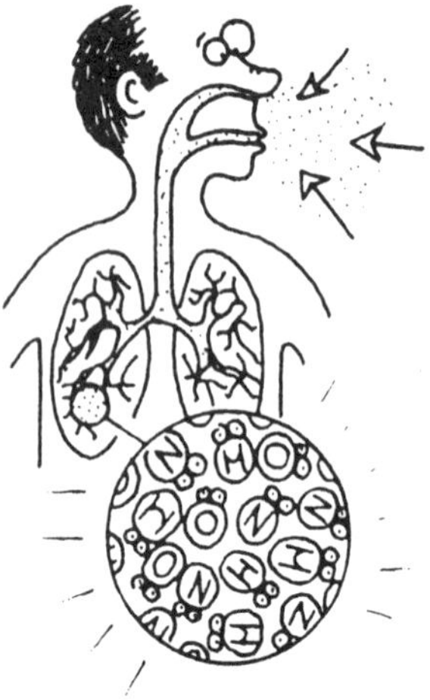

Unser Planet besteht zum größten Teil aus Stoffgemischen. Zum Beispiel die Luft: Mit jedem Atemzug verabreichst du dir eine tolle Mixtur aus Sauerstoff, Stickstoff, Wasserstoff und ein paar anderen Gasen. All diese Atome sind gut miteinander vermischt. Aber seltsamerweise geschieht überhaupt nichts – sie reagieren nicht miteinander.

Wenn du zwei Gase oder Flüssigkeiten zusammenbringst, verteilen sich die Atome der einzelnen Stoffe meist, bis sie sich vollständig miteinander vermischt haben. Doch manche Stoffe lassen sich partout nicht mixen.

Wenn eine Flüssigkeit schwerer ist als Wasser, sinkt sie auf den Boden des Wasserglases, statt sich mit dem Wasser zu vermischen. Probier mal den folgenden Chemiecocktail aus …

Du brauchst:
ein hohes Glas
Wasser (wenn's geht mit ein paar Tropfen Lebensmittelfarbe)
Öl und
Sirup (etwa gleich viel)
Schirmchen (wahlweise)
Strohhalm (wahlweise)

Jetzt musst du nur noch:

1. Von jeder Flüssigkeit etwa gleich viel in das Glas geben.
2. Herumsitzen und warten, dass etwas geschieht.
3. Beobachten, ob eines der folgenden Dinge passiert …
a) Die Flüssigkeiten vermischen sich miteinander.

b) Das Wasser bleibt oben, das Öl sinkt zur Mitte, der Sirup zum Boden.
c) Das Öl schwimmt oben, das Wasser ist in der Mitte, der Sirup sinkt zu Boden.

Antwort: c) Außer du hast irgendwo etwas chaosmäßig falsch gemacht.

Schon gewusst?
Wenn du eine feste Substanz in Wasser gibst, löst sie sich manchmal auf. Warum das passiert? Ein Wassermolekül besteht aus zwei Wasserstoffatomen und einem Sauerstoffatom. Allerdings wurden die Elektronen der Wasserstoffatome von dem Sauerstoffatom geklaut. Dadurch haben die Wasserstoffatome eine positive Ladung und das Sauerstoffatom eine negative. Moleküle, die nichts ahnend im Wasser umhertreiben, werden von diesen Ladungen festgehalten und ZERFETZT! Peinliche Sache!

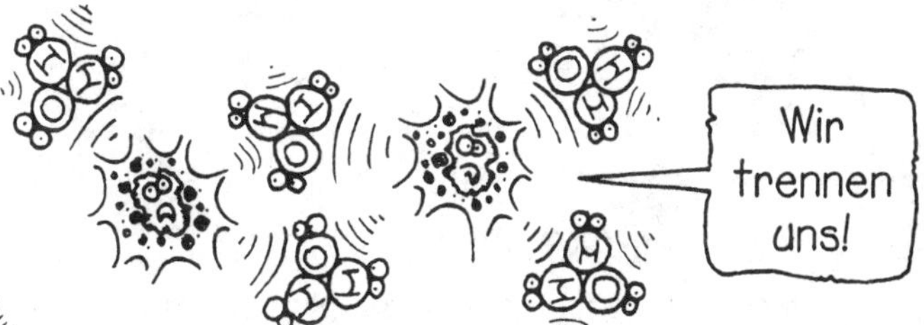

Trennen von Stoffgemischen

Du kannst Stoffe nicht nur mischen, sondern auch wieder trennen. Wenn zum Beispiel ein Stoff mit Wasser vermischt wurde, kannst du das Wasser verdampfen lassen, und der Originalstoff bleibt übrig. Wenn wir schon davon reden, wie man Stoffe von Wasser trennt – ein Wissenschaftler hatte da eine tolle Idee. Es handelt sich um Fritz Haber – und hier ist seine Geschichte …

Topstars der Chemie

Fritz Haber (1868–1934). Nationalität: Deutscher

Fritz Haber war ein kleiner und spitzer Mann mit einem kleinen, spitzen Bärtchen. Auf Fotos ist er immer mustergültig gekleidet. Der Sohn eines Kaufmanns widmete sein Leben der Chemie und dem Dienst an seinem Land. Ja – Fritz war eine deutsche Geheimwaffe.

Vor dem Ersten Weltkrieg (1914–1918) erfand Fritz eine neue Methode, um einen Stoff namens Ammoniak herzustellen. Das hatte gute und böse Folgen.

Die gute Nachricht: Mit Ammoniak wurden erschwingliche Düngemittel hergestellt. Das war eine feine Sache beim Anbau von Pflanzen.

Die schlechte Nachricht: Es wurden Sprengstoffe damit hergestellt. Eine feine Sache um Leute in die Luft zu jagen.

Am Ende verloren die Deutschen den Krieg. Das Land war zerstört und beinahe pleite. Da hatte Fritz noch eine tolle Idee.

Fritz im Goldrausch

Wenn du ein paar Milliarden Mark brauchst, dann reicht es nicht, am Samstag mal Papis Auto zu waschen. Geh lieber Gold suchen! Im Meer gibt es Gold – Millionen Tonnen gelber Klunker! Überleg mal: 71 % der Erde sind mit Ozeanen bedeckt, in denen sich 97 % der Wasservorkommen befinden. Und dann stell dir vor: Millionen von Bächen waschen das Gold aus Felsen und Spalten, und die Flüsse schwemmen es dann ins Meer!

Allerdings gibt es da ein kleines Problem. Das Gold tritt in winzig kleinen Körnchen auf. Die verstecken sich in Billiarden von Tonnen Wasser, Salz und den etwa siebzig anderen Elementen, die sich noch im Meer herumtreiben.

In den vergangenen fünfzig Jahren haben über fünfzig Wissenschaftler Methoden ausgetüftelt, um an das Gold zu kommen. Und ALLE scheiterten.

Doch Fritz und seine Forscherkollegen wollten es unbedingt auch versuchen. Also charterten sie einen Luxusdampfer namens Hansa und machten sich auf die Suche nach goldhaltigem Meerwasser. Sie hatten vor, das Wasser verdampfen zu lassen, um dann mithilfe bestimmter Chemikalien das Gold von den übrigen Stoffen zu trennen.

Doch nach acht Jahren und drei Reisen gaben sie auf. Und warum? Ganz einfach: Wenn du eine Milliarde Eimer

Meerwasser untersuchst, findest du nur in 40 davon Spuren von Gold – wenn du GLÜCK hast! Es gibt zwar massenhaft Gold im Meer – aber noch viel mehr Wasser! Und das bisschen Gold, das du vielleicht findest, ist die Mühe nicht wert.

Wir werden noch von Fritz hören. Er taucht im nächsten Kapitel auf ziemlich abstoßende Weise noch mal auf.

Geniale Gase!

Ohne Gase geht gar nichts. Ohne Gas bleibt uns die Luft weg und die Ballons fallen vom Himmel. Gase sind ein Teufelszeug – besonders wenn sie Menschen vergiften oder in die Luft gehen! Aber sie sind auch interessant. Manchmal sind sie sogar komisch – nimm zum Beispiel das Stickstoffoxid, besser bekannt als Lachgas.

Kleiner Gas-Steckbrief

Name: Gase

Besondere Merkmale: Gase sind Atome oder Atomgruppen, die wie winzige Bälle umherhüpfen. Wenn du bei Wind nach draußen gehst, kannst du die Gasatome spüren.

Grauenvolle Tatsachen: Einige Gase sind ziemlich giftig (Einzelheiten auf den nächsten Seiten).

Schon gewusst?
Ein sehr heißes Gas verwandelt sich in so genanntes Plasma. Das ist eine brennende Wolke, die so heiß ist, dass sie es schafft, den Atomen ihre Elektronen zu entreißen. Unsere Sonne ist eine Plasmawolke aus Wasserstoff- und Heliumgasen, die im Innern 15 000 000 °C heiß sind. Plasma gibt es z. B. auch in den Neonlichtern deiner Schule. Zum Glück sind die nicht ganz so heiß!

Stinkbomben

Einige Chemiker haben wohl keinen besonders guten Geruchssinn. Sonst würden sie wohl kaum so viele stinkige Mixturen herstellen. Jeder Geruch wird von Gasmolekülen erzeugt, die sich in der Luft verteilen. Du könntest auch mal einen kleinen Mief fabrizieren mit der …

Es gibt 17 000 bekannte Gerüche, aber die schlimmsten sind Äthanthiol und Butylselenthiol. Die beiden riechen wie vergammelter Weißkohl, Knoblauch, Zwiebeln, verbrannter Toast und Kloake zusammen genommen! Uahh!

Aber wenn du mehr Duft fürs Geld willst, gibt es immer noch das Aldehyd Vanillin. Dieser Stoff wird im Labor hergestellt und duftet nach Vanille. Ja, er riecht so stark, dass nur drei zehntausendstel Gramm davon ausreichen, eine Sporthalle vollständig einzunebeln. Der Geschmack in deinem Vanilleeis ist hoffentlich etwas zarter dosiert.

Entdecke … die Welt der Gase

1. Wie hart ist Luft?

Du brauchst:
einen Luftballon

Jetzt musst du nur noch:
1. Den Ballon aufblasen und zuknoten.
2. Den Ballon drücken.

Was geschieht?
a) Je stärker du drückst, desto härter wird der Ballon.
b) Je stärker du drückst, desto weicher wird der Ballon.
c) Der Ballon verändert sich nicht.

2. Gas-Fabrik

Du brauchst:
eine Flasche mit engem Hals, zur Hälfte mit Wasser gefüllt
einen Luftballon
2 Alka-Seltzer-Tabletten

Jetzt musst du nur noch:
1. Den Ballon aufblasen und wieder ein bisschen Luft ablassen, damit er weicher wird.
2. Die Flasche quer auf den Tisch legen und die Tabletten in den Flaschenhals geben.
3. Das Mundstück des Luftallons über den Flaschenhals ziehen.
4. Die Flasche aufstellen, damit die Tabletten ins Wasser fallen.

Was geschieht?

a) Der Ballon wird in die Flasche gezogen.
b) Es gibt eine kleine Explosion.
c) Der Ballon wird geringfügig aufgeblasen.

3. Das zischt!

Du brauchst:
eine Flasche Mineralwasser oder Limonade
Jetzt musst du nur noch:
Die Flasche zwei Minuten lang kräftig schütteln. Dann kannst du die Flasche langsam öffnen und beobachten, was geschieht.

a) Nichts.
b) Es gibt eine Unmenge Bläschen; Gas entweicht.
c) Bläschen sinken zum Flaschenboden.

Antworten: 1. a) Milliarden von Gasatomen werden zusammengequetscht. Je stärker du zudrückst, desto stärker ist der Gegendruck der Atome! 2. c) Die Tabletten reagieren mit Wasser zu Kohlendioxid. Die Moleküle dieses Gases bestehen aus einem Kohlenstoff- und zwei Sauerstoffatomen. 3. b) Bei den Bläschen handelt es sich um Kohlendioxid. Das Gas löst sich unter Druck im Wasser auf. Wenn man die Flasche öffnet, vermindert sich der Druck, und es bilden sich Bläschen.

Schon gewusst?
Wenn Tiefseetaucher wieder zur Oberfläche steigen, bilden sich (Stickstoff-)Bläschen im Blut (ähnlich wie im dritten Versuch). Diese „Taucherkrankheit“ kann tödlich ausgehen. Deshalb muss der Druck beim Auftauchen unbedingt langsam vermindert werden.

Tolles Gas!
Luft besteht vorwiegend aus Stickstoff. Einige Pflanzen brauchen ihn zum Wachsen; für uns Menschen spielt er keine große Rolle. Aber der Sauerstoff und das Kohlendioxid sollten wir uns mal näher anschauen.

Topstars der Chemie

Joseph Priestley (1733–1804). Nationalität: Brite
Priestleys Freund Sir Humphry Davy sagte:

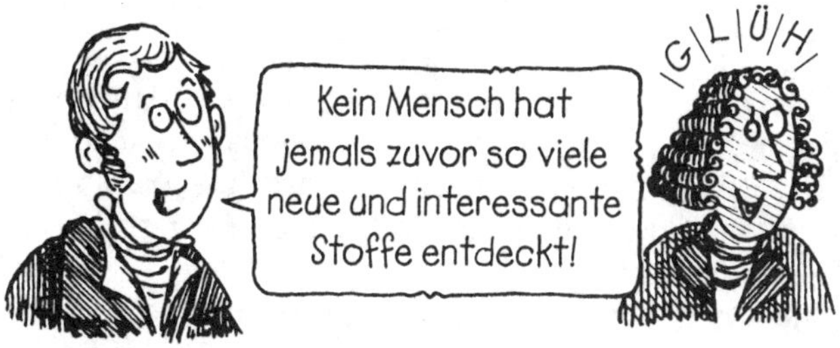

Joe sprach neun Sprachen, war jedoch eine Null in Mathe. Ende des 18. Jahrhunderts kritisierte Priestley die Regierung. Daraufhin zerstörten ihm ein paar Schurken das Labor. Versuch mal das Ergebnis eines seiner berühmtesten Experimente zu erklären.

Jede Menge heiße Luft

1. Im Jahr 1674 setzte John Mayow eine Kerze und eine Maus in ein Glas.

2. Die Maus wurde bewusstlos, und die Kerze ging aus.
3. Im Jahr 1771 ließ Priestley eine Kerze im Glas herunterbrennen, bis die Flamme ausging. Dann gab er ein Minzezweiglein ins Glas.
4. Die Pflanze blieb frisch.
5. Einige Monate später setzte Priestley die Maus dazu. Dieses Mal blieb sie bei Bewusstsein.
6. Schließlich fügte der Forscher die Kerze hinzu. Die Kerze brannte normal, die Pflanze blieb frisch und die Maus bei Bewusstsein.

Wie lassen sich die Ergebnisse erklären?

a) Die Maus produzierte ein Gas, das die Pflanze verbrauchte. Die Kerze verbrauchte dieses Gas ebenfalls.

b) Die Pflanze verbrauchte ein Gas, das die Kerze produzierte, und erzeugte ihrerseits ein anderes Gas, das die Maus verbrauchte.

c) Die Kerze produzierte ein Gas, das sowohl die Maus als auch die Pflanze verbrauchten.

Antwort: b) Die Pflanze verbrauchte das Kohlendioxid, das der Maus das Bewusstsein geraubt hätte, und produzierte Sauerstoff, den die Maus einatmete.

1774 erwärmte Priestley Quecksilberoxid und erhielt ein farb- und geruchloses Gas. Er gab dieses Gas in ein Glas und setzte die Maus hinein. Die Maus schien glücklich und zufrieden. Also schnüffelte Priestley am Glas.

Um welches Gas handelte es sich?

a) Um das Gas, das Pflanzen produzieren.

b) Um das Gas, das eine Kerze produziert.

c) Um das Gas, das die Maus produziert.

Antwort: a) Nämlich: Sauerstoff. Der Name stammt von Priestleys Freund Lavoisier – genau: der, der später auf dem Schafott landete. Lavoisier fand auch heraus, dass die Kerze das gleiche Gas produzierte wie die Maus, wenn sie ausatmete: Kohlendioxid.

Schon gewusst?

Joseph Priestley erfand Limonade. Er bastelte aus einem Waschzuber und ein paar Gläsern eine Maschine und ließ Kohlendioxid durchs Wasser blubbern. Das Wasser sprudelte; für den Geschmack sorgten Fruchtsäfte. Doch Priestley bewahrte das Gas in einer Schweineblase auf, und manche Leute meinten ein „Schweine-Aroma" aus seinen Drinks herauszuschmecken.

Fangfrage für deinen Lehrer

Wer entdeckte den Sauerstoff – Priestley oder Lavoisier?

Antwort: Keiner von beiden. Der Sauerstoff wurde ein paar Jahre zuvor von dem schwedischen Forscher Karl Scheele entdeckt.

Topstars der Chemie

Karl Scheele (1746–1786). Nationalität: Schwede

Karl Scheele entdeckte einige neue Elemente, unter anderem Sauerstoff, Chlor und Stickstoff. Doch viel Glück hat ihm das nicht gebracht. Aufgrund misslicher Umstände erschien das Buch über seine Forschungen erst nach 28 Jahren! In der Zwischenzeit hatten andere Chemiker die gleichen Elemente entdeckt. Noch schlimmer: Scheele starb an einer Vergiftung durch einen Stoff, als dessen Entdecker er nie anerkannt wurde.

Eine Wahnsinns-Maschine

Derweil untersuchte Lavoisier den Wasserstoff. Dieses Gas eignet sich ideal zum Füllen von Ballons, weil es leichter ist als Luft und daher aufsteigt. Aber es gab ein Problem – Wasserstoff brennt leicht. Im Jahr 1785 testete der französische Ballonpionier Pilâtre des Roziers dieses Chaos-Gerät. Rate, was geschah!

Antwort: Der Wasserstoffballon fing Feuer und explodierte. Der tollkühne Ballonfahrer wurde getötet.

Schon gewusst?
Sauerstoff allein fängt kein Feuer, doch wenn er sich mit anderen Gasen vermischt, brennt er horrormäßig gut. 1996 legte ein Krankenhauspatient seine Sauerstoffmaske unter der Bettdecke ab, um eine Zigarette zu rauchen. Sein Bett füllte sich mit Sauerstoff und explodierte! Und das war nicht die schlimmste Gaskatastrophe …

Ein komisches Gas

Sir Humphry Davy (1778–1829) war 19, als er das Lachgas – oder Stickstoffmonoxid, wie es die Chemiker nennen – entdeckte. Er fand das Gas irgendwie komisch, als er daran roch. Und er fühlte sich so gut, dass er in stürmisches Gelächter ausbrach.

Lachgas-Revuen entwickelten sich zu einer beliebten Art der Unterhaltung. Man sah den Leuten zu, wie sie an dem Gas schnüffelten und sich dann zum Narren machten. Im Jahr 1839 beschrieb ein Chemiker, was geschah, wenn die Leute das Gas aus Schweinsblasen einatmeten:

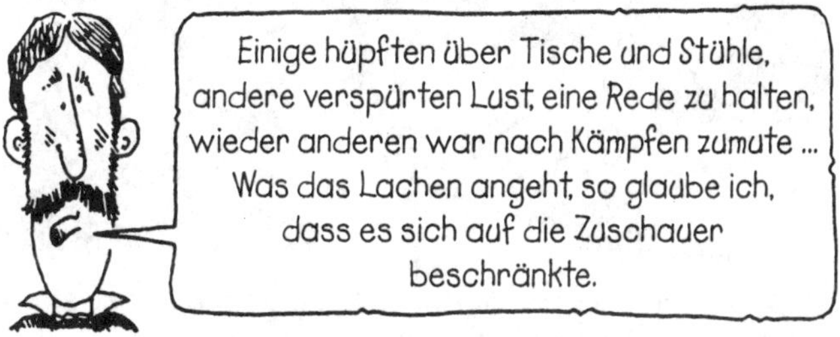

Und außerdem verspürten Menschen unter dem Einfluss des Gases offenbar keine Schmerzen.

Das haut dich um!

Der amerikanische Zahnarzt Horace Wells (1815–1848) versuchte erfolglos, seine Patienten bei Operationen mit

Lachgas zu betäuben. Später wurde er verrückt und brachte sich um. Unterdessen stellte sein ehemaliger Partner William T. Morton, stolzer Besitzer einer Fabrik für künstliche Zähne, Experimente mit einem anderen Stoff an – Äther. Mortons Berater war ein Professor namens Charles Jackson; Morton probierte das Gas erst an seinem Hund, dann an sich selbst aus. (Ob er wohl mitgekriegt hat, wie er sich selbst betäubt hat?) Dann kam der erste Versuch an einem Patienten. Es funktionierte! Leider hat diese Geschichte trotzdem ein unerfreuliches Ende …

Äther ist sehr billig und leicht herzustellen. Um mehr Geld herauszuschlagen behauptete Morton, er habe eine neue Substanz erfunden. Er färbte den Äther rosa und fügte Aromastoffe hinzu, damit ihn keiner wieder erkannte. Dann verkaufte er die Flaschen zu horrenden Preisen an die Ärzte. Aber die Sache flog auf, und mit dem blühenden Geschäft war's vorbei.

Morton und Charles Jackson begannen darüber zu streiten, wer nun den Äther entdeckt hatte. Eines Tages las Morton einen Zeitschriftenartikel, der Jackson die Entdeckung zuschrieb. Morton war so sauer, dass er einen Anfall bekam und starb.

Auch Jackson benahm sich reichlich seltsam. Nach einem Besuch an Mortons Grab wurde er verrückt und musste eingesperrt werden.

In den letzten fünfzig Jahren ist Lachgas wieder in Mode gekommen. Es wurde häufig verwendet um Patienten vor einer Operation zu betäuben. Horace Wells hatte also am Ende doch Recht – wer zuletzt lacht …

Und wenn dir diese Geschichte schon ziemlich stinkt, dann warte, bis dir die folgenden ekelhaften Gerüche in die Nase steigen …

Hitparade der abscheulichsten Gase

Vierter Platz: Fluor

Fünf Wissenschaftler versuchten dieses Gas herzustellen – alle vergifteten sich. Schließlich hatte der französische Forscher Henri Moissan (1852–1907) Erfolg, weil er eine Platinausrüstung verwendete. Platin ist eines der wenigen Materialien, das vom Fluor nicht zersetzt wird.

Das Fluor in unseren Zahncremes ist natürlich ganz niedrig dosiert. Wie jeder weiß, schützt es die Zähne vor Karies. Das ist gut und schön – aber zu viel Fluor macht die Zähne fleckig!

Dritter Platz: Methan

Dies Gas, das in den Mooren blubbert, verbrennt mit bläulicher Flamme (erscheint uns dann als Irrlicht). Methan findet sich in Rinder- (und Menschen-)Fürzen – und in dem Gas, das wir zum Kochen verwenden. Echt wahr!

Zweiter Platz: Ozon

Die Gasmoleküle des Ozons werden von drei Sauerstoffatomen gebildet. Sie riechen nach frisch gemähtem Heu und wurden entdeckt, als ein Forscher in seinem Labor einen eigenartigen Geruch wahrnahm.

Ozon tötet Keime. Es tötet auch Menschen, wenn sie zu viel davon einatmen. Zum Glück befindet sich das meiste Ozon 25 Kilometer hoch in der Atmosphäre, wo es eine nützliche Schutzschicht gegen die schädlichen Strahlen der Sonne bildet.

Erster Platz: Chlor

Die Luftverschmutzung durch Gase, die Chlor enthalten, hat ein Loch in die Ozonschicht über der Antarktis gerissen. Das Loch ist so tief wie der Mount Everest und so groß wie Nordamerika, und es wächst und wächst.

Doch dieses scheußliche, gelblich grüne Gas namens Chlor bereitet schon seit Jahrhunderten Probleme. Vor über 600 Jahren ließ ein Alchemist Chlor durch Wasser blubbern und behauptete, es eigne sich für Salatsoßen. FALSCH. Chlor ist entsetzlich giftig.

Im Ersten Weltkrieg entwickelte der deutsche Wissenschaftler Fritz Haber mit Chlorgas eine fürchterliche Kriegswaffe …

Gaskrieg

„Erzähl mir davon!“, drängte Billy.

Arthur McAllsop zog im kalten Nieselregen die Schultern hoch und schüttelte den Kopf. „Ich hab es dir gesagt, mein Sohn – das ist keine schöne Geschichte.“

„Du hast gesagt, du würdest dich um mich kümmern.“

„Ja, allerdings. Hör zu, mein Sohn, lass nur den Kopf unten, dann passiert dir nichts.“

„Ich muss es aber wissen. Kann ja nicht so schlimm gewesen sein – du bist ja schließlich noch hier, oder?“

Ein Leuchten durchschnitt das Dunkel. Billy blinzelte in den unerwartet aufblitzenden Lichtstrahl. Er sah so jung aus – sechzehn. Hatte wohl ein falsches Alter angegeben.

Arthur seufzte. „Wir waren in der Nähe von Ypres. Du hast sicher von den Kämpfen gehört, die es 1915 dort gab. Also, es war ein ruhiger Tag, für April recht warm. Wir tranken gerade eine Tasse Tee, als es geschah.“

„Was geschah?“, fragte Billy.

„Gas“, sagte Arthur. „Ein Gasangriff. Es war, als wälze sich ein gelber Nebelteppich auf uns herab. Tja, zum Glück wehte der Wind das Schlimmste weg. Wir hatten damals keine Gasmasken.“

„Hattest du Vergiftungen?"
„Nicht so schlimm. Ich hatte schreckliche Halsschmerzen und musste dauernd husten. Aber ich hatte Glück."
„In jener Nacht goss es in Strömen. Das Artilleriefeuer riss nicht ab. Keine Sekunde lang. Chaos. Man verstand sein eigenes Wort nicht. Als wir unsere Linie verließen, sah es fürchterlich aus. Das Gas hatte das Gras gelb gefärbt. In den Bäumen gab es keine Vögel mehr."
Billy und Arthur schwiegen lange. Es war eine ruhige Nacht, und wenn man genau horchte, konnte man Stimmen aus den gegnerischen Gräben hören. Befehle in einer fremden Sprache. Dann gab es einen Gewehrknall und das Zischen einer verirrten Kugel.
„Arthur, glaubst du, dass sie uns mit Gas angreifen?"
Beide Männer schnüffelten. Der Graben roch nach modriger Erde.
„Nein, Billy, uns wird nichts passieren. Sie füllen das Gas jetzt in Granaten. Die gehen nicht in die Luft, die machen nur plumps! Wenn du einen Plumps hörst, setzt du also besser ganz schnell deine Gasmaske auf."

Es wurde langsam hell, und eine kühle Morgenbrise ließ den Stacheldraht zittern. Bald würde die Bereitschaft beginnen – dann konnten sie frühstücken.
Die Soldaten hörten die Granate näher kommen. Sie pfiff durch die Luft wie eine Lokomotive, die lauter und lauter

wird. Sie duckten sich beide und zogen instinktiv den Kopf ein.

Und warteten auf den Knall, der nicht kam. Stattdessen versank die Granate mitten im Niemandsland mit einem sanften Plumps im Matsch.

Billy wurde blass.

„Gas“, rief er mit erstickter Stimme. „GAS!“

Sekundenschnell erreichte das Wort die gesamte Linie. Halb wache Soldaten fummelten stöhnend und fluchend mit den unhandlichen Gasmasken herum, die sie um den Hals trugen.

Nur einer tat gar nichts. Einer, der bereits die schlimmsten Gasangriffe erlebt hatte und wusste, wovon er sprach.

„Halb so schlimm, Billy!“, rief Arthur McAllsop. „Das ist ein Blindgänger. Gasgranaten pfeifen nicht!“

Schon gewusst?

1. Im Ersten Weltkrieg wurden von Deutschen und Briten mehr als 125 000 Tonnen Gas eingesetzt.

2. Die ersten Gasmasken waren Gewehrreinigungstücher, die in Urin getaucht wurden. Das Wasser im Urin sollte das Gas aufnehmen. Igitt!

3. Schließlich erhielten die Soldaten Gasmasken, in denen mehrere Holzkohleschichten das Gas absorbierten.

4. Im Jahr 1975 übernahm Dr. Buddy Lapidus diese Idee für seine geruchsfressenden Einlegesohlen. Wie eine kleine Gasmaske beseitigt die Holzkohle den Mief von Stinkfüßen.

Doch nicht nur Gase können tödlich wirken. Auch aus Metallen lassen sich mörderische Waffen herstellen.

Horrorkabinett der Mörder-Metalle

Was ist hart, glänzt und hüpft nicht, wenn es auf den Boden fällt? Nein, es ist nicht der Glatzkopf deines Lehrers – auch wenn er's sein könnte –, sondern ein Metall! Wo wären wir ohne Metalle? Meine Güte, was für ein Chaos! Wir hätten keine Münzen, Autos und Computer. Allerdings hätten wir auch ein paar mörderische Waffen weniger. Nun zu den Fakten …

Kleiner Steckbrief der Metalle

Name: Metalle

Besondere Merkmale: In einem Metall sind die Atome nicht wirklich miteinander verbunden - sie sind von einer Menge Elektronen umgeben. Dadurch lassen sich Metalle biegen und zu Draht auseinanderziehen.

Grauenvolle Tatsachen: Ein paar Metalle haben schauderhafte Marotten. Rubidium und Caesium z. B. muss man von Wasser fern halten, damit sie nicht explodieren!

Aber Metalle bergen auch verblüffende Geheimnisse!

Fantastische Fakten zum Metall

1. Einige Metalle schwimmen auf Wasser – Natrium zum Beispiel, das aber bald mit dem Wasser zu Natriumhydroxid reagiert.

2. Quecksilber ist ein Metall, das bei Raumtemperatur flüs-

sig ist! Früher füllte man Quecksilber in Thermometer. Bei steigender Temperatur dehnt es sich aus und klettert die Skala hinauf. Stell dir vor – in Russland froren eines Winters die Thermometer alle bei –38 °C ein!
3. Gallium schmilzt so leicht, dass es sich schon in deiner Hand in eine schmierige Pfütze verwandelt.

4. Tantalum ist ein seltenes graues Metall. Man stellt daraus Plättchen her, mit denen Löcher in der Schädeldecke geschlossen werden.
5. Heutzutage ist Platin wertvoller als Gold. Im sechzehnten Jahrhundert fürchtete die spanische Regierung, dass aus dem Metall falsche Münzen hergestellt werden könnten. Daher versenkte sie die gesamten Reserven im Meer.
6. Im Jahr 1800 entwickelte William H. Wollaston (1766–1828) eine Methode, Platin in lange Fäden umzuwandeln und ihm so neue Formen zu verleihen. Der clevere Chemiker schwamm in dem Geld, das ihm seine Erfindung einbrachte, und wachte darüber, dass kein anderer darauf kam. Das Geheimnis wurde erst nach seinem Tod gelüftet. Nun – da brauchte er das Geld ja nicht mehr!
7. Titan schmilzt nicht so leicht. Man verwendet es für schnelle Flugzeuge, deren Flügel sehr heiß werden, weil die Luftmoleküle bei hoher Geschwindigkeit Reibung verursachen.
8. Wissenschaftler haben schon angeregt künstliche Beine aus Titan anzufertigen. Zumindest geben die in der Sonnenhitze nicht nach!

Sensation Silber

Silber ist so weit verbreitet, dass man glauben möchte, kein anderes Element sei so nützlich. Welche der folgenden Werbeanzeigen ist zu dämlich um wahr zu sein?

Antworten: Alle bis auf b) sind RICHTIG!

Aluminium in allen Lebenslagen

Abgesehen vom Silber ist Aluminium das nützlichste Metall, das der Mensch kennt. Doch früher war die Herstellung von Aluminium außergewöhnlich aufwändig und teuer. Der französische Kaiser Napoleon III. besaß Besteck und eine Babyrassel aus Aluminium – nur um mit seinem Reichtum zu protzen!

Topstars der Chemie

Charles M. Hall (1863–1914). Nationalität: Amerikaner
Paul L.T. Héroult (1863–1914). Nationalität: Franzose
Eines Tages sagte Charlies Lehrer:

Der junge Draufgänger beschloss, es zu versuchen. Bald arbeitete er hart an seinem wichtigsten Gerät – einem hässlichen alten Gasofen, der in einer Holzhütte stand.

Kaum zu glauben, aber er schaffte es! Der Kniff ist, aluminiumhaltiges Bauxit in einem Stoff namens Kryolith aufzulösen. Erstaunlich war, dass diese Entdeckung zeitgleich auch von dem Franzosen Paul Héroult gemacht wurde. Beide Forscher waren gleich alt und beide arbeiteten in chaotischen Chemielabors! Und hier kommt das Absonderlichste: Sie wurden nicht nur im gleichen Jahr geboren, sondern starben auch im gleichen Jahr.

Aluminium mag außergewöhnlich sein, doch es hat einfach nicht den ...

Glanz des Goldes

Ja – GOLD. Das ist der Stoff, aus dem die Träume sind. Königskronen, Piratenschätze, alte Münzen. Seit tausenden von Jahren streiten, kämpfen und sterben die Menschen, um an das magische Metall heranzukommen.

Katzengold

Sir Martin Frobisher (1537?– 1596) war kein Narr. Der bärbeißige Mann aus Yorkshire (Nordengland) verkörperte den klassischen Entdecker – tapfer, entschlossen und mit allen Wassern gewaschen.

Im Jahr 1576 setzte Frobisher die Segel, um nördlich von Kanada einen Seeweg nach Asien zu finden. Die sagenumwobene Route fand Frobisher zwar nicht, doch in der Eiswüste von Baffin Island machte er eine erstaunliche Entdeckung: Ein Gesteinsklumpen glitzerte in der frostigen Sonne des Nordens. Später bestätigte ein Alchemist in England: „Jawoll – das ist Gold." Und schon setzte das Chaos ein, denn jeder wollte einen Teil abhaben.

Im Jahr darauf kehrte Frobisher mit einer Expedition zur Insel zurück. Die Männer hatten es mit Eisbergen und Stürmen zu tun, die durchaus in der Lage gewesen wären, ein Schiff zu zerfetzen. An Land gab es Eisbären, die so stark waren, dass sie einen Mann mit einem einzigen Prankenschlag töten konnten. Doch das Ergebnis war die Gefahren wert. Mit Pickeln schlugen sie in der Eiseskälte 180 Tonnen Goldgestein heraus. Im darauf folgenden Jahr führte Frobisher eine ganze Armada begeisterter Glücksritter an. Diesmal kehrten die Schiffe mit unglaublichen 1180 Tonnen der glitzernden Beute nach Hause. Sie war ein Vermögen wert – die Abenteurer waren reicher, als sie es sich je erträumt hatten. Dachten sie zumindest …

Dann platzte die Seifenblase. Es gab kein Gold auf Baffin Island. Es handelte sich um Eisenpyrit – ein gewöhnliches Eisenerz aus Eisen und Schwefel, das es überall gibt. Unfreundliche Menschen nannten es Katzengold – oder auch „Narrengold".

Wärst du aufs Eisenpyrit reingefallen? Hier ein paar Tipps, um sicher zu gehen, dass du das richtige Stöffchen erwischst.

Gold suchen – leicht gemacht

1. Gold waschen

Schwenke etwas Sand und Wasser in einer Pfanne. Spüle das Wasser und den oben schwimmenden Sand vorsichtig aus. Das Gold setzt sich in Form von Körnchen oder Nuggets auf dem Pfannenboden ab.

2. Gold prüfen

Reibe mit dem Goldnugget über einen dunklen Stein, den Probierstein. Wenn eine Goldspur zurückbleibt, ist er echt.

3. Gold schürfen

Wenn du dir deine eigene Goldmine graben möchtest, brauchst du viel Zeit. Manche Minen sind viele tausend Meter tief! Grabe also besser nicht in eurem Vorgarten, es sei denn, du bist dir absolut sicher, dass mitten in den Stiefmütterchen eine Goldader der Entdeckung harrt. Unter euren Stiefmütterchen gibt es tatsächlich Gold? Na gut, so kommst du ran:

Goldrausch

1. Du musst zuerst viel Geld für Maschinen ausgeben. Mit gut zwei Millionen Mark solltest du hinkommen.
2. Jetzt zertrümmerst du mit schweren Maschinen tausende Tonnen Gestein. Sieh dir jeden Gesteinsbrocken genau an, damit du nicht aus Versehen Goldnuggets wegwirfst. (Das wäre doch schade …)
3. Dann füllst du die Brocken in eine große Trommel und zerkleinerst sie. (So geht’s schneller als mit Mamas Küchenmaschine.)

4. Verrühre das Gesteinspulver mit dem tödlichen Gift Zyanid zu einem schleimigen Brei. (Wenn's geht, nicht im Wohnzimmer!)
5. Lass den Brei stehen, bis er sich gesetzt hat.
6. Füge etwas Zinkstaub hinzu. So trennt sich das Zyanid vom Gold.
7. Schmelze das Gold gemeinsam mit Borax. Borax ist ein Mineral, das unerwünschte Stoffe bindet und obenauf schwimmt. Schöpfe es vorsichtig ab.
8. Noch ein paar Veredelungsschritte und du hast am Ende einen Goldbarren mit 99,6 % Goldgehalt. So einfach geht das!

Nun hast du die Mühen auf dich genommen um an Gold zu kommen. Und was machst du jetzt damit? Es klingt komisch, aber wahrscheinlich landet dein Gold wieder unter der Erde – in der Stahlkammer einer Bank. Da jedenfalls liegt die Hälfte der weltweiten Goldreserven!

Schon gewusst?
Früher verwendete man Gold in Medikamenten gegen die Lungenkrankheit Tuberkulose, doch es vergiftete die Patienten. Ja, Metalle können auch bösartig sein – mörderisch bösartig.

Tödliches Metall

Blei ist gefährlich. Im sechzehnten Jahrhundert benutzten die Frauen weißen Bleipuder um ihren Teint zu veredeln. Innerhalb weniger Jahre ruinierte ihnen das Gift die Haut – die nahm das Blei auf; Folge war eine Blutvergiftung. Weil die Damen nicht wussten, warum es ihrer Haut so schlecht ging, benutzten sie noch mehr Blei um den Schaden zu verbergen.

Arsen ist das giftigste Metall der Welt. Früher verwendete man diesen Stoff für Fliegenfallen. Die Fliegen blieben daran kleben und verendeten, sobald das Arsen wirkte. Leider ist das auch einigen Menschen passiert.

Metalle können allerdings nicht nur in Form von Gift Menschen töten. Mit Metallen lassen sich auch tödliche Waffen herstellen.

Mörderwaffen aus Metall

Später folgten Geschütze und Kanonen aus Eisen, die Kanonenkugeln aus Eisen abfeuerten. Das zog Chaos auf dem Schlachtfeld nach sich und führte dazu, dass viel Blut vergossen wurde. Übrigens – auch Blut enthält Eisen!

Schon gewusst?
Du hast Metall im Blut! Diese lebenswichtige Tatsache entdeckte der italienische Forscher Vincenzo Menghini (1704–1759). Er gab dem Futter seiner Hunde Eisenspäne bei. Er wollte herausfinden, wohin das Eisen wanderte. Und es tauchte im Blut der Hunde wieder auf. Eisen in den roten Blutkörperchen zieht Sauerstoffatome an, und das Blut transportiert den Sauerstoff durch den Körper. Manche Spinnen haben statt Eisen Kupfer im Blut. Deshalb ist ihr Blut blau.

Chemiker-Chinesisch

Antwort: Nein, ihr Auto hat nur ein paar Rostflecken.

Eine rostige Reaktion

Das Problem mit dem Eisen ist, dass es sich mit Sauerstoffatomen zu Rost verbindet. Jawohl – Rost ist eine Verbindung aus Eisen- und Sauerstoffatomen. Beschleunigt wird das Rosten durch Wasser und Salz. Deshalb fahren jede Menge rostiger alter Kähne über die salzhaltigen Weltmeere. Der Vorgang des Rostens ist natürlich nur eine von vielen chemischen Reaktionen …

Heftige Reaktionen

Was haben Verrosten und Verrotten mit der Fotografie gemeinsam? Na? Sie gründen alle auf chemischen Reaktionen. Aber was genau ist das eigentlich?

Kleiner Steckbrief der Reaktionen

Name: Chemische Reaktionen

Besondere Merkmale: Eine chemische Reaktion findet statt, wenn sich Atome miteinander verbinden – oder wenn sich verbundene Atome wieder aufspalten und neue Stoffe herauskommen.

Grauenvolle Tatsachen: Der Sauerstoff beispielsweise ist nicht nur für Rostflecken verantwortlich. Wenn er lange genug Gelegenheit hatte, mit Butter zu reagieren, wird sie ekelerregend ranzig! Was wiederum zu ziemlich heftigen Reaktionen führen kann ...

(Bleibende) Bindungen

Normalerweise prallen Atome, wenn sie zusammenstoßen, voneinander ab. Doch wenn sie schnell sind, kann es passieren, dass sie aneinander hängen bleiben, ehe sie dazu kommen, sich aus dem Staub zu machen. Die Elektronengruppen um den Atomkern entscheiden jetzt, was zu tun ist …

Manchmal überlässt ein Atom dem anderen freundlich seine Elektronen.

Wenn das geschieht, heftet eine elektrische Kraft die Atome aneinander, als seien sie magnetisch. Man bezeichnet das als Ionenbindung; häufig kommt sie bei Salzen und Mineralen vor.

Manchmal teilen sich die Atome die Elektronen, die dann um beide Atome herumsausen. Wenn sich Atome so verbinden, spricht man von einer kovalenten Bindung.

Solche Bindungen finden sich am ehesten bei Nichtmetallen – häufig bei Gasen oder Flüssigkeiten. Beide Arten der Bindung bringen einen neuen Stoff hervor.

Schon gewusst?
Im Jahr 1930 kannte man eine Million chemische Verbindungen. Heute sind wir schon bei über zehn Millionen! Die Chemiker benutzen heutzutage Computerprogramme um zu zeigen, wie ein Stoff aussehen wird, wenn die Atome eine Verbindung eingegangen sind.

Die Atome stoßen also zusammen und beschließen, sich zu verbinden. Das klingt ein bisschen nach Zufall, oder? Ist es aber nicht. Erinnerst du dich an Mendelejew, der im Kapitel über die Elemente (S. 69) Karten spielte? Dank Mendelejews Periodensystem können die Wissenschaftler voraussagen, was geschieht. Es ist ganz einfach. Es hängt nur von der Zahl der Elektronen ab, die ein Atom besitzt. Falls du eine starke Abwehrreaktion verspürst, würde ich dir von diesen Rätseln dringend abraten!

Rätselhafte Reaktionen

Hier sind ein paar Atome, die du für das Rätsel brauchst.

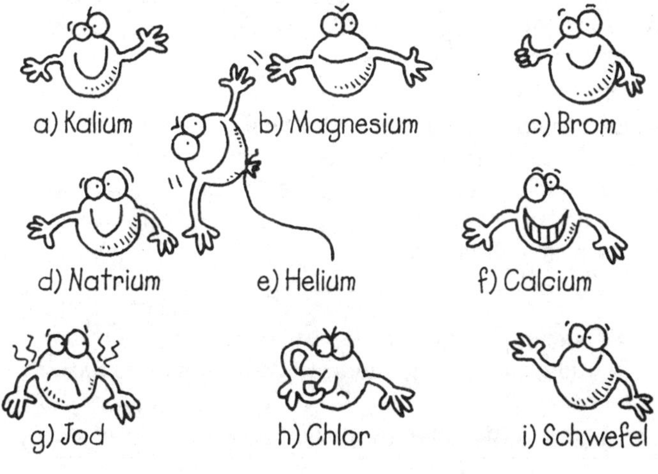

Erstes Rätsel

Wie viele Elektronen hat das Atom? Lies dir die folgenden Tipps durch und löse dann die Aufgabe für oben genannte Atome.

1. Schwefel hat sechs Elektronen – dreimal so viele Elektronen wie Calcium. Das genügt den beiden, sich zu einem neuen Stoff zu verbinden.

2. Helium besitzt die gleiche Anzahl an Elektronen wie Schwefel und Calcium zusammen.

3. Magnesium hat zweimal so viele Elektronen wie Natrium und Kalium.

4. Natrium und Chlor haben genügend Elektronen um einen Stoff namens Natriumchlorid zu bilden. Das ist Speisesalz.

5. Doch Natrium hat nur halb so viele Elektronen wie Calcium.

6. Die restlichen Atome haben ein Elektron weniger als Helium.

Zweites Rätsel

Damit zwei Stoffe eine Verbindung eingehen können, brauchen sie zusammengenommen acht Elektronen in ihrer Hülle. Welche Atome können sich zu neuen Stoffen zusammentun? Nicht vergessen – sie brauchen zusammen acht Elektronen in ihrer Hülle.

Antworten: Erstes Rätsel a) 1. b) 2. c) 7. d) 1. e) 8. f) 2. g) 7. h) 7. i) 6. *Zweites Rätsel* Kalium/Natrium + Brom/Jod/Chlor • Magnesium/Calcium + Schwefel • Helium geht keine Verbindungen ein.

Chemiker-Chinesisch

Antwort: Nein. Seine Fotos sind nichts geworden.

Mach dir ein Bild!

Du denkst vielleicht, all diese chemischen Reaktionen haben wenig mit dem Alltag zu tun. Weit gefehlt! Beim Fotografieren beispielsweise brauchst du eine chemische Reaktion, damit du dir ein Bild machen kannst!

1. Die ersten Fotografen benutzten ein Papier, das mit lichtempfindlichem Silberchlorid beschichtet war. Die Lichtenergie löste eine Reaktion aus, bei der sich das Silberchlorid schwarz verfärbte.

2. Das Licht war auf dem Foto dunkel, dunkle Stellen hell.

3. Damit das Foto gelang, musste man stillsitzen und warten, bis die chemische Reaktion abgelaufen war. Das konnte Stunden dauern!

4. Leider reagierten die Stoffe bei Licht immer weiter. Man musste also seine Bilder im Dunkeln ansehen!

5. Das Problem wurde gelöst, als man einen Stoff fand, der das Silberchlorid wieder von der Fotografie ablöst.
6. Moderne Schwarzweißfilme enthalten schnell reagierende Salze. D. h., man kann auch Bewegungsfotos machen.

7. Einige der Salze sind so empfindlich, dass du von hier eine Flamme auf dem Mond fotografieren könntest.

Reaktionen unter Strom

Eine unglaublich nützliche Reaktionsart ist die Elektrolyse. Sie wurde von Michael Faraday entwickelt.

Topstars der Chemie

Michael Faraday (1791–1867). Nationalität: Brite

Michael hatte eine harte Kindheit. Seine Familie war so arm, dass er nur einmal pro Woche einen Laib Brot erhielt …

Bücher konnte er sich nicht leisten. Er begann sich jedoch für Naturwissenschaften zu interessieren, als er Bücher las, die er für einen Buchhändler binden sollte. Er bat Sir Humphry Davy, ihn als Assistenten zu übernehmen. Davy war gerade bei einem gefährlichen Versuch vorübergehend erblindet. Faraday bekam die Stelle.

Faraday untersuchte den Vorgang der Elektrolyse anhand verschiedener Stoffe. Vereinfacht gesagt funktioniert die

Sache so: Verbindungen mit einer Ionenbindung werden in Wasser gelöst und dann wird Elektrizität hindurchgeschickt. Dadurch werden negativ geladene und positiv geladene Atome zum jeweils entgegengesetzten elektrischen Pol gezogen: Der Ausgangsstoff wird auseinander gerissen!

Schon gewusst?
Eine andere Anwendung der Elektrolyse ist das Galvanisieren. Mit diesem Verfahren kann ein Gegenstand mit einer dünnen Metallschicht überzogen werden. Man versilbert zum Beispiel Schmuck damit. Der Gegenstand wird in das galvanische Bad gehängt, das (unter anderem) Metallverbindungen enthält. Wenn Strom angeschlossen ist, schlagen sich die positiv geladenen Teilchen an dem Gegenstand nieder. Im Jahr 1891 wendete der französische Arzt Dr. Varlot die Technik an um einen toten Körper mit Metall zu überziehen. Im Verlauf dieses grauenhaften Experiments wurde die Leiche in eine ein Millimeter dicke Kupferschicht gehüllt. Anschließend stellte Varlot sein Werk aus. Wetten, dass es ein paar Schock-Reaktionen gab?

Schnelle und langsame Reaktionen

Manche Reaktionen laufen binnen einer Sekunde ab, andere brauchen Millionen von Jahren. Gut für die Chemiker, dass sich viele Reaktionen durch Wärme beschleunigen lassen. Wenn es warm ist, bewegen sich die Atome schneller, sodass sie mehr Gelegenheit haben, miteinander zu reagieren. Umgekehrt lassen sich durch Kälte Reaktionen verzögern. Zum Beispiel kann man, indem man Lebensmittel (oder tote Körper) kühlt, verhindern, dass Verrottungsreaktionen ablaufen.

Erforsche ..., wie man eine Reaktion aufhält

Du brauchst:
einen kleingeschnittenen Apfel, etwas Zitronensaft
Jetzt musst du nur noch:
1. Ein Apfelstückchen ein paar Stunden offen liegen lassen, bis es braun ist. Das liegt an einer Reaktion zwischen Stoffen im Apfel und dem Sauerstoff der Luft, ähnlich wie beim Rosten. Der Apfel beginnt zu verrotten.
2. Etwas Zitronensaft über ein zweites Apfelstückchen träufeln. Was geschieht diesmal?
a) Der Apfel wird schwarz.
b) Der Apfel bleibt unverändert.
c) Der Apfel löst sich auf.

Antwort: b) Die Säure im Zitronensaft reagiert mit bestimmten Atomen im Apfel, die ansonsten mit dem Sauerstoff reagieren würden. Auf diese Weise wird der Vorgang der Verrottung hinausgezögert.

Aber Säuren können auch ziemlich schauderhaft sein. Im nächsten Kapitel findest du grässliche Einzelheiten.

Schaurige Säuren

Sie lauern in Zitronen und Essig und Teeblättern und Autobatterien. Einige haben Killermoleküle, die andere unschuldige Stoffe einfach zerfetzen. Schaurig, was sie so anrichten. Kannst du den Tatsachen ins Gesicht sehen?

Kleiner Steckbrief der Säuren

Name: Säuren

Besondere Merkmale: Wenn du eine Säure in Wasser gibst, spaltet sie sich auf und produziert Wasserstoffatome. Diese Atome haben eine starke elektrische Ladung und reißen andere Moleküle in Stücke!

Grauenvolle Tatsachen: Säuren schmecken sauer und einige stinken gewaltig. Manche sind so stark, dass sie einen Menschen zersetzen können!

Doch nicht jede Säure ist so grässlich. Manche sind sogar ganz nützlich.

Nützliche Säuren

1. Aminosäuren sind Moleküle, die sich zu Proteinen verbinden. Dein Körper besteht zu einem guten Teil aus Proteinen.

2. Vitamin C heißt auch Ascorbinsäure. Dieser überaus nützliche Stoff findet sich zum Beispiel in frischem Obst.

Vitamin C hilft unter anderem bei Erkältung und verhindert die tödliche Krankheit Skorbut. Das lebenswichtige Vitamin wurde von zwei Wissenschaftlern entdeckt. Den Rest ihres Lebens stritten sie darüber, wer der Erste war.

3. Magst du Orangen- oder Zitronensaft? Da ist Säure drin – die Zitronensäure gibt dem Saft seinen Geschmack.
4. Alginsäure kommt in Algen vor. Mit ihrer Hilfe lassen sich Kuchen feucht halten, und in Verbänden stoppt sie die Blutung. In der Eiskrem verhindert sie, dass sich die Zutaten aufspalten. Erzähl doch mal deiner Freundin, dass ihr Schokoladeneis Algen enthält!

5. Aus Salicylsäure wird Aspirin hergestellt. Ja – das Wunderschmerzmittel ist eine Säure. Man fand sie zuerst in Weidenrinde: Die Leute kauten die Rinde um ihr Fieber zu senken. Probier's nicht aus – es schmeckt scheußlich.
6. Früher wurde Leder mit Hilfe von wunderbar nützlichen Säuren gemacht. Diese Gerbsäuren aus der Rinde des Ahorns oder des giftigen Schierlings töten die Keime ab, die die Tierhaut verrotten lassen. Solche Säuren finden sich

auch in vielen Substanzen, zum Beispiel in einer Tasse Tee. Zum Glück sind sie da ungefährlich.

Im Gegensatz dazu sind andere Säuren nutzlos.

Saurer Regen

Was haben folgende Orte gemeinsam: die Akropolis in Athen, der Kölner Dom und das Lincoln Memorial in Washington? Sie lösen sich auf … wegen des REGENS! Industrie und Autoverkehr pusten Schwefeldioxid in die Luft. Das macht den Regen sauer. Im Jahr 1974 fiel in Schottland Regen, der so sauer war wie Zitronensaft. Die Leute haben verständlicherweise ziemlich sauer reagiert.

Verschärft wird das Problem durch Vulkane. Im Jahr 1982 spuckte der El Chichin in Mexiko tausende Tonnen sauren Gases aus!

Saurer Regen frisst an alten und neuen Gebäuden. Selbst deine Schule ist in Gefahr!

Unter Bäumen richtet er wahre Massaker an.

Er spielt auch den Fischen böse mit. Sie wachsen nicht und die Säure zersetzt ihre Knochen!

Menschen zersetzt der saure Regen glücklicherweise nicht. Allerdings kann er ihre Haare grün färben. Er reagiert mit dem Kupfer in den Wasserleitungen zu Kupfersulphat, und das wiederum bringt diese interessante Tönung hervor!

Chemiker-Chinesisch

Was haben die beiden für ein Problem?

Antwort: Der Salat-Essig ist ausgegangen.

Erforsche … ein paar leichte Lösungen

Knochen auflösen

Du brauchst:

einen Knochen ohne Risse; mach dir keine Umstände – ein Hühnchenknochen tut's.

Essig

Jetzt musst du nur noch:

Den Knochen in Essig legen und zwölf Stunden stehen lassen. Was fällt dir am Knochen auf?

a) Er hat sich grün verfärbt.
b) Er ist jetzt biegsam.
c) Er ist nur noch halb so groß wie zuvor.

Antwort: b) Das Calcium im Knochen wurde von der Säure zersetzt.

Saure Geheimnisse

Du brauchst:
15 Tropfen Zitronensaft
ein Glas Milch

Jetzt musst du nur noch:
Die Zutaten verrühren.
Was geschieht?

a) Die Milch wird blassblau.
b) Die Milch verbreitet einen scheußlichen Geruch.
c) Die Milch wird dick.

Antwort: c) Die Milch gerinnt, weil ihre Moleküle von der Säure des Zitronensaftes aufgespalten werden.

Ei in der Flasche

Du brauchst:
ein frisches Ei, Essig, ein Glas
eine Flasche mit weitem Hals

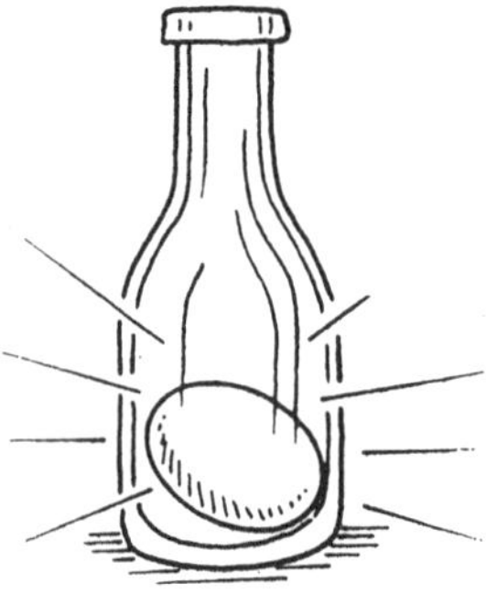

Jetzt musst du nur noch:

1. Das Ei zwei Tage lang in Essig einlegen. Das Ei sieht dann unverändert aus, aber die Schale ist dünner und weicher.

2. Das Ei vorsichtig durch den Flaschenhals schieben. Zeig es deinen Freunden und lass sie raten, wie du das wohl gemacht hast.

Antwort: Die Säure im Essig hat einen Teil des Calciums in der Eierschale zersetzt.

Schon gewusst?
In deinem Magen hast du auch Säure. Das fand William Prout (1785–1850) im Jahr 1823 heraus. Die salzsäurehaltige Magensäure tötet Keime ab und zersetzt das Essen. Warum aber löst sie dann nicht auch den ganzen Magen auf? Na ja, manchmal tut sie es wirklich – die Menschen haben dann ein Magengeschwür. Der Schleim an der Magenwand verhindert das im Normalfall, aber zu viel Säure zerstört diese Schicht.

Schaurige Schwefelsäure

Sie ist ölig, farblos und verwandelt alles in Matsch. Es ist Schwefelsäure – ein Stoff, der so stark ist, dass man ihn erst stark verdünnen muss, ehe man ihn gefahrlos verwenden kann.

Warum also macht man sich die Mühe, Schwefelsäure herzustellen? Nun, sie hat auch ihren Nutzen. Man kann zum Beispiel Düngemittel daraus machen. Wenn man sie dem Papier beimischt, wird es durchsichtig. Auch Toilettenpapier wird mit Schwefelsäure hergestellt. Zum Glück wird die Säure dann ausgewaschen, sonst könnte es ziemlich unangenehm werden … Doch das ist nicht alles, was die Schwefelsäure kann!

Der Säuretest

Beim Säuretest überprüfst du mit einem speziell behandelten Papierstreifen, dem Lackmuspapier, den Säuregrad einer Lösung. Das Papier verfärbt sich rot, wenn die Lösung sauer ist.

Vor 50 Jahren sollten mit dem Test Lüge oder Wahrheit herausgefunden werden; es ging um Mord! Im Jahr 1949 wurde in England der Geschäftsmann John Haigh des Mordes angeklagt. Er hatte sich seines Opfers auf grässliche

Weise entledigt: Er hatte es in Schwefelsäure gelegt. Haigh hatte vor der Polizei geprahlt, es sei nichts übrig. Er spottete:

Doch Haigh irrte sich. Die Säure hatte ein paar grausige verräterische Teilchen übriggelassen – und ein komplettes falsches Gebiss. Dieses wurde vom Zahnarzt der ermordeten Frau sofort identifiziert.

Da gab Haigh zu, dass er fünf weitere Leichen auf die gleiche Weise beseitigt hatte. Er musste sich vor dem Geschworenengericht von Lewes verantworten. Die Geschworenen brauchten nur achtzehn Minuten für die Urteilsfindung. John Haigh wurde hingerichtet.

Horrorkabinett der Säuren

1. Rhabarberblätter enthalten die giftige Dicarbonsäure. Sie vergiftet die hungrigen Raupen, die gern an den Blättern knabbern würden. Zum Glück ist sie nicht im Stamm – dem Teil, den wir essen.

2. Bienengift enthält Säuren, deshalb tut ein Stich weh. Du kannst das Gift mit Natronbicarbonat (doppeltkohlensaurem Natron) neutralisieren, weil diese Substanz alkalisch (eine Base) ist.

3. Gib das gleiche Mittel auf einen Wespenstich – und es brennt höllisch! Das Gift der Wespen ist nämlich alkalisch und nicht sauer! Und wenn du mehr über Basen erfahren willst – hier sind die Fakten.

Steckbrief der Basen

Name: Basen

Besondere Merkmale:
Basen fangen die bösartigen Wasserstoffatome, die die Säuren freigeben, wieder ein. Sie verwandeln also eine saure Lösung wieder zurück in eine neutrale. Basen färben Lackmuspapier blau.

Grauenvolle Tatsachen:
Aber auch Basen können bösartig sein. Einige haben einen scheußlichen Geschmack, verbrennen die Haut und zersetzen andere Stoffe.

Schon gewusst?

***1.** Du kannst aus einer Base eine Uhr machen. Wenn du die Base Ammoniak erwärmst, vibriert in jedem Ammoniakmolekül das Stickstoffatom ganz regelmäßig. Im Jahr 1948 bedienten sich die Wissenschaftler dieses zyklischen „Tickens“, um die Zeit zu messen!*

2. Du kannst mit Hilfe von Blumen Säuren und Basen nachweisen. Hortensien blühen auf alkalischem Boden rosa und weiß, auf saurem Boden aber blau.

Erforsche … das Geheimnis der Brause

Du brauchst:
50 g Zitronensäurekristalle (gibt's im Lebensmittelladen, bei den Zutaten zum Marmeladekochen)
25 g doppeltkohlensaures Natron (ebenfalls im Lebensmittelladen, „Hausnatron“)
175 g Puderzucker
Jetzt musst du nur noch:
Die Zutaten gründlich verrühren.
Nimm etwas davon in den Mund. Was stellst du fest?
a) Die Zunge wird lila.
b) Die Zunge beginnt sich aufzulösen.
c) Es prickelt.

Antwort: c) Der saure Zitronensaft (Säure) und das doppeltkohlensaure Natron (Base) reagieren miteinander; dabei entsteht gasförmiges Kohlendioxid. Wenn du die Brause in einen Saft gibst, sprudelt er.

Salzige Geheimnisse

Wenn du eine Säure mit einer Base vermischst, reagieren sie zu einem ... Salz. Ein Salz ist nicht einfach das Zeug, das du über die Pommes frites streust. Wenn du genauer hinsiehst, stellst du fest, dass sich ein Salz aus winzig kleinen, regelmäßig gebauten Formen zusammensetzt; es ist eine Ansammlung von Kristallen.

Komische Kristalle

Hier ist eine Frage, mit der du deinen Lehrer in die Irre führen kannst. Was haben Metalle, Edelsteine, Knochen und Computerchips gemein?

Antwort: Sie enthalten alle Kristalle. Manche sind ungeheuer wichtig.

Das ist ein Hammer!

Im Jahr 1781 hatte der französische Forscher René Juste Haüy einen etwas fahrigen Tag. Er ließ einen Calcit-Stein zu Boden fallen. Der zerbrach in gleichmäßig geformte Stückchen. Das faszinierte Haüy, und er zerkleinerte die Stückchen auch noch mal mit dem Hammer. Dadurch entstanden kleinere Bruchstücke, die wieder die gleiche komplizierte Form aufwiesen. Haüy hatte Kristalle vor sich!

Kleine Kristalle

Name: Kristalle

Besondere Merkmale: Kristalle sind Atomgruppen, die in kleinen Kisten übereinander gestapelt sind. Die Kisten ergeben zusammengesetzt größere Kisten der gleichen Form.

Grauenvolle Tatsachen: Viren, die Krankheiten auslösen, können in Kristallform auftreten. Sobald sie in ein Lebewesen gelangen, werden sie aktiv.

Tückisch, tückisch!
Diese Entdeckung machte Wendell M. Stanley (1904–1971). Er infizierte Tabakblätter mit dem Tabakmosaikvirus. Die getrockneten Blätter zerkleinerte er und stellte fest, dass sich der Virus in scheußliche nadelförmige Kristalle verwandelt hatte.

Schon gewusst?
Auch unser ganz normales Haushaltssalz besteht aus Kristallen. Wenn du dir Salz durch das Mikroskop betrachtest, siehst du lauter aufeinander gestapelte Kisten.

Salzige Sachen

1. Salz enthält die Elemente Natrium und Chlor. Beide Elemente allein sind giftig – doch Salz ist überlebenswichtig! (In kleinen Mengen, wohlgemerkt!)

2. Im Mittelalter wurden die Babys in Salzwasser getauft. Das sollte Glück bringen.

3. In Frankreich war die unpopuläre Besteuerung von Salz einer der Auslöser für die Französische Revolution.

4. In Teilen Afrikas stellt Salz ein zentrales Problem dar. Wenn Schwemmland austrocknet, bleibt Salz in der Erde zurück und tötet die Pflanzen.
5. Das Tote Meer ist der salzigste Ort der Erde. Es ist so salzig, dass dort keine Fische leben.

Kristall-Quiz

Kristalle erledigen jede Menge wichtiger Jobs, ein paar ihrer Einsatzgebiete sind schier unglaublich. Aber welche sind zu unglaubwürdig um wahr zu sein?

1. Aus Diamanten fertigte man das Fenster eines Raumfahrzeugs für eine Fahrt zur Venus.
2. Aus Diamanten macht man Linsen für Schutzbrillen.
3. Rubine wurden in Lasern verbaut.
4. In Krankenhäusern verwendet man Kristalle zum Abtöten von Keimen.
5. Einige Forscher untersuchen, ob man die Energie, die in den Atomen der Kristalle eingeschlossen ist, für den Antrieb von Raumfahrzeugen verwenden kann.
6. In den ersten Radiogeräten wurden Kristalle verbaut.

Antwort: 1. RICHTIG. Beim Durchtritt durch die Erdatmosphäre kann die Hitze den Diamanten nichts anhaben. 2. FALSCH. 3. RICHTIG. Die Atome in den Kristallen nehmen Energie auf und geben sie in einem gebündelten Lichtstrahl wieder ab. 4. und 5. FALSCH. 6. RICHTIG. Mit Hilfe der Kristalle wurden die elektrischen Ströme im Radio kontrolliert.

Schon gewusst?
Etwas Chrom gibt dem Rubin die rote Farbe und macht aus dem farblosen Mineral Beryll den grünen Smaragd. Die meisten Diamanten (reiner Kohlenstoff) enthalten keine anderen Stoffe; deshalb sind sie farblos.

Härte zehn: Diamanten-Fakten

1. Diamanten bestehen aus Kohlenstoffatomen. Sie entstehen im Erdinnern unter extremer Hitze und hohem Druck.
2. Diamanten sind extrem hart; deshalb eignen sich Diamanten ideal dafür, alle Arten von Metall zu schneiden.

Einen Diamanten findest du auch an der Spitze des Zahnarztbohrers (trau dich mal hinzusehen)!

3. Manchmal spucken Vulkane Edelsteine aus. Deshalb befinden sich die Diamantenminen in vulkanischem Gestein.
4. Es war Lavoisier, der entdeckte, dass Diamanten aus Kohlenstoff bestehen. Mit einem riesigen Vergrößerungsglas bündelte er die heißen Sonnenstrahlen und richtete sie auf einen Diamanten. Plötzlich verpuffte der Edelstein zu Kohlendioxid. Der Kohlenstoff des Gases musste vom Diamanten stammen. Durch die extreme Hitze hatten die Kohlenstoff-Atome mit dem Sauerstoff der Luft reagiert.

5. Wahrscheinlich bestehen Uranus und Neptun zu rund 15 Prozent aus Diamanten. Finde heraus, wie du herankommst, und du bist der reichste Mensch im Sonnensystem.

6. Diamanten sind überaus geheimnisvoll. Es wird dich also kaum überraschen, dass sich so viele Mythen um sie ranken. Aber ACHTUNG – einige Diamanten sind verflucht. Hier ist die unheimlich unheimliche Geschichte eines berühmten Edelsteins …

Der Fluch des Diamanten

Er war groß und blau – einzigartig schön und wertvoll.

Keiner wusste, woher er kam. Einige raunten, es handle sich um das Auge einer indischen Göttin und sei aus einem Tempel entwendet worden. Und vielleicht war er ja auch verflucht.

Der französische König Ludwig XVI. kaufte den Diamanten, und Königin Marie Antoinette trug ihn. Im Jahr 1793 wurde sie hingerichtet und ihr wertvoller Stein gestohlen.

Im Jahr 1830 wurde der Edelstein in London auf einer Auktion verkauft. Ersteigert wurde er von einem Bankier – Henry Hope. Doch Hope starb mittellos; sein Finanzimperium lag in Trümmern.

Ein junger Prinz erwarb den Diamanten für seine Freundin. Später erschoss er sie.

Ein türkischer Sultan kaufte den Stein. Einige Wochen später musste er seinen Thron abgeben.

Ein reicher Grieche kaufte den Diamanten; er starb, als er mit seinem Auto über eine Klippe fuhr.

Die nächste Eigentümerin war eine amerikanische Millionärin. Ihr Mann wurde wahnsinnig und zwei ihrer Kinder kamen bei tragischen Unfällen ums Leben.

Der nächste Eigentümer überließ ihn klugerweise einem Museum. Und hier hätte die Geschichte enden müssen.

Doch im Jahr 1962 nahm der Museumsdirektor den Stein mit auf eine Ausstellung in Paris – in seiner Hosentasche! Das Flugzeug hatte vier Stunden Verspätung und das Auto des Mannes wurde in einen Unfall verwickelt. Der Direktor blieb unverletzt; doch er nahm den Stein nie wieder irgendwohin mit.

Diamanten können allerdings auch aus anderen Gründen Katastrophen heraufbeschwören.

Ein ziemlicher Knacks

Premier-Diamantenmine, Südafrika, 26. Januar 1905

Frederick Wells traute seinen Augen nicht. Eingebettet in die Felswand der eben ausgehobenen Grube sah er einen Stein, für den es sich zu sterben lohnte. Ein riesiger Diamant, etwa 500 Gramm schwer – so groß wie die Faust eines Mannes. Außer sich vor Freude scharrte der Minenchef den Diamanten mit seinem Taschenmesser aus dem Fels.

Es war der größte Diamant, der jemals gefunden wurde. Daher kaufte ihn die britische Regierung für 750 000 englische Pfund und schenkte ihn dem König zum Geburtstag.

Der Diamant war aber ungeschliffen. Damit er in ganzer Schönheit erstrahlen konnte, musste man ihn in Stücke spalten und jeden Stein schleifen und polieren.

Also schickte man ihn zu J. Asscher, dem berühmtesten Diamantenschleifer, nach Amsterdam. Monatelang untersuchte Asscher den Edelstein und versuchte herauszufinden, wie er wohl zerspringen würde. Wenn er den richtigen Ansatzpunkt fand, dann entstünden Edelsteine von unschätzbarem Wert. Doch wenn er sich täuschte, würde der Diamant in lauter kleine Splitter zerspringen. Der König konnte alles verlieren – und Asscher ebenso. Sein Geschäft wäre ruiniert, denn niemand würde ihm mehr Diamanten anvertrauen.

Mit klammen Fingern nahm Asscher den Keil zur Hand. An der Stelle, die er für die richtige hielt, brachte er eine kleine Kerbe an. Er ergriff einen Meißel und setzte ihn langsam und gewissenhaft in die Kerbe. Sein Mund war trocken und an seiner Stirn perlten große Schweißtropfen. Seine Hand zitterte heftig, als er zum Hammer griff. Der Augenblick der Wahrheit war gekommen.

Würde der Diamant zersplittern? Oder wäre das Ergebnis von strahlender Perfektion? Die nächsten Sekunden sollte Asscher niemals vergessen.

Sein Schlag traf den Meißel mit ganzer Kraft.

Das Stahlwerkzeug zersprang.

Der Diamant war zu hart.

Asscher wurde ins Krankenhaus gebracht. Er lachte wie ein Verrückter; seine Nerven waren wohl ziemlich angeknackst – obwohl der Diamant keinen Knacks hatte.

Allein beim Gedanken an den unermesslich wertvollen Diamanten erschauerte er. Doch er war entschlossen, es noch einmal zu versuchen.

Nach wochenlanger Behandlung fühlte sich Asscher gut genug, um wieder zu arbeiten. Schließlich brach der gefürchtete Tag an. Diesmal war ein Arzt zur Stelle, um erste Hilfe zu leisten.

Asscher schloss die Augen und biss die Zähne zusammen. Mit feuchten Händen ergriff er den Meißel.

Dann schlug er zu …

Der Diamant zersprang sauber, genau so wie geplant. Doch Asscher lag reglos am Boden. Er war ohnmächtig!

Der Culinan-Diamant lieferte 105 Steine; herrlich geschliffen und poliert war jeder von ihnen mehrere Millionen Mark wert. Zwei sind Teil der englischen Kronjuwelen. Der schönste und größte Diamant heißt Stern von Afrika und hat einen Ehrenplatz im königlichen Zepter.

Diamanten zum Selbermachen

Es überrascht nicht, dass schon viele Chemiker versucht haben selbst Diamanten herzustellen. Doch meist mit chaotischem Ergebnis. So jagte 1880 der Schotte J. B. Hannay sein Labor in die Luft, nachdem er Kohlenstoff in einem Eisenröhrchen erwärmt hatte.

Henri Moissan, Entdecker des Fluorid, wusste, dass in Meteoriten manchmal Diamanten vorkommen. Daher beschloss er, selbst eine Sternschnuppe zu fabrizieren. Er schmolz einen Eisenbrocken mit Kohlenstoff im Innern, konnte jedoch keine Diamanten entdecken.

Am Ende fanden die Forscher heraus, wie man Diamanten macht. Man muss Graphit unter gewaltigem Druck auf 1500 °C erwärmen. Zunächst bilden sich tausende winziger Kristalle; es dauert eine ganze Woche, bis ein kleiner Diamant entstanden ist.

Erforsche ..., wie man Kristalle selber macht

Du brauchst:
ein Becherglas
Salz und warmes Wasser
Lebensmittelfarbe
Jetzt musst du nur noch:
1. Salz und Wasser im Becherglas so lange verrühren, bis sich das Salz auflöst.
2. Die Lebensmittelfarbe hinzufügen.
3. Die Lösung zwei Tage lang an einem warmen, sonnigen Ort stehen lassen. Lehne dich zurück und warte auf eine Reaktion. Was geschieht?
a) Wertvolle Edelsteine haben sich im Becherglas gebildet.
b) Die Lösung verdunstet teilweise und es bilden sich farbige Kristalle.
c) Du kannst mit einem Löffel glänzende Klumpen aus dem Becherglas fischen.

Antwort: b) Die Wassermoleküle verdunsten und die Salzmoleküle verbinden sich zu Kristallen, die die Lebensmittelfarbe aufnehmen.

Schon gewusst?

Buckminsterfulleren ist der Name einer Kohlenstoffform, die 1985 entdeckt wurde. Sie bringt hohle Kristalle in der Form eines Fußballs hervor und wurde nach dem amerikanischen Architekten Richard Buckminster-Fuller (1895–1983) benannt, der mit Hilfe dieser Struktur Kuppeln für Fabrik- und Ausstellungsgebäude entwarf. Buckminsterfulleren ist ein Bandwurmwort, deshalb kannst du die Kristalle auch „Buckis" nennen – das ist kürzer. Buckis sind übrigens ganz und gar nicht selten und exotisch. Du findest sie in ganz gewöhnlichem Ruß.

Durch das nächste Kapitel schwebt übrigens jede Menge Ruß. Der entsteht bei Verbrennung und bei Explosionen!

Ganz schön explosiv!

Verbrennung und Explosion sind alles andere als ungewöhnlich. Es handelt sich schlicht um chemische Reaktionen – die etwas außer Kontrolle geraten sind. Schon seit Jahrhunderten wissen die Menschen, dass Explosion und Verbrennung nützlich sein können. Hier folgt die wahrhaft explosive Geschichte!

Ein heißes Thema

Vor tausenden von Jahren machte einer unserer Vorfahren die größte Entdeckung überhaupt: Feuer. Ohne Feuer wäre dein Mittagessen ziemlich ungenießbar – hartes Gemüse und rohes Fleisch. Es gäbe keine Heizung und keinen Strom, denn diese Energieformen sind auf das Verbrennen von Kohle und Öl angewiesen. Ohne Verhüttung gäbe es keine Metalle (außer Gold). Und deine Schule wäre aus Lehm gebaut, weil man ohne Feuer keine Ziegelsteine und kein Glas machen kann.

Kleiner Steckbrief der Verbrennung

Name: Verbrennung

Besondere Merkmale: Bei der Verbrennung reagiert Sauerstoff mit den Stoffen in der jeweiligen Substanz; es entstehen Wärme und Licht.

Grauenvolle Tatsachen:
Auch der menschliche Körper kann verbrannt werden, doch braucht man dazu eine enorme Hitze – mehrere hundert Grad Celsius.

Chemiker-Chinesisch

Antwort: Sein Bart brennt.

Schon gewusst?
1. Feuer verbraucht Luft und gibt Licht und Hitze ab.
2. Eine Flamme erzeugt Licht- und Wärmeenergie. Der gelbe Teil der Kerzenflamme besteht aus dem unverbrannten Kohlenstoff der Kerze.
3. Gas kann in einer farblosen Flamme verbrennen, wenn genügend Sauerstoff da ist, um das Gas vollständig zu verbrennen. Dann gibt es keine schmuddeligen Kohlenstoffreste.

Erforsche … das Geheimnis der brennenden Zitrone

Du brauchst:
eine halbe Zitrone, eine Tasse, Papier, einen leeren Füller
Jetzt musst du nur noch:
1. Die Zitrone auspressen; gib den Saft in die Tasse.
2. Wasche die Füllfeder und trockne sie ab.

3. Tauche den Füller in den Zitronensaft und schreibe etwas auf ein Blatt Papier.
4. Föne das Papier mit warmer Luft. Die Schrift wird sichtbar. Warum?
a) Die Wärme macht das Papier heller, sodass man die Schrift sehen kann.
b) Die Wärme macht das Papier dunkler, sodass die Schrift sichtbar wird.
c) Die Wärme macht den Zitronensaft dunkler, sodass du ihn sehen kannst.

Antwort: c) Zitronensaft verbrennt bei einer niedrigeren Temperatur als Papier. Das ist sehr nützlich, wenn du Geheimbotschaften verschicken willst.

Fürchterlicher Phosphor

Ein leicht brennbarer Stoff ist der Phosphor. Jahrhundertelang verschrieben die Ärzte diesen giftigen Stoff als Medikament. Sie dachten, er müsse gesund sein, weil er im Dunkeln leuchtet! Dann erfand ein Tüftler die Phosphorstreichhölzer.

Gib Zunder!

Im Jahr 1826 verrührte John Walker, ein englischer Chemiker, Kaliumkarbonat und Antimon mit einem Stäbchen. Als er anschließend mit dem Stäbchen über den Boden fuhr um den Materialklecks abzuschaben, fing es Feuer. John hatte das Streichholz erfunden.

John beschloss seine Erfindung zu verkaufen und reich zu werden. Nun konnte jeder mit wenig Kleingeld Streichhölzer kaufen und Feuer machen!

Doch die Zündhölzer erwiesen sich als tödlich. Wenn die Luft warm und feucht war, gingen sie in Flammen auf. Oft steckten sie Hosentaschen in Brand oder entwickelten giftige Gase. Einige Kunden verbrannten sich mehr als nur die Finger.

Und die Menschen bezahlten einen noch schrecklicheren Preis. Das Phosphor vergiftete die Mädchen, die die Streichhölzer fertigten. Es gelangte durch schlechte Zähne in den Körper und löste eine schreckliche Knochenkrankheit aus.

Als das bekannt wurde, brachten Sozialreformer eine Kampagne auf den Weg um die Streichhölzer zu verbieten. Im Jahr 1888 streikten die Arbeiter. Doch die Leute benutzten die Streichhölzer weiter, bis sie 1912 verboten wurden.

Heutzutage verwenden wir „Sicherheitszündhölzer". Diese wurden schon in den vierziger Jahren des 18. Jahrhunderts entwickelt. Es sind zwei Ausgangsstoffe beteiligt: Kaliumchlorat auf dem Streichholzkopf und ein Stoff, der auf Phosphor basiert, an der Reibefläche. Da die Stoffe erst reagieren können, wenn man das Streichholz anzündet, sind sie ziemlich sicher. Doch die ersten Sicherheitszündhölzer waren noch nicht ganz ausgereift. Sie hatten die dumme Angewohnheit, ab und zu einfach in die Luft zu gehen.

Heute werden allein in Großbritannien 100.000.000.000 (hundert Milliarden) Streichhölzer pro Jahr verbraucht. Das Holz entspricht 70 000 Bäumen.

Das selbstzündende Steichholz

Hier ist eine großartige streichholzsparende (und baumfreundliche) Erfindung. Ein französischer Forscher stellte im neunzehnten Jahrhundert diese glockenförmige Schachtel her.

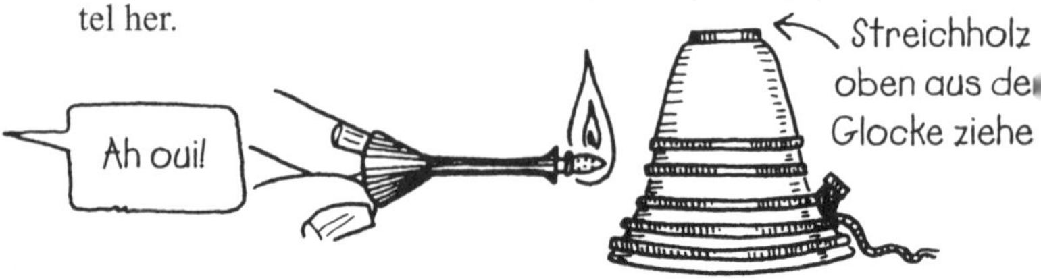

Wenn du ein Streichholz herausziehst, entzündet es ein Funken in der Schachtel. Steckst du das Streichholz wieder hinein, geht die Flamme aus. Brillant!

Kleiner Steckbrief der Explosionen

Name: Explosionen

Besondere Merkmale: Eine Explosion ist nur eine Art der Verbrennung.
1. Bei Sprengstoffen geringer Brisanz gibt es eine schnelle Verbrennung und viel Gas. Das Gas bricht hervor und führt die Explosion herbei.
2. Hochexplosive Sprengstoffe lösen aufgrund von chemischen Reaktionen schnellere Explosionen aus.

Grauenvolle Tatsachen:
Bei Explosionen gehen auch Menschen in die Luft. Allerdings stammen die meisten Verletzungen eher von umherfliegenden Trümmern als von der Explosion selbst!

Schon gewusst?
In den Kohlengruben löste das Methangas früher Explosionen aus. Die Grubenarbeiter verwendeten Kerzen im Dunkeln; dadurch ereigneten sich Katastrophen, denen hunderte von Menschen zum Opfer fielen. Solche Explosionen sind heute selten – dank unserem alten Freund Sir Humphry Davy.

Topstars der Chemie

Sir Humphry Davy (1778–1829). Nationalität: Brite

Der junge Humphry war ein begabter Knabe. Er brachte sich die Naturwissenschaften selbst bei. Fünf Jahre nachdem er sein erstes Chemiebuch gelesen hatte, war er Professor für Chemie an der Königlichen Akademie.

Im Jahr 1815 ging Sir Humphry nach Newcastle, um dem Problem der Explosionen in Kohlengruben auf den Grund zu gehen. Nachdem er Proben des Gases untersucht hatte, fand er heraus, dass die Explosionen von der starken Hitze der Kerzenflammen ausgelöst wurden. Also entwarf er eine Lampe:

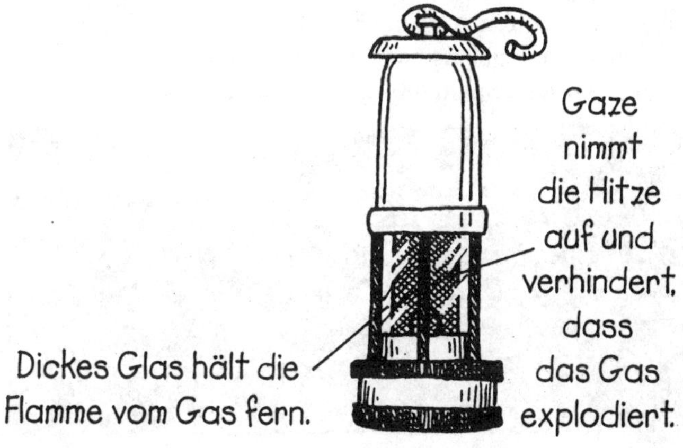

Auf diese Weise wurde das Leben der Bergleute sicherer. Doch die Soldaten lebten umso gefährlicher!

Eine geballte Ladung Schießpulver-Historie

1. Im siebten Jahrhundert beschrieb ein chinesischer Alchemist, wie man aus Schwefel, Salpeter und Holzkohle Schießpulver herstellen kann.
2. Salpeter kommt in verrottendem Schweinemist vor. Die ersten Schießpulverhersteller kochten die Schweinerei und ließen sie dann zu Salpeterkristallen abkühlen.

3. Wenn man an den Kristallen leckte, konnte man feststellen, ob sie unerwünschte Salze enthielten. Würg!
4. Sechs Jahrhunderte lang bewahrten die Chinesen ihr Geheimnis. Dann gelang es den Europäern irgendwie, die Rezeptur zu stehlen und die Kanone zu entwickeln.

Und Musketen, deren Kugeln Rüstungen durchschlugen …

Und Bomben, die man unter Stadtmauern anbrachte …

5. Die Kriege hatten sich verändert. Das Problem mit dem Schießpulver war, dass es die Schlachtfelder in dicken Pulverdampf hüllte. Deshalb konnte man nichts mehr sehen.

6. Heutzutage wird Schießpulver in Feuerwerkskörpern verwendet; mit einem ähnlichen Stoff lässt sich Dosenfleisch konservieren.

Schon gewusst?
Eine bestimmte Sorte Sprengstoff war das Ergebnis eines kleinen Küchenunfalls. Christian Schönbein (1799–1868) experimentierte in seiner Küche und vergoss ein Gemisch aus Salpeter- und Schwefelsäure. Schnell schnappte er sich eine Schürze seiner Frau um die Pfütze aufzuwischen. Weil er seine Frau nicht in explosive Stimmung bringen wollte, ließ er die Schürze trocknen. Sie trocknete ... und explodierte! Schönbein hatte die Schießbaumwolle entdeckt – den ersten explosiven Kleiderstoff der Welt. Kaum zu glauben: Im Ersten Weltkrieg wurden mit der Schießbaumwolle Flugzeugflügel gestärkt.

Das kracht!

1. Der Knall des Silvesterkrachers wird von Knallquecksilber hervorgebracht. 1800 wurde sein Erfinder beim Versuch einer Demonstration während einer Vorlesung verletzt. Zum Glück ist in einem Silvesterkracher nur ganz wenig davon, sonst würde deine Party glatt auffliegen!

2. Ein anderer Sprengstoff ist TNT (Trinitrotoluol). Ein TNT-Molekül fabriziert eine Explosion, die tausendmal so groß ist wie es selbst. Eine kleine Erschütterung lässt es schon losgehen.

3. Kaum zu glauben, aber ein Kilogramm Butter speichert ebenso viel Energie in den Atombindungen wie die gleiche Menge TNT. Doch Butter schmeckt besser auf Brot und geht auch nicht in die Luft.

Der Mann, der eine Bombe baute

Das Dynamit wurde von dem schwedischen Erfinder Alfred Nobel entdeckt. Seine explosive Kraft verdankt es dem Nitroglyzerin, einem öligen Gemisch aus Glyzerin und den Säuren, die Schönbein verwendet hatte. Obgleich er einer der reichsten Männer der Erde wurde, war Alfred Nobel nicht gerade ein Komiker. Ihn quälte sein schlechtes Gewissen. So könnte sein Tagebuch ausgesehen haben.

1865

Liebes Tagebuch

Alles ist außer Kontrolle geraten. Sprengstoffe sind faszinierend, und ich hatte auch nie Angst vor ihnen ... doch heute habe ich erkannt, wie fürchterlich ... und tödlich sie sein können. In der Fabrik gab es eine Explosion.

All meine Arbeit wurde zerstört. Und das Schlimmste: Mein Bruder ist tot. Ja, das ist das wahre Gesicht der Sprengstoffe: Sie töten. Es ist entsetzlich. Und jetzt werde ich meinen Bruder nie wiedersehen, nie mehr mit ihm sprechen.

Ich werde nie wieder Sprengstoffe anrühren. Hätte Vater mich doch nur nicht auf die Idee gebracht mit seinen Unterwasserminen; dann hätte ich nie daran gedacht, mit diesem abscheulichen Nitroglyzerin zu experimentieren.

Nein, nein, das war's. Nie wieder große Kracher, nicht mal einen kleine Knall wird es mehr geben. Ich werde sie vergessen, all die tollen Effekte, das Knallen, die Feuerwerke, die sprühenden Funken ... Es ist einfach zu gefährlich. Aber es ist doch faszinierend – vielleicht kann ich ja nur ab und zu ein bisschen herumspielen. Ich könnte versuchen, aus Sprengstoffen etwas Gutes zu entwickeln. Vielleicht kann ich einen erfinden, der niemandem schadet. Ich könnte einen sicheren Sprengstoff erfinden. Das ist es – das werde ich tun!

1866

Ich bin brillant! Ich hab's geschafft. Ich habe einen sicheren Sprengstoff entwickelt, der die Welt definitiv zum Besseren verändern wird. Sie werden ihn in Minen einsetzen und, na ja, eigentlich überall. Und das Tolle daran ist, dass er nicht in die Luft geht, wenn man ihn versehentlich fallen lässt. Er lässt sich so leicht herstellen: Ich habe einfach dieses grauenhafte Nitroglyzerin mit Kieselgur vermischt (besteht aus den gemahlenen Schalen winziger

Meerestiere). Das war alles! Die Kieselgur absorbiert die Bestandteile des Nitroglyzerins. Dann zündet man die Sprengkapsel, und das Ganze geht in die Luft. Ich werde meine neueste Erfindung „Dynamit" nennen.

1895

Katastrophe! Meine wunderbare, lebensrettende Erfindung ist auf fürchterliche Abwege geraten. Sie ist außer Kontrolle. Sie hat mich sehr reich gemacht, doch was nützt mir das Geld, wenn sie meine Erfindung für Kriegswaffen verwenden? Ich wünschte, ich hätte es nie entdeckt. Ich möchte, dass man mich wegen guter Dinge in Erinnerung behält, nicht wegen schlechter!

Doch auch wenn ich das nicht schaffe: dann vielleicht jemand anders. Ich werde mein Vermögen dafür einsetzen, einen wirklich besonderen Preis zu stiften. Er wird jedes Jahr vergeben werden und an Menschen verliehen, die wahrhaftig Großes leisten in den Naturwissenschaften, den Künsten ... und für den Frieden. Das wäre eine gute Tat, oder?

Doch können chemische Stoffe die Welt wirklich zum Guten verändern?

Chemisches Chaos?

Chemische Stoffe lösen Chaos aus – wenn wir nicht richtig mit ihnen umgehen oder wenn wir sie freisetzen, ohne zu wissen, was sie anrichten können. Brauen wir also eine chaotische Chemie-Katastrophe zusammen? Oder ist das nur das ganz normale Chaos?
Die schlechten Nachrichten machen immer zuerst Schlagzeilen.

TÖDLICHE TRAGÖDIE

11. Dezember 1979
In Mississauga, Ontario, Kanada, sprangen kurz vor Mitternacht 106 Eisenbahnwaggons aus den Geleisen.
Ein Waggon führte 90 Tonnen Chlor mit sich, 11 weitere waren mit leicht brennbarem Propangas gefüllt. Zeugen berichten von chaotischen Szenen, gewaltige Brandherde gerieten außer Kontrolle. Ein Wagen explodierte sofort, ein anderer wurde 750 Meter weit wegkatapultiert. Eine Viertel Million Menschen mussten ihre Häuser verlassen, als tödliche Dunstschwaden aus dem mit Chlor gefüllten Waggon drangen. Feuerwehrleute arbeiten rund um die Uhr verzweifelt daran, das Leck abzudichten. Erste Versuche, die Region sicher zu machen, schlugen fehl. Währenddessen warten die evakuierten Menschen besorgt auf Nachricht, wann sie wieder in ihre Häuser zurückkehren können ....

Glücklicherweise hatte die erste Explosion das Chlor hoch in die Luft geschleudert; es trieb von den benachbarten Städten weg. Die Einwohner waren nicht in Gefahr, doch dauerte es Tage, bis die Experten bestätigen konnten, dass die Luft ungefährlich war. Andere hatten weniger Glück. In Bhopal in Indien wurden im Jahr 1984 zweitausend Menschen von einer Giftgaswolke getötet, die sich nach der Explosion in einer Chemiefabrik gebildet hatte. Und es gibt noch mehr schlechte Nachrichten …

Das schwarze Gold

Rohöl entstand aus verrotteten Pflanzen und Tieren, die vor Millionen von Jahren unter der Erde zerquetscht wurden. Die Menschen setzen ihr Leben aufs Spiel um es zu bekommen. In stürmischen Ozeanen bohren sie Löcher in den Meeresgrund und sie wagen sich in unfruchtbare Wüstengebiete vor.

Und warum? Weil Öl furchtbar nützlich ist. Man kann daraus Benzin für Autos herstellen, Teer für die Straßen und Rohmaterialien für Kunststoffe. Das Problem ist – wie viele andere chemische Stoffe richtet Öl ein Chaos an, wenn die Menschen die Kontrolle darüber verlieren. Ausgelaufenes Öl vernichtet Tiere und Pflanzen, verwandelt goldene Strände in schmierige schwarze Wüsten. Auch Autoabgase bereiten Probleme.

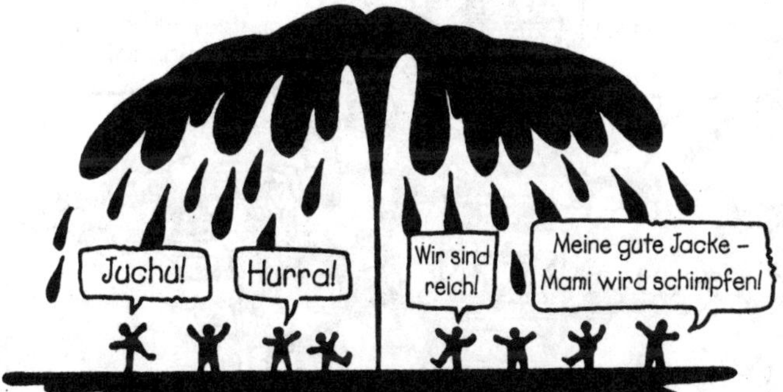

Was hältst du von so einem Fortschritt?
Um 1900 …
… Smog – eine Mischung aus Kohleabgasen und Nebel – verpestete die Luft in den Städten. In den Fünfzigerjahren wurde in Großbritannien die Kohlenfeuerung verboten.

Die Neunzigerjahre …
Smog aus Autoabgasen verpestet die Luft in den Städten. Was denkst du, was man dagegen tun sollte?

Die gute Nachricht

Obgleich die Chemie bisweilen ein schreckliches Chaos anrichtet, gehören Chemiker zu den kreativsten Köpfen überhaupt. Gegen die Geistesblitze der Chemiker sind die wildesten Träume der meisten Menschen recht zahm. Stell dir nur ein Raumschiff aus einem Material vor, das Temperaturen von 10 000 °C aushält ohne zu schmelzen.

Wenn du jetzt fragst: „Was werden sich diese Science-fiction-Märchenerzähler noch alles ausdenken?“, dann lass dir gesagt sein, dass es diesen Stoff bereits gibt. Er wurde 1993 erfunden. Und hier sind noch ein paar Erfindungen, die beinahe zu gut sind um wahr zu sein.

Fantastische Fakten

Das haben die Chemiker erfunden:

1. Eine Supersäure namens Fluorantimonsäure (Flu-or-an-ti-mon), die 20.000.000.000.000.000.000 (zwanzig Trilliarden Mal) so gut auflöst wie die stärkste konzentrierte Schwefelsäure. Finger weg davon!

2. Einen Schwamm, der 1974 entwickelt wurde und das 1300fache seines Eigengewichtes an Flüssigkeit aufnehmen kann.

3. Eine neue Art Würfelzucker, der 650mal süßer ist als gewöhnlicher Zucker. Er wird Talin genannt und aus Samen der westafrikanischen Katemfepflanze gewonnen.

4. Kristalle namens Zeoliten, die wie winzige Siebe geformt sind und einzelne Atome aus einem Stoff heraustrennen können. Es handelt sich dabei um eine Verbindung aus Aluminium, Silikon, Wasser und Metallen.

Und es gibt noch mehr Gutes zu berichten …
Die Chemiker nutzen nämlich ihr chemikalisches Wissen, um gegen die Umweltverschmutzung anzugehen.
1. Viele Autos der Welt besitzen bereits einen Katalysator. Das Metallteil in Form einer Bienenwabe ist mit Platin beschichtet. Das fängt die scheußlichen Stoffe, die der Automotor ausstößt, ab und bricht sie in harmlose Stoffe wie Wasser auf.
2. Gewöhnliches Benzin enthält Blei – es soll verhindern, dass der Motor klopft. Unglücklicherweise raubt dir das Blei in Autoabgasen glatt den Atem. Vergiss nicht: Blei ist giftig! Daher haben die Chemiker ein bleifreies Benzin entwickelt, das man mit dem Katalysator verwenden kann.
3. Jahr für Jahr werfen die Menschen tausende Tonnen Plastik auf die Müllhalden. Welch eine Verschwendung! Doch vor ein paar Jahren öffnete die erste Fabrik ihre Pforten, die den Kunststoff in Öl zurückverwandelt, aus dem er ursprünglich gemacht wurde. Man kann jetzt also alte Kunststoffe zu neuen Kunststoffen verarbeiten.

4. Du erinnerst dich an das Loch in der Ozonschicht, an dem die Chlorgase (FCKW) schuld sind? Man brauchte sie als Treibmittel für Sprühdosen. Mittlerweile wurden sie bei uns verboten; die Chemiker haben stattdessen sicherere Gase entwickelt. Jetzt kannst du dich mit Deodorant einnebeln ohne die Umwelt zu verpesten.

Die chaotische Wahrheit

Nicht die chemischen Stoffe sorgen für Chaos, sondern die Menschen. Wir machen die chemischen Stoffe. Wir lagern sie, wir verwenden sie – und wir sind letztlich dafür verantwortlich, was sie anrichten.

Wir können Gutes mit ihnen tun oder Chaos und Zerstörung auslösen. Folgendes hatte ein Chemiker dazu zu sagen. Pierre Curie (1859–1906) und seine Frau Marie (1867–1934) entdeckten das Radium. Pierre sagte:

Wir wissen nicht, was die Zukunft uns bringt. Außer, dass aus dem Chaos der Chemie weitere unglaubliche, noch verblüffendere Entdeckungen entstehen werden. Und die Zukunft wird fantastisch und hoffentlich viel versprechend sein. Und das ist die chaotische Wahrheit!

REGISTER

Allgemeinwissen für Schüler

Terry Deary / Peter Hepplewhite / Freya Stephan-Kühn

Ägypter – Griechen – Römer

Die alten Ägypter, Griechen und Römer – wer will sich schon freiwillig außerhalb der Schule mit ihnen beschäftigen? Wenn man aber lernt, wie man eine Mumie herstellt, dass Jugendliche in Sparta für die Geheimpolizei arbeiteten oder warum ein Pferd römischer Konsul wurde, dann sieht das doch schon ganz anders aus, oder? Witzige Cartoons, Kochrezepte, Spielideen und spannende Geschichten – so macht Schulstoff richtig Spaß! Und sogar die Lehrer können noch was lernen ... Eine abwechslungsreiche Lektüre für Freizeit, Nachhilfe oder auch den Unterricht. Mit praktischem Register zum Nachschlagen.

Arena-Taschenbuch 978-3-401-0**2363**-2
392 Seiten. Ab 10.

www.arena-verlag.de

Arena

Allgemeinwissen für Schüler

Klaus Jansen

555 Fragen und Antworten

Fragen über Fragen – und dieses Taschenbuch gibt die Antworten. Voll gepackt mit spannenden und faszinierenden Informationen aus allen Wissensgebieten von Erde, Weltall, Menschen, Tieren, Pflanzen über Wissen-schaft und Technik bis hin zu Geschichte, Kunst und Kultur, kommen hier helle Köpfe auf ihre Kosten.
Wieso? Weshalb? Warum? Wer nicht fragt, bleibt dumm!

Woraus besteht die Sonne? Können wir den Mittelpunkt der Erde erreichen? Warum schmeckt man bei einer Erkältung nichts mehr? Wie orientieren sich Zugvögel? Was ist ein Regenwald? Wie fliegt in Hubschrauber? Wer waren die Wikinger?

Arena-Taschenbuch 978-3-401-0**2431**-8
288 Seiten. Ab 10.

www.arena-verlag.de

Arena